The Mastery of Strategy and Business Planning

仮説と検証で描く成長ストーリー

株式会社プロフィナンス
代表取締役　**木村義弘** 著　Yoshihiro Kimura

中央経済社

は じ め に

A goal without a plan is just a wish.
（計画のない目標は，ただの願い事にすぎない。）
サン・テグジュペリ（作家）

「投資先の資金調達を支援するから，とりあえず5年分の収益計画を作って
おけ」

突然上司から指示が下されました。新卒1年目の秋ごろのことです。

戸惑いながらもMS-Excelで事業計画を作成し，数日後に上司に提出しまし
た。すると，「投資先のビジネスの構造をよくわかっていないな。今考えてい
る事業だと設備投資が成長ドライバーになるだろう？　P/L（損益計算書）だ
けじゃわからない。B/S（貸借対照表）もC/F（キャッシュ・フロー計算書）
も必要じゃないか」と言われたのです[1]。必死に作成したものが，全くの見当違
いというのは衝撃でした。

ここからExcelと格闘する日々が始まりました。計算がなかなか合いません。
投資銀行の方であればわかる恐怖の言葉，「バランスしない」[2]のです。2ヶ月
間，深夜3時までExcelに向かいました。気絶するように眠れば，Excelのセル
に切り刻まれる悪夢にうなされます。悪夢を見たその日，「こうなりゃヤケだ」
と，更新し続けていたExcelファイルをとうとうゴミ箱に移しました。

1　略記については，それぞれP/L，B/S，C/F（C/S）とすることが正しいとする場合が多
　　いが，本書では，以降，PL，BS，CFと略記することをご了承願いたい。
2　計算結果である貸借対照表（Balance Sheet：BS）の総資産（左側）の合計と，負債・
　　純資産（右側）の合計が一致しない状態を指す。

ゼロから作り直してみると，奇妙なもので，そこから1日で仕上がりました。致命的な計算ロジックのミスがあったのだと思います（当時の私にはわかりませんでしたが……）。

無事，上司からOKサインをもらい，その収益計画をもって投資先企業は資金調達に成功しました。投資先の社長から，「主幹事証券候補の外資系証券会社の担当者が『スタートアップ企業でここまで収益計画を作り込んでいるのは見たことない』と言っていた」とお褒めの言葉を頂き，若い私にとって最初の自信となりました。

ちなみに，2ヶ月も苦労して構築した収益計画ですが，振り返れば99％の時間はExcelとの格闘（ほぼ計算エラーの修正……）でした。本当に大事な投資先企業の事業構造の理解と深化については，残りのたった1％です。

そのような情けない状況でしたが，それでも，社会人として最初に培った自信でした。その後も投資先の収益計画の作成に積極的に手を挙げました（もしくは指名されました）。そして，だんだんと得意分野になったのです。

入力部分と出力部分（事業計画）を自分なりに明示してテンプレート化し，それを使って投資先企業や投資検討中のスタートアップの事業計画を作成するまでになりました。

対象企業の社長にA4用紙1枚分の質問用紙を送ります。

その質問用紙への回答と，過去の決算書（あれば）をベースに，テンプレートを使って1，2日でPL，BS，CFが連動した事業計画（自分なりに勉強してROIC[3]ツリー分解や，簡易的な株価算定書まで付記して）を作成できるようになりました。もちろんこれは初稿で，その事業計画に基づき社長と事業について定量的に議論を重ねます。そうしていくとさまざまな気づきがあるのです。

---

3 ROIC：Return on Invested Capitalの略で，投下資本利益率を指す。通常，「ロイック」と読む。出資者や債権者（金融機関）から調達した資金（＝投下資本）に対して，どれだけ利益を創出しているかを表す財務諸表。

例えば，自社の事業と成長に自信たっぷりのＡ社長は，PLベースの事業計画を自らざっくりと作成していました。そこで，より粒度を深めた上で，BSとCFを私が作成して議論を始めたところ，Ａ社長は青ざめました。

「成長途中で資金が底をつく…」

BSとCFまで作成して，資金繰りの欠点が明らかになったのです。おかげで，資金調達をするのか，それとも資金回収の仕方を変えるのか，もしくは抜本的にビジネスの構造を変えるのか検討ができました。もし，PLの事業計画だけのまま自信満々で突き進んでいたら，「あれ，来月資金がショート（不足）する！」という緊急事態になったことでしょう。

このように，数字で見ることで，成長の伸びしろやスケール感に加え，リスクに対するアラートを得られるのです。事業についてさらに発想が広がるのも面白い点です。アイデアが数字になると，目線が変わり，思考を拡張できます。これこそが，収益計画・事業計画を作る意味なのです。

＊＊＊

さて，私自身の経歴について述べます。

私は，ベンチャーキャピタルから事業会社の海外事業立ち上げに関わったり，コンサルティング会社に勤務し，そこで海外事務所立ち上げに関わったりしてきました。広告会社の経営企画を担ったこともありますし，M&A後，子会社化した小売企業・卸売企業のCFOとして経営統合に携わったこともあります。また，新規事業・海外事業に限らず，事業再生にも携わりました。このように，業界も仕事内容も転々としてきたので，その都度「アンラーン（unlearn）」[4]の連続でした。

4　アンラーン（unlearn）：すでに持っている知識や価値観などを捨て，思考をリセットさせる学習方法をいう。個人だけではなく，組織においても「過去の成功体験」から得た知識を放棄することの重要さが増している。（バリー・オライリー著，山内あゆ子訳『アンラーン戦略 「過去の成功」を手放すことでありえないほどの力を引き出す』（ダイヤモンド社，2022年11月））

そんな私の「中核」は何か。

それは，新卒1年目で経験した**「数字で未来を考える・表現する」**ことです。

スタートアップ・ベンチャーから，中小企業，大企業，新規事業，海外事業，さらには発電所や港湾・工業団地開発の収益計画まで，幅広く経験してきました。

私の経歴からすると，本書が収益計画の作り方を解説するものだと思うかもしれません。しかし，その予想を裏切ります。「Excelではこういう関数を使って」「こういう風に計算式を組み合わせて」というような内容が中心とはなりません。なぜなら，Excelや表計算ソフトの計算の仕方・組み方はすでに良書が存在するからです（巻末ブックガイド参照）。

本書では，収益計画や事業計画の本来の目的，「事業」に焦点を置きます。そして，事業計画を通じてどのように自社の事業理解の深化を図るか，その後の実行を見据えるかを語ります。

普段私は，スタートアップのアクセラレーションプログラムなどを通じて起業家向けにセミナーをしています。また，大手企業の新規事業開発者向けに企業研修をしています。本書はそのセミナーや企業研修が土台となっています。講座のタイトルは概ね**「事業計画との向き合い方」**，もしくは**「事業計画の極意」**。

サブタイトルはいつもこうしています。

事業計画にいかに命を吹き込むか？

＊＊＊

私が本書の執筆をスタートしたのは，大流行した疫病が猛威をふるったり，そして落ち着いたりを繰り返していたころです。事業環境の激変を肌で感じました。あくびをしている間に新しい技術が生まれ，居眠りしている間に新しい

ビジネスが生まれ，一晩ぐっすり寝た後には国際情勢が大きく揺るがされます。私たちは，まさしくVUCA[5]時代にいます。大規模言語モデル（LLM[6]）が急速に普及し，最近では「今，最も性能／精度が高いLLMはどれか？」という議論が続けられています。さらにマルチモーダルAI[7]も，実用化の兆しが見えてきたと感じています。

このように目まぐるしく変化する時代に，「計画なんてオチオチ作っている場合ではない，とりあえず動け」と言う人もいます。

しかし，**こんな時代だからこそ**，私たちには**計画が必要**だと確信しています。時代の変化の波や及ぼす影響について見極める必要があります。そして，経営者の務めは，変化を「機会」にしていくことなのです。

そのためには，事業を進める上で仮説を構築，検証しなければなりません。そしてこの仮説構築–検証のサイクルをスピーディーに推進していくことが求められます。

そうです。事業計画は，現代における**最高の経営ツール**なのです。

これまで，事業計画には，スタートアップや新規事業のイメージが強くありました。しかし，100年続いてきた事業であっても，この時代，前提が覆される可能性があります。**全てが新規事業，全てがスタートアップ**といっても過言ではありません。

それゆえ，本書はスタートアップや新規事業に携わる方のみならず，ビジネ

---

5 VUCA：Volatility（変動性），Uncertainty（不確実性），Complexity（複雑性），Ambiguity（曖昧性）の頭文字より。リーダーシップ論のウォーレン・ベニス氏及びバート・ナナス氏の共著である "Leaders：The Strategies for Taking Charge" で言及されたのが初出とされる。（https://www.vuca-world.org/where-does-the-term-vuca-come-from/）

6 Large Language Modelの略。もはや略称注記を記載する必要もないかとも思いましたが一応…。

7 異なる種類の情報(テキストだけでなく，画像や音声やその組み合わせ)をまとめて扱うAI。国立研究開発法人産業技術総合研究所（https://www.aist.go.jp/aist_j/magazine/20231129.html）より。

スに関わられる方々を広く対象としています。

想定する読者の方：

- 世の中に新しい価値を生み出そうと挑戦し続ける起業家
- 我が国を支えるノウハウ・技術を持ち，さらに成長させたいと野望を抱く中小企業経営者
- 自社の資産をレバレッジし，新規事業を通じて次の成長に責務を負った大手企業の新規事業担当者
- もっと自社の可能性を伸ばしたい，年数％成長で満足できない，したくない大企業の経営執行に携わる経営幹部
- 上記，事業推進に邁進する方々を支援する会計士，税理士やコンサルタントなどのプロフェッショナル

　いずれの立場の方においても，今後の事業推進に役立つ内容になっていると自負しています。

　「計画なんてオチオチ作っている場合ではない」と言う人もいるかもしれません。「オチオチ」には同意しますが，本書によって「作り方で悩む」時間が激減するはずです。本書を携え，オチオチ悩まず，スピーディーに事業計画を作って，動きましょう！

2024年10月

株式会社プロフィナンス　代表取締役CEO

木村 義弘

Ⅰ　本書の位置づけ

　大きな書店を訪れると，「事業計画（書）の作り方」のコーナーがあり，棚の端から端までさまざまな本が並べられています。さらに新規事業開発に関する書籍も増えました。類書について，簡単に分類を説明すると，次のようになります。

(1)　「事業計画書の作り方」ゾーン

　会計士・税理士の方やコンサルタントの方が執筆されている，主に中小企業や一部スタートアップのため，フルパッケージの事業計画について全体像を解説する内容の書籍です。主にビジネスモデルやマーケティングの方法などを解説し，最後に「収益計画も作ろう」として財務諸表やキャッシュ・フロー（資金繰り）のイメージを掲載しています。

(2)　「スタートアップ立ち上げ・新事業開発」ゾーン

　a）リーンスタートアップをはじめとするスタートアップ初期の構想検討から顧客仮説の検討について，リーンキャンバスやカスタマージャーニー，ペルソナ[8]などの解説がなされています。

　b）新規事業開発に関しては，スタートアップ向けの議論とオーバーラップする部分もありますが，企業における新規事業の位置づけや仕組みづくり，アイディエーション（アイデア創出）の方法について解説されています。

8　リーンスタートアップとは，エリック・リース著，井口耕二訳『リーン・スタートアップ』（日経BP，2012年4月）から我が国でも広まった概念であり，不確実な状態・環境の下で，新しいプロダクトを創出していく上での指針を示している。本書を中心に，スタートアップや新規事業開発において必要な考え方やフレームワークを体系的に整理した，田所雅之『起業の科学』（日経BP，2017年11月），同氏『起業大全』（ダイヤモンド社，2020年7月）を参考にしたい。

(3)「財務モデル・シミュレーション」ゾーン

新規事業なりの事業について，(上記(1)の「事業計画書の作り方」ゾーンで，最後に掲載されている「収益計画」の部分にフォーカスして）その作り方を主に「Excel・表計算ソフトの使い方」を交えながら解説している書籍です。事業シミュレーションに特化して，Excel・表計算ソフトの使い方を指南してくれているというのが類書の特徴となります。

以上を踏まえて，著者の独断と偏見で「事業開発及び事業計画関連書籍」をマッピングすると次のようになります。

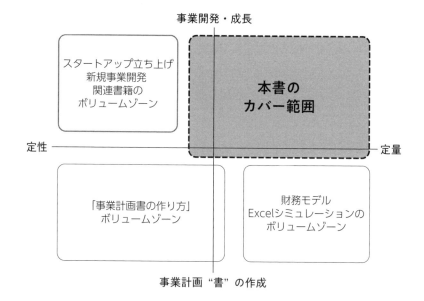

事業計画を「事業計画書」としてまとめるのが目的か，それともその先の事業成長を目指すのか。上図の縦軸は目的を示します。そしてその要素は定性と定量のどちらに比重があるのかを横軸としています。

このように整理すると，本書は**事業開発・成長**を目的とし，**定量**に寄ります。

地味に飛び出している箇所は，事業に関する戦略や構想（定性）がどのように売上高やコスト（定量）に反映されるか接続を試みているからです。この，**定性と定量の橋渡し**こそ，本書の重要な役割です。既刊の類書は，事業計画書の作り方や事業成長を考える上でのフレームワークを提供してくれます。財務モデル・Excelシミュレーションの書籍も，「表計算でどう表現するか」という観点ですぐに役に立ちます（事業計画などを目的にしなくても普段の業務にも使えます）[9]。

ただ，両者をつなぐ「考え方」を詳述する書籍が存在しないのです。

そこで，本書は，プロダクトやビジネスモデルといった「事業における考え方」をどう定量的に表現するかを中心に解説を進めます。

この一連の行為を指して，私は「**命を吹き込む**」と表現しています。

どんなにきれいな書式も，数字だけの鉛筆を舐めたような事業計画では意味がありません。逆にどんな素晴らしいビジョンに基づいて考えられたビジネスも，数字に落とし込めなければ，ただの絵空事です。

この絵空事と数字の両方をつなげて命を吹き込み，血を通わせる指針をお伝えします。

Ⅱ　本書の章立て

本書は次のような構成となっています。順番にお読みいただくことを想定しつつも，読者の方が「事業計画を作らないといけない！　○○についてさくっと知りたい！」という場合も考え，どこから読んでも大丈夫な構成にしました。

▌第1章：事業計画に向き合う

そもそも事業計画とは何か，またその役割や意義について筆者の考えを中心に解説します。多くの事業計画の本で語られない，「いい事業計画とはどんな

9　表計算ソフトとしての表の見せ方や関数の使い方など，筆者も新しい書籍が出ると読むようにしています。Excelはちょっとわかるのですが，それでも新しい発見があります。

ものか」についても述べています。「やらされ感のある事業計画に対して前向きに考えられるようになった」と研修や講演などで意外に好評です。

第2章：事業計画にとりかかる前に

前提知識である会計について解説します。本書は会計学・財務諸表論を主題としたものではないため，必要最低限に留めます。会計についてすでに知識がある方，もしくは会計が嫌で嫌で仕方ない方は一度読み飛ばしていただいても構いません。

第3章：事業計画全体を設計する

ここからが本題です。そもそも事業計画を作るアプローチやスコープについて論じます。アウトプットである財務諸表の構成についても触れます。またよくある「何年分作るのが正しいか」「月次・年次のどちらがいいか」も論じます。

第4章：トップラインを考える

売上高（＝トップライン）の設計においては，収益構造，KPIツリーを構築していくことが大切です。世界で初めて収益構造・KPIツリーの設計体系を明らかにしました。既存の書籍やインターネットで行き着く「KPIツリーの作り方」は，どれも「業種ごとの例示」でしかありません。いつも私がどのようにやっているか，KPIツリー設計に強い友人はどういう思考をしているか。自分や得意な方の思考を棚卸しして，法則性を見出し，体系化・手順化しました。

第5章：コストは方程式

コストについて踏み込みます。管理会計の「変動費」について，実務上の「しくじり」をもとに体系化します。コントロールする対象としてのコストについて詳説しますが，コストと売上高計画とは密接につながっているので，第4章と第5章はセットで理解を深めていただきたいと考えています。

第6章：資金について考える

事業計画に基づく資金調達について解説します。スタートアップの場合と，大手企業の中で新規事業の稟議を上申するという社内決裁の場合の2つのパターンを解説します。前者は，銀行借入と投資家から出資を仰ぐ方法がありますが，それぞれの目線の違いについて解説しています。後者は，社内の投資基準も踏まえて留意事項を挙げます。

第7章：【発展】BS・CFの設計

第4章から第6章に基づき，BSやCFを設計する方法等を追加で解説します。運転資金についての考え方が特に重要です。その他SaaSなどの特定のビジネスモデルにおいて，「1年前払い」はキャッシュ・フローに大きなインパクトがあります。やや複雑ですが，重要な論点です。

第8章：事業計画を使い倒すPDCA

「作って終わり」になりがちな事業計画をどう活用するかを解説します。特にPDCAサイクルに大部分を割きました。

第9章：事業計画で描く経営の未来

本章では，本書の締めくくりとして事業計画のこれからの意義と可能性について触れています。

本書を読み進めるにあたって

　第1章で事業計画について改めて紹介しますが，本書では特段指定せず「事業計画」と言及するときは「数字，財務数値によって表される計画」という狭義の事業計画としています。

　また，本書について一部表計算ソフトでの取り組みを示唆しておりますが，関連する表計算シートについては，本書を購入くださった方限定で配布しております。

　また，本書の内容を解説した動画コンテンツもご提供しております。こちらについては，有償となりますが，本書をご購入くださった方で以下リンクからお申し込み頂いた方にクーポンコードをお配りします。

https://www.bizprojections.com

Contents

はじめに・i

① 本書の位置づけ ……………………………………………………………… vii

② 本書の章立て ……………………………………………………………… ix

第1章　事業計画に向き合う

① 事業計画とは ……………………………………………………………… 2

② 事業計画の役割 …………………………………………………………… 7

③ 事業計画不要論 …………………………………………………………… 12

④ なぜ新規事業・スタートアップの事業計画は達成できない？ …… 15

⑤ いい事業計画とは ………………………………………………………… 17

補論　事業計画及び成長可能性に関する事項 ……………………………… 22

    コラム　「1,000通りシミュレーションしろ」という名経営者・21

第2章　事業計画にとりかかる前に

① 財務諸表を理解しよう …………………………………………………… 34

② 損益計算書 ………………………………………………………………… 36

③ 貸借対照表 ………………………………………………………………… 39

④ キャッシュ・フロー計算書 ……………………………………………… 41

⑤ 事業計画を作成上必要となる会計の論点 ……………………………… 44

Ⅵ　ストーリーで追う数字の動き方 ……………………………… 56

　　コラム　事業計画は「素振り」・75

第3章　事業計画全体を設計する

Ⅰ　数字で考える意味 ……………………………………………… 78

Ⅱ　事業計画では何を作るのか？ ………………………………… 81

Ⅲ　設計思想 ………………………………………………………… 82

Ⅳ　作成する期間の考え方 ………………………………………… 87

Ⅴ　アウトプットイメージ ………………………………………… 90

Ⅵ　海外スタートアップにおけるフォーマット ………………… 97

Ⅶ　どこまで作り込むのか？ ……………………………………… 99

補論　表計算ソフトでの表現方法 ……………………………… 103

　　コラム　事業計画において追求するべき正確さ・102

第4章　トップラインを考える

Ⅰ　売上を考えるときの視点は？ ………………………………… 110

Ⅱ　売上高の基本構造 ……………………………………………… 114

Ⅲ　収益構造分解法（KPIツリー構築法）………………………… 116

Ⅳ　収益構造分解の5ステップ …………………………………… 121

Ⅴ　集客施策の派生系（代理店・取次店）……………………… 139

Ⅵ　さまざまな事業の構造化 ……………………………………… 140

Ⅶ　KPI ……………………………………………………………… 151

Ⅷ　戦略と情熱でトップラインを描く …………………………… 154

Contents　III

Ⅸ　表計算ソフトでの表現方法 ┈┈┈┈┈┈┈┈┈┈┈┈┈ 154

補論　市場成長の考え方 ┈┈┈┈┈┈┈┈┈┈┈┈┈┈┈┈┈ 162

　　コラム　CFO時代にメンバーに伝えていたこと・162

第5章　コストは方程式

Ⅰ　この事業にかかるコストは何か？ ┈┈┈┈┈┈┈┈┈ 170

Ⅱ　重要なコストの洗い出し方 ┈┈┈┈┈┈┈┈┈┈┈┈┈ 171

Ⅲ　誤解しがちな変動費 ┈┈┈┈┈┈┈┈┈┈┈┈┈┈┈┈┈ 175

Ⅳ　戦略コスト ┈┈┈┈┈┈┈┈┈┈┈┈┈┈┈┈┈┈┈┈┈┈ 177

Ⅴ　戦略コストの方程式化 ┈┈┈┈┈┈┈┈┈┈┈┈┈┈┈ 180

Ⅵ　変動費の方程式化 ┈┈┈┈┈┈┈┈┈┈┈┈┈┈┈┈┈ 191

Ⅶ　その他のコストの方程式化 ┈┈┈┈┈┈┈┈┈┈┈┈┈ 193

Ⅷ　費用のトリガー ┈┈┈┈┈┈┈┈┈┈┈┈┈┈┈┈┈┈┈ 201

Ⅸ　表計算ソフトでの表現方法 ┈┈┈┈┈┈┈┈┈┈┈┈┈ 203

　　コラム　グローバルデカコーンが見ているたった一つのKPI・205

第6章　資金について考える

Ⅰ　経営アジェンダにおける資金調達 ┈┈┈┈┈┈┈┈┈ 208

Ⅱ　資金を考える上での大切なポイント ┈┈┈┈┈┈┈┈ 210

Ⅲ　資金調達の方法 ┈┈┈┈┈┈┈┈┈┈┈┈┈┈┈┈┈┈┈ 211

Ⅳ　スタートアップの資金の考え方 ┈┈┈┈┈┈┈┈┈┈┈ 213

Ⅴ　エクイティ・ファイナンス ┈┈┈┈┈┈┈┈┈┈┈┈┈ 221

Ⅵ　大手企業における新規事業での資金の考え方 ┈┈┈┈ 230

Ⅶ　事業計画の見せ方 ………………………………………… 234

Ⅷ　表計算ソフトでの表現方法 …………………………………… 240

第7章　【発展】BS・CFの設計

Ⅰ　最初の鬼門は運転資本 …………………………………………… 246

Ⅱ　年払いなどの表現 …………………………………………………… 252

Ⅲ　設備投資がトリガーとなるビジネス ………………………… 255

Ⅳ　ソフトウェア開発 …………………………………………………… 257

Ⅴ　税金 ……………………………………………………………………… 258

Ⅵ　表計算ソフトでの表現方法 …………………………………… 261

　　コラム　事業計画と財務モデルの違い・264

第8章　事業計画を使い倒すPDCA

Ⅰ　さあ，素振りをしよう！ ………………………………………… 268

Ⅱ　PDCAとしての予実管理 ……………………………………… 269

Ⅲ　改善の進め方 ………………………………………………………… 277

Ⅳ　意味のあるシナリオ分析 ………………………………………… 281

第9章　事業計画で描く経営の未来

Ⅰ　計画を立て，血肉化する ………………………………………… 288

Ⅱ　経営はサイエンスへ ……………………………………………… 288

Contents　V

Ⅲ サイエンスこそ，起業家・事業家に必要だ ⋯⋯⋯⋯⋯⋯⋯⋯ 289

おわりに・291

Ⅰ ブックガイド ⋯⋯⋯⋯⋯⋯⋯⋯⋯⋯⋯⋯⋯⋯⋯⋯⋯⋯⋯⋯⋯ 295

Ⅱ 参考文献リスト ⋯⋯⋯⋯⋯⋯⋯⋯⋯⋯⋯⋯⋯⋯⋯⋯⋯⋯⋯⋯ 297

Ⅲ 索引 ⋯⋯⋯⋯⋯⋯⋯⋯⋯⋯⋯⋯⋯⋯⋯⋯⋯⋯⋯⋯⋯⋯⋯⋯⋯ 301

第 1 章

事業計画に向き合う

夢なき者に理想なし，
理想なき者に計画なし，
計画なき者に実行なし，
実行なき者に成功なし。
故に，夢なき者に成功なし。

吉田松陰（思想家・教育者）

第1章では以下を解説する。

- 事業計画にはどんな意義があるのか？
- 事業計画はどんな役割を担うのか？
- 事業計画はどんな企業，どんな時に必要となるのか？
- 事業計画と実績が乖離してしまうのはなぜか？
- そもそも「よい事業計画」とはどんなものか？

なお，本章補論にて，グロース市場に上場する企業に開示が求められている「事業計画及び成長可能性に関する事項」について解説する。

Ⅰ 事業計画とは

「事業計画」について，まずは前提を共有したい。「事業計画」とは，「事業」と「計画」の2つの言葉から成る。「計画」は，辞書的には次のような定義がなされるが，本書でいう「計画」はこの定義と同義である。

計画：

- 物事を行うに当たって，方法・手順などを考え企てること。また，その企ての内容。もくろみ。はかりごと。企て。プラン[1]。
- ある事を行うために，あらかじめその方法・手順などを考えること[2]。

一方，「事業」については，1冊の書籍[3]になるくらい議論が深い。そこで，本書では，次のように目線を合わせるに留める。

1 　広辞苑
2 　新明解国語辞典
3 　事業ではないが，「企業」について語った古典的名著が，P.F.ドラッカー『企業とは何か』（ダイヤモンド社，2008年3月）である。なお，原著"Concept of the Corporation"は1946年に出版された書籍である。GM（General Motors）の調査に基づいて語られた。

第 1 章　事業計画に向き合う　　3

事業[4]：ステークホルダーとともに，経済的・社会的な資源を活用しながら，顧客にとって価値ある商品・サービスを提供し，持続的に収益を創出することで，投入した資金より多くの資金を回収し，ステークホルダーに還元する一連の行為。

重要な構成要素は以下のようになる。

関与する人々（ステークホルダー）：狭義には投資家であるが，自社のメンバー，取引先も含む広義で捉える。

社会に価値を創出する（対価あり）：

- 世の中にいいことを行うのだが，そこに対価が発生しなければビジネス，事業たり得ない。
- また，顧客が「対価を払ってでもほしい」と思える商品やサービスを提供する必要がある。

投入した資金より多くの資金を回収する：最初に元手となる資金が必要であるが，対価が元手となった資金を超えなければ意味がない。

ステークホルダーに還元する：当然だが，投資家は資金，労働者はその労働力を提供してくれる。価値を創出して，対価を得たならば適切に再配分していく必要があるだろう。

これを受けて，事業計画を以下の通りに定める。

事業計画：事業を通じて達成したい定性的及び定量的目標に対して，どのような経営資源・事業施策が必要かの仮説を定め，目標達成・仮説検証の方法・手順と指標を定めたもの。

「事業／ビジネスとは」という問いは，哲学的で壮大である。あくまで上記

4　こちらは事業そのものの定義であるが，前掲注 3 の P.F. ドラッカー『企業とは何か』では，「我々の事業は何か，問い続けなければならない」という。そしてその問いは顧客からスタートするべきだと説く。顧客は誰か。顧客はどこにいるのか。顧客は何を買うのか。顧客にとっての価値は何か。全く色褪せない示唆である。

は，本書で議論を進める上での定義である。事業に関する計画として，事業計画を網羅的に取り扱う。また，定量的，つまり収益に関する計画を中心とし，例えばビジネスモデルの設計などの定性的な部分は，すでに優れた書籍があるのでそれらに譲る[5]。したがって，第2章以降，特段の注記がなければ「事業計画＝定量的な計画，収益計画・財務計画」と解釈してほしい。

（1）事業企画と事業計画と経営計画

事業計画と近しい用語に，事業企画や経営計画がある。それらとの区別について触れる。

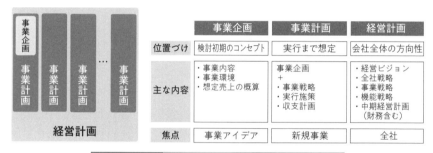

図表1-1　事業企画 vs 事業計画 vs 経営計画

出所：手塚貞治著『事業計画書作成講座』（日本実業出版社）等に基づき筆者作成

新しい事業について，そのアイデアに焦点を置き，検討初期のコンセプトをまとめたものを事業企画と言う。

一方，事業計画は事業企画の深掘りに加え，実行施策や実際にいくら儲かるかという収支計画についても触れる。また，新規事業等，単一事業に焦点を置く。

経営計画は，検討のスコープが全社である。対象とする企業が推進する複数の事業を束ね，経営ビジョンに基づき各事業の戦略（＝事業戦略）とビジョン

---

[5] 巻末ブックガイドに事業計画関連の推薦書を提示するので，ご参照いただきたい。

第1章　事業計画に向き合う　5

との整合性，事業ポートフォリオに関する指針についてまとめる。

　シンプルに言うと，事業計画は**事業戦略**を，経営計画は**全社戦略（と各事業の事業戦略）**をまとめたものとなる。

　本書では，スタートアップや新規事業を対象とし，**事業計画を主眼**とする。事業計画は，この各事業の事業計画を束ねる全社戦略・経営計画にも資する。

BOX　事業戦略と全社戦略

　事業戦略と全社戦略を混同する戦略論の書籍を散見します。

　事業戦略は，単一事業をどうするかです。かっこよく言うと（難しく言うと？）「個別事業の価値最大化」を目的とし，攻略すべき市場がどういう性質を持っていて，そこにどういう商品やサービスで展開するのかが主たるアジェンダとなります。それゆえ，マーケティングで考える論点がウエイトを占めます。

　一方，全社戦略は，「企業価値の最大化」を目的とします。そもそも論としてどういうビジョン（最近では「パーパス」が重要視されてきていますね）に基づいて経営をしていくか。さらに複数の事業があれば，各事業の位置づけと資源の再配分，いわゆる「事業ポートフォリオ・マネジメント[6]」が主要なアジェンダとなります。

　戦略を語るのであれば，事業戦略と全社戦略，どちらを語っているか意識すべきだと思います[7]。

6　これに適用されるフレームワークとしてどの書籍にも掲載されているのがボストン・コンサルティング・グループが提唱した「プロダクト・ポートフォリオ・マネジメント（PPM：Product Portfolio Management）」である。

7　全社戦略及び事業戦略について次のような書籍を参照したい。
　・琴坂将広『経営戦略原論』（東洋経済新報社，2018年6月）
　・松田千恵子『考える道標としての経営戦略　これからの「事業戦略」と「全社戦略」をデザインする』（日本実業出版社，2023年4月）
　・淺羽茂・牛島辰男『経営戦略をつかむ』（有斐閣，2010年5月）
　また全社戦略について語った書籍としては次が挙げられる。
　・菅野寛『全社戦略がわかる』（日本経済新聞出版社，2019年5月）

(2) 広義／狭義の事業計画

「事業計画」と一口に言っても，その解釈は人によって異なる。一般的には「事業計画書」のニュアンスが強い。会社概要から始まり，顧客やプロダクト，ビジネスモデルなどの定性的なテーマを扱ったものから収益計画までをイメージするものである。もしくは補助金申請のときの事業計画も多く知られている。

一方で，金融機関，特に銀行の方であれば，収益計画に焦点を当てたものをイメージするであろう。

「事業計画の提出」を要請された場合，広義の事業計画と狭義の事業計画の2種類があることを念頭に置いておくべきである。

金融機関が提出を求める事業計画は，収益面の定量的な事業計画である。これを**狭義の事業計画**とする。

一方，狭義の事業計画を含めて，会社概要や顧客課題，商品・サービスの概要，ビジネスモデルといった定性的なスコープで検討し，まとめたものを**広義の事業計画**とする。

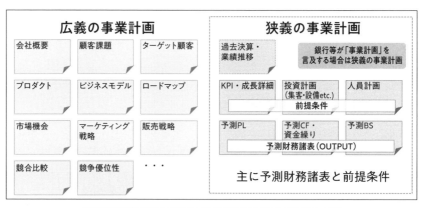

図表1-2　広義の事業計画と狭義の事業計画

・ウルリッヒ・ピドゥン著，松田千恵子訳『全社戦略——グループ経営の理論と実践』（ダイヤモンド社，2022年12月）

Ⅱ 事業計画の役割

さて，次の問いについて考えてほしい。

事業計画とは○○のツールである。○○に当てはまる言葉は何か？

では，事業計画はどんな目的・機能を担うのだろうか。

問いに対し，私は「4つの顔がある」と説明する。言い換えれば事業アイデア整理，コミュニケーション，実行支援，仮説検証という4つの目的，機能があると伝えている。

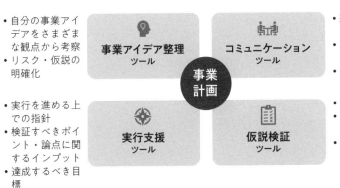

図表1-3　事業計画の4つの役割

（1）事業アイデアの整理ツール

事業計画には，事業に対する自身の考えを整理する役割が期待できる。

本書に限らず，事業計画を扱う書籍は多数ある。どの書籍でも，事業計画で考えなければいけない項目・トピックは，「ビジネスモデル」「市場・顧客」「マーケティング」「収益計画」など概ね共通する。この項目に沿って整理すれば，事業を進める上で考えるべきことを抜けや漏れなく網羅できる。

そうすると，事業推進上のリスクも見えてくる。新しい事業であれば，最初はわからないことだらけなはずだ。調べてわかることもあるが，大抵はやってみなければわからないことだ。

これについて一定の考えに基づいて現時点での結論を考える。つまり，仮説を立てる。これが後々効いてくる。一定のフレーム・構造に沿って，アイデアや仮説を可視化することが重要なのだ[8]。

BOX

事業計画の典型的構成

「事業計画の構成」を知ることができる資料を2つご紹介します。

①総務省「事業計画作成とベンチャー経営の手引き」(https://www.soumu.go.jp/main_content/000170365.pdf)
　2008年3月に総務省が発表した資料で，219ページにもわたる名作です。
　47ページから82ページで，事業計画の構成要素とそれぞれの作成イメージが紹介されています。

②東京都中小企業振興公社「事業計画書」(https://startup-station.jp/m2/services/consultation/planconsulting/jigyo-keikakusho/)
　こちらはWordベースのテンプレートを用意してくれています。
　詳しくは，それぞれのWebサイトよりご覧頂きたいのですが，ざっくりと章立てを抜き出します。

8　スタートアップのバイブルである磯崎哲也氏の著作『起業のファイナンス　増補改訂版』（日本実業出版社，2015年7月）でもこう書かれている。
　「何より，事業計画を作ることによって，起業家自身の考えが深まったり，実現可能性が推し量れたりする可能性があります。」

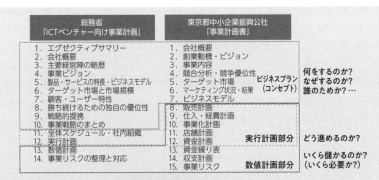

図表1-4 事業計画の構成

出所：総務省・東京都中小企業振興公社公開資料に基づき筆者作成

どちらも大きく3つのパートに分かれています。
- **ビジネスプラン・コンセプト**：ここでは何をするのか，なぜそれをするのか，どういうお客様に対して行うのかをまとめることとなります。
- **実行計画**：実際にプラン・コンセプトをどのように進めていくのか，スケジュール等も含めて考えることとなります。
- **数値計画**：そういったビジネスを実行したら，いくら儲かるのか，またいくら必要なのかを示す部分となります。

もちろん考えをまとめるのは思ったより難しく，「フルパッケージの事業計画を作らなければならない」と身構えるのは禁物です。「こういうことを考えた方がいいんだな」と頭の片隅に置きながら，実際の事業の進捗に応じてブラッシュアップしていけばよいでしょう。

（2）コミュニケーションツール

さて，事業アイデアを整理したら，「すぐに事業を実行だ！」とはならない。社員・チームを巻き込んだり，必要資金を外部から集めたりする前段階がある。資金に限らず，自社にないテクノロジーの活用が必要になった場合，事業パー

トナーを探す必要が発生する場合もあろう。こういったときに整理した事業計画が,「コミュニケーションツール」となる[9]。

Amazonの創業者であるジェフ・ベゾス氏は,紙ナプキンにAmazonの事業モデルを描いてチームに説明した,という逸話がある。

しかし,残念ながら私たちは「ジェフ・ベゾス」ではない。またあなたが説明する相手は,「ジェフ・ベゾスが紙ナプキンで説明した相手」でもない。紙ナプキンの1枚絵では心もとない。

まずは,整理した自分のアイデアを理解してもらえるように説明する必要がある。相手からは,自分のアイデアをさらにブラッシュアップできるような意見ももらいたい。チームであれば,「これで目標に到達できるか」お互いに意見をぶつけ合い,チーム共通のコミットメントとしていかねばならない。

もしかしたら,投資家や銀行の担当者を相手に,資金を出してもらえるようプレゼンテーションをする必要があるかもしれないし,銀行内で融資稟議に回してもらえるように,ドキュメントを作る必要があるかもしれない。事業パートナーの場合も同様だ。

大切な資金や時間を投下してもらうためには,事業計画の共有が不可欠である。まさに,**事業計画は,相手への誠意,エモーショナルな表現を使えば「ラブレター」**である。

(3) 実行支援ツール

チームの理解も得られ,投資家からも資金を獲得し,事業パートナーも見つけた。

さぁ,実際に事業を実行しよう。さて何からすればいいのか?

その道標として,事業計画が役立つ。「実行支援ツール」として活躍するの

9　度々の引用であるが,磯崎哲也氏の『起業のファイナンス 増補改訂版』にて次のように書かれている。
　「事業計画を作ることを通じて考えがまとまっていれば,説得力のある話をできる可能性が高まるということです。」

である。

　まさしく事業「計画」には，計画が記されている。資金調達やチーム合意等で多少のスケジュールのズレがあるかもしれないが，やることが明確である。また，事業計画には**最終的に達成したい目標**も記されている。

　新しい事業に取り組む場合，目標は特に重要だ。新しい事業は，暗闇の中を，道を作りながら全力疾走するようなものだ。どの方向にどう走り，途中で振り返れる明かりをどう置いていくか。予め考えておかないとすぐにパニックになりかねない。予め考えて記録しておけば，事業に邁進する上で安心材料にもなる。

（4）仮説検証ツール

　実行したが，思った通りには進まなかった，うまくいかなかったということは，ままある。それで「やっぱり事業計画なんて作る意味がなかった」というのはお門違いだ。

　うまくいかない，計画通りにいかないのは，当然なのだ。なぜなら，（1）の「事業アイデア整理ツール」で述べたように，事業計画には「仮説[10]」，つまり「知らないこと」が含まれているのである。

　実行により，仮説として置いていた事柄について，「実際はこうだった」とわかる。つまり「知らなかったこと」を「知る」ことができる。この部分こそが事業計画を作成する一番重要なプロセスである。

　仮説を置いていなければ，検証できない。「なんとなくやって，なんとなくうまくいった」で終わる。実行前，自分は何を考えていて，実際やってみたら考えていたこととどう違ったか。それはポジティブなことなのか，ネガティブなのか。検証する行為が，次に活きるのだ[11]。

10　読者の皆様にとっては，付け加える必要はないかもしれないが，あえて紹介しておきたい。「仮説とは，情報収集の途中や分析作業以前にもつ「仮の答え」のこと」（内田和成『仮説思考』（東洋経済新報社，2006年3月）

11　"Life can only be understood backwards, but it must be lived forward."（Journals IV A 164（1843））「人生は，前進するためのものだが，振り返ることで理解される。」（哲学者

我々は博打ではなく，事業に取り組んでいる。それゆえ「**再現性**」が重要だ。よい商品・サービスがあり，お客様に喜んでもらえるのであれば，それを継続・拡散していかなければならない。再現性を形成していくために，**仮説検証**の結果を活かして，「次の計画」に活かす必要がある[12]。

　4つの役割を知り，「事業計画を作った方がよさそうだ」「なんとなく作れって言われてきたから仕方なく作っていたが，作る意味がわかった」と感じていただけるとありがたい。

Ⅲ　事業計画不要論

　大企業で新規事業に取り組む場合は，社内決裁の観点から，程度の差はあれ事業計画作成を余儀なくされる。一方で，スタートアップも銀行や投資家などから資金提供を受ける場合も，事業計画を求められることが多い。

　ただ，稀に「事業計画なんていらない」という心優しい投資家も存在する。どういう心理で「事業計画なんていらない」と言うのか，私が今まで見聞きしてきた中では，下記（1）～（4）の4タイプがいる（なお，本節は「どっちにしても事業計画を作って稟議に回さないとならない大企業の新規事業担当の方」は読み飛ばしていただいて構わない）。

（1）「程度の問題」

　「事業アイデア整理ツール」のBOX部分で触れたが（8頁），「事業計画」の世にいうポイントを全てカバーしようとするとかなり骨が折れる。全力で事業

セーレン・キェルケゴール）

[12]　経営理論においては，Discovery Driven Planning（DDP）という考え方が広まりつつある。「不確実な環境において，仮説検証という実験を通じて，仮説を知識に変え，得られた知識を踏まえて過去の計画に囚われず未来からの逆算を繰り返していくプロセスを指す。」（東出浩他『起業原論』（中央経済社，2023年10月）より引用）またDDPについては，リタ・マグレイス著，大浦千鶴子訳『ディスカバリー・ドリブン戦略』（東洋経済新報社，2023年9月）に詳しい。

計画を作ろうとしているのを見かねて，「そこまで詳細なところまで作り込む必要はない」と投資家が諭してくれる場合だ。

これには，「事業計画推し」の私も同感だ。特に，創業初期であれば，事業計画をただ作り込むだけよりは，動いてみることが重要となる。

（2）「優先順位を考えて」

意図としては，前記（1）の「程度の問題」の場合と近いが，もう少し極端な内容として「作らなくてよい」という場合も存在する。心優しい投資家が「そんな無駄なペーパーワークをしているくらいなら，プロダクトを作りなさい」と言うのだ。

これもある意味で正しい。優先順位の問題である。

「のめり込むと周りの声が聞こえなくなる」という過集中状態になる経営者は多い。事業計画の完成度を上げようと，エネルギーと時間をつぎ込み，事業推進を忘れてしまえば本末転倒だ。「計画作成は手段」でしかない。「手段」と「目的」を混同していることに，警笛を鳴らしてくれているのかもしれない。

（3）「計画ではない，●●だ」

「計画」には，「達成しなければならないもの」というニュアンスが含まれる。それを踏まえて，「事業計画は不要。必要なのは事業"仮説"だ」と言う方もいる。これもある意味正しい。

「事業計画というものの本質」の部分を抜き出して別の言葉で置き換えている。私もこの考え方に賛同する。「事業計画」という言葉の認知が深いため，便宜的にこの言葉を採用しているに過ぎない。

（4）「自分は作らなかった」

「自分は事業計画なんて作らなくても成功した。だから事業計画はいらない」という成功者の類である。典型的な**「生存者バイアス」**[13]なので，真に受けるべきではない。

このように,「事業計画を不要」論を唱える投資家には,大きく4タイプ存在する。ただ,そのうち2タイプは経営者への警笛であり,3つ目は単なる「言い換え」である。4つ目の「自分は作らなかった」は,典型的な生存者バイアスであることを理解したい。

(5) 結局,事業計画は必要か？

私の答えは,「もちろん必要」一択だ。

ただ,決算書・財務諸表と異なり,事業計画の作成は法律で義務化されているわけではない[14]。結局は,Nice to have（作った方がよい）に留まる。なので,一つ条件を追加したい。「**あなたがその事業の成長を本当に目指したいなら,事業計画は不可欠である**」,これが私の考えだ。

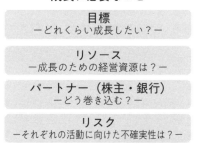

図表1-5　事業計画の必要性

事業の成長には目標が必要だ。そして,目標達成に向けどういったリソース（資金を含む）が必要か,誰の協力が必要か,そこに内在するリスク・不確実

13　生存者バイアス（Survivorship bias）＝ある対象について,失敗した事例ではなく,成功した一部の事例についてのみ着目し,それを基準として判断をしてしまうこと。(情報文化研究所,髙橋昌一郎監修『情報を正しく選択するための認知バイアス事典──行動経済学・統計学・情報学編』（フォレスト出版,2023年1月))

14　グロース市場に上場している企業においては,「事業計画及び成長可能性に関する事項」に関して開示が義務化されている。詳細は本章補論を参照のこと。

性が何かを認識しなければならない。これらのポイントについて，定性的にも定量的にも可視化する手段が，事業計画を作成することである。

（6）事業計画の目的

改めて，事業計画の目的を定めておきたい。

事業計画の目的：事業の成長目標を定め，その目標に至るための過程・座標を定め，その成長目標に必要となる経営資源とリスクを明らかにすること。

> **BOX**
>
> ### 「事業計画を作ったことがない」成功者のリアルとは
>
> 「事業計画なんて作ったことがない」という起業家や経営者もいます。その中には，いろんなタイプがいます。
>
> - そもそも何かしらの事業がうまくいっており資金調達等をする必要がなかった。
> - 資金を持っているコミュニティに属していた。
> - そもそも金持ちだった。
>
> 学生時代に，「勉強してないよ」と言いながら成績がよい同級生タイプと考え，聞き流してよいでしょう。その背景にある前提条件の違いや外部環境を踏まえて，自身の信念に基づき判断・決断すべきでしょう。もちろん，本書を今すぐ捨てて，お金持ちコミュニティに突撃するのも一案ではありますが…。

 なぜ新規事業・スタートアップの事業計画は達成できない？

ベンチャーキャピタルに勤務していた時，キャピタリストの諸先輩が口を揃

えて「スタートアップが出してくる事業計画は達成した試しがない」と言っていた。

この現象がなぜ起きるのか。答えは、「新規事業とは知らないことの集積である」[15]からである。その事業で仮説が占める割合が高いほど、計画がブレるのは当然だ。

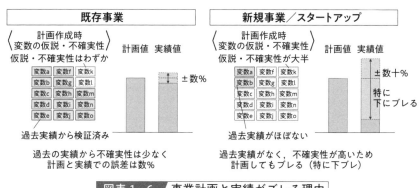

図表1-6　事業計画と実績がズレる理由

既存事業であれば、計画作成にあたり過去の実績で検証済みの部分が基本的に大半だ。予期しえない未曾有の大災害や疫病の大流行等の発生がない限りは大きくはブレない。その確率はせいぜい数％である。

一方、新規事業は実績がない。未検証の「仮説」が大半となる。収益計画を立てても、構成する変数がほぼ未検証で、そもそもその収益構造の理解でよいのかという問題もある。経験上、実際はプラスにブレることは少なく、多くはマイナスにブレるだろう。

事業計画で仮説を立てる過程は、事業における「無知」を自覚することにほ

15　大江建『なぜ新規事業は成功しないのか』（日本経済新聞出版社、2008年12月）。筆者が知る限り、同書が、前述したDDPを最初に日本に紹介した書なのではないかと思う。なお、基本的にDDPのコンセプトには同意するが、その進め方として逆財務諸表の作成というものがある。本書は、このアプローチに対する挑戦でもある。

かならない（事業上の無知の知）。実行を通じて，この「無知」を「知」に変えていくのである。つまり，新規事業とは，事業上の無知を「知」に変えていくプロセスである。

 いい事業計画とは

事業計画の書籍は，世の中に数多くある。ただ，「いい事業計画とはどんなものか？」という類の記載は見ない。そこで，最初に示したい。

（1）意思決定のための事業計画

事業計画は，「事業を通じて取り組む価値創出に向けて，何がどれだけ必要で，どういうステークホルダーを迎え，結果として何を行い，どういう価値を出すかをまとめた，予定する行為に関する計画」である。そして，その目的は，「事業の成長目標を定め，そのための施策，必要な経営資源とリスクを明らかにすること」となる。

では「いい事業計画とは何か」という冒頭の問いについて考えていこう。

事業計画は，実行のインプットであるといえる。つまりいい実行を行うために必要なものだ。ただ企業経営における実行は未来に対するものであるため，必ず意思決定が伴う。

意思決定には，ステークホルダー（事業上の施策実行に伴って必要となる資金の出し手としての投資家や金融機関，また実行の担い手となるチーム）からの信頼が必要だ。そしてそのステークホルダーが判断の根拠とするのが，事業計画である。

したがって，いい事業計画とは，「事業計画に基づき，ステークホルダーの信頼に値する意思決定ができるもの」[16]となる。

16　Mike Cohn『アジャイルな見積りと計画づくり』（マイナビ出版，2009年）より「良い計画とは，ステークホルダーが信頼できる計画だ。信頼できるとは，その計画を基にして意

(2) ステークホルダーの信頼に値するとは

　信頼に値するためには何が必要か。前述の説明に抜けているのが，「事業の不確実性」と「外部環境の変化」である。

　まずは事業の不確実性について考えたい。新規事業の場合は，検討している内容において仮説の割合が多い。それゆえ不確実性が非常に高い。一方，事業が進行するにつれて，適切な仮説検証を回していると，事業の不確実性は低くなっていく[17]。

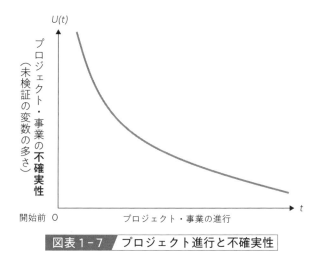

図表1-7　プロジェクト進行と不確実性

出所：Mike Cohn『アジャイルな見積りと計画づくり』を基に筆者作成。

　もう一点，外部環境の変化について考えよう。

　当初の計画を立案したときに想定していなかった環境変化が起きたとする。

　新型コロナウイルス感染症の広がりによる影響はわかりやすい事例である。経済的な影響だけでなく，消費者のライフスタイルまで変わった。今では当た

　　思決定できるという意味である」
17　Mike Cohn『アジャイルな見積りと計画づくり』（マイナビ出版，2009年）

第1章　事業計画に向き合う　19

り前であるが，急速にオンライン会議・テレワークが広がった。

　このような外部環境の変化が起きたときに，当初の計画をそのまま維持することは意味をなさない。

　つまり，計画は「**変えなければならない**」[18]。「当初計画の達成」を信仰の如く掲げているケースも見かけるが，当初計画を変更なく達成できると考えることは，下記の2つの意味で危険である。

　① 未来を完全に見通せると考えている。
　② 確実に達成できる計画しか立案していない（成長を想定していない）。

　①は不可能である。特に想定しえない外部環境の変化までは読めない。
　②が厄介だ。大手の企業に多いが，中期経営計画等で「年率3％成長」という差し障りのない経営目標を掲げて，投資家を落胆させる。また，年率3％成長をどのように実現するか，という点においての解像度は低い。

　これを踏まえて，次のことを前提としたい。
● 計画とは未来のことである。
● 未来のことである限りは，不確実性を伴う。
● 不確実性は事業進捗に伴って低減していくことができる。
● 一方，予期せぬ外部環境の変化を事業計画作成時点では織り込んでいない。

18　Mike Cohn『アジャイルな見積りと計画づくり』（マイナビ出版，2009年）より「あなたの計画が不正確だったにもかかわらず，それでもなお役に立ったと言えるのは，プロジェクトの進行中にも計画を定期的に更新していた場合だ。定期的に計画を更新していたなら，最後の最後になってはじめてプロジェクトが1ヶ月遅れることを知ることになる不幸な人はいないはずだからだ。（中略）アジャイルな計画づくりでは，プランニングに費やす労力や投資と，プロジェクト最中に得られる知識とを天秤にかける。プロジェクトの途中で新しい知識を得たら，それをもとに計画を見直すのだ。「変更されてもかまわない」というだけでなく，むしろ「積極的に変更したい」と思うのがアジャイル計画である。」

ここで伝えたいのは、「事業計画は変えていくもの」ということだ。事業進捗に伴い仮説検証を進めれば進めるほど、事業の解像度が上がる。その分、事業計画を見直し、外部環境の変化があった場合は、自社事業において、どこに影響が出そうかを見極めて適切に修正するのである。

事業計画に必要な要素として改めて付け加えたいのは、「可変性」である。これは当初計画の売上を下回ることを許容するという意味ではない。これを達成するためのアプローチを、仮説検証を進める中で見直し続け、どうしても対応できない制約条件が表れたときにはステークホルダーとともに協議するのである。以上を踏まえて、改めてこのように書き記したい。

よい事業計画とは、ステークホルダーの信頼に値する意思決定ができるものであり、事業の不確実性と外部環境の変化を前提として、検証と学習のサイクルを備えたものである。

第1章のまとめ

- 事業計画は4つの役割がある。
  ①自身の新しい事業アイデアを整理するためのアイデア整理ツール
  ②整理したアイデアを社内外のステークホルダーに説明するためのコミュニケーションツール
  ③事業実行した場合の道標となる実行支援ツール
  ④実行後に自分の仮説をどう軌道修正するかの示唆を与えてくれる仮説検証ツール、である。
- 事業計画について必要ないという言説もあり、法律で定められているわけでもない。しかし事業の成長を目指す場合、不確実性に向き合うために事業計画は最良の武器となる。
- 新規事業とは仮説、無知の集積である。事業計画を武器にこの仮説を検証していくことこそが重要である。

第1章　事業計画に向き合う　21

- よい事業計画とは，ステークホルダーの信頼に値するもの。そして，事業の不確実性と外部環境の変化を前提として，検証と学習のサイクルを備える必要がある。

コラム　「1,000通りシミュレーションしろ」という名経営者

　私が2018年に創業した際，創業の後押しをしてくれたのが安川新一郎氏でした。

　安川氏はMcKinsey & Companyで戦略コンサルタントとして活躍した後，ソフトバンクの社長室長として数々の事業を立ち上げてきた方です。

　さまざまなスタートアップのメンターやアドバイザーとして活動もしつつ，東京都のアドバイザーとしても活動していた同氏ですが，同氏の考える未来・世界観と私の事業が合致したようでした。

　日本を代表する事業家である孫正義氏のもとでさまざまな事業立ち上げに携わってきた同氏ですが，ある時ソフトバンク時代のことを教えてくれました。

　「（孫さんに）1,000回シミュレーションするように散々言われた」というのです。

　対外的には大きなビジョンを示し，大胆な事業展開を先導する孫氏は，実際の事業実行においては非常に緻密に数字で練り上げられているという印象でした。これは安川氏だけでなく，同社で事業推進をした幹部クラスの方や投資銀行側で関わった方も同様に思われたようです。

　経営者として，安川氏のようなスタービジネスパーソンを部下に迎えることができたなら，「1,000回シミュレーションしろ！」と言えるかもしれませんが，そうでなかったとしても，数字で考えること，さまざまなパターン・シナリオで考えることを実践したいですね。

補論 事業計画及び成長可能性に関する事項

　グロース市場[19]に上場する企業に対して開示が義務化された「事業計画及び成長可能性に関する事項」について補足する。本書が主題とする狭義の事業計画（定量／収益計画）の範囲を超えて，定性的な記述も含む広義の事業計画に踏み込むことになるが，読者の参考になれば幸いである。

（1）グロース市場で開示義務化された「事業計画及び成長可能性に関する事項」

　2022年より，グロース市場に上場する企業に対して，「事業計画及び成長可能性に関する事項」についての開示が義務化された[20]。投資家に合理的な投資判断を促す観点から新設された開示項目である。

　これは新規に上場する企業だけでなく，グロース市場にすでに上場している企業に対しても，定期的に進捗状況を反映した最新内容の開示が求められている[21]。また開示内容について，そのドラフトを開示日の前に東京証券取引所に送付することが求められている[22]。

19　グロース市場とは，2022年4月4日に東京証券取引所が再編・設置した市場区分の一つで，「高い成長可能性を実現するための事業計画及びその進捗の適時・適切な開示が行われ一定の市場評価が得られる一方，事業実績の観点から相対的にリスクが高い企業向けの市場」（東京証券取引所「市場構造の見直し」より引用）である。

20　有価証券上場規程第408条の2及び施行規則第408条参照

21　少なくとも1事業年度に対して1回以上の頻度（事業年度経過後3ヶ月以内に少なくとも1回）とされている。また事業計画を見直した場合や事業の内容に大幅な変更があった場合など，記載内容に重要な変更が生じた場合には，速やかにその内容について開示する必要がある。詳しくは東京証券取引所のWebサイトやQ&A（https://faq.jpx.co.jp/disclo/tse/web/knowledge7662.html）で確認頂きたい。

22　東京証券取引所のWebサイト内FAQ（https://faq.jpx.co.jp/disclo/tse/web/knowledge8511.html）

第1章　事業計画に向き合う　　23

（2）「事業計画及び成長可能性に関する事項」における記載内容

東京証券取引所によって，記載内容について触れられている[23]。

項目	記載観点	記載内容
ビジネスモデル	事業の内容	製商品・サービスの内容・特徴，事業ごとの寄与度，今後必要となる許認可等の内容やプロセス
ビジネスモデル	収益構造	収益・費用構造，キャッシュ・フロー獲得の流れ，収益構造に重要な影響を与える条件が定められている契約内容
市場環境	市場規模	具体的な市場（顧客の種別，地域等）の内容及び規模
市場環境	競合環境	競合の内容，自社のポジショニング，シェア等
競争力の源泉	競争優位性	成長ドライバーとなる技術・知的財産，ビジネスモデル，ノウハウ，ブランド，人材等
事業計画	成長戦略	経営方針・成長戦略，それを実現するための具体的な施策（研究開発，設備投資，マーケティング，人員，資金計画等） ＊事業計画の対象期間については，上場会社各社の事業内容に応じて異なることを想定。
事業計画	経営指標	経営上重視する指標（指標として採用する理由，実績値，具体的な目標値など）
事業計画	利益計画及び前提条件	（中期利益計画を公表している場合）その内容及び前提条件
事業計画	進捗状況	前回記載事項の達成状況，前回記載した事項からの更新内容，次に開示を行うことを予定している時期
リスク情報	認識するリスク及び対応策	成長の実現や事業計画の遂行に重要な影響を与えうる主要なリスク及びその対応策

図表1-8　「事業計画及び成長可能性に関する事項」で記載が求められている項目

---

[23]　株式会社東京証券取引所『グロース市場における「事業計画及び成長可能性に関する事項」の開示について』（2021年2月15日｜https://faq.jpx.co.jp/disclo/tse/web/knowledge 8284.html）P6。

（3）参考になる開示例を探す

　自社の事業計画を作成する時，開示が非常に参考になる。ビジネスモデルが近い，顧客・業界が近い場合を先行事例として研究する。

　2022年10月には，東京証券取引所が投資家・アナリストの意見に基づき，先に公表している「事業計画及び成長可能性に関する事項の開示　作成上の留意事項」[24]で言及されている開示のポイントに加えて，投資家・アナリストのコメントも踏まえた開示例を取りまとめた『「事業計画及び成長可能性に関する事項」の開示例』を公表している[25]。

　ここから，開示上のポイント及び投資家・アナリストコメントを紹介する。

（4）開示上のポイントと投資家・アナリストコメント（要約・抜粋）

▌ビジネスモデル

① **事業の内容**

- 企業グループのビジネスモデル・取り扱っている製商品・サービスの内容，及びそれらの特徴。
  - ➡ビジネスモデルについては，事業の流れや，仕入先・販売先等の属性，それらとの関係に触れて記載。
  - ➡これまでの事業の進捗状況を記載。
- 複数の事業を行っている場合には，事業ごとの全社業績における寄与度を，売上高，利益の構成比等を用いて記載。
  - ➡将来的な寄与度の変化が見込まれる場合には，その内容について記載。
- その他，主要な製商品・サービスにおいて，許認可が必要となる場合の取得プロセス。

24　「事業計画及び成長可能性に関する事項の開示　作成上の留意事項」（2022年 4 月版：https://faq.jpx.co.jp/disclo/tse/web/knowledge7908.html）

25　東京証券取引所『「事業計画及び成長可能性に関する事項」の開示例』（2022年10月 7 日｜https://faq.jpx.co.jp/disclo/tse/web/knowledge8470.html）

第1章　事業計画に向き合う　　25

② **事業の収益構造**

- 収益及びキャッシュ・フロー獲得の方法や，それに要する主な費用の内容・構成等を記載。
  - ➡複数の事業を行っている場合には，事業ごとにこれらの内容を記載。
  - ➡将来的な収益構造の変化が見込まれる場合には，その内容について記載。
- 契約等において，事業の収益構造に重要な影響を与える条件が定められている場合には，当該契約等の内容（契約等の相手先，契約の概要，重要な影響を与える条件等の内容，影響の程度など）を記載。

＜投資家・アナリストコメント要約抜粋＞
- 自社のビジネスの本質を簡潔にわかりやすく説明すること。
- 産業全体を意識した説明（バリューチェーンにおける自社の位置・提供価値や自社の成長と産業全体の成長の関係性）。
- 収益及びキャッシュ・フローの獲得方法。
- 費用構造について重要な費用の内容，毎期変動する重要な費用項目（広告宣伝費など）はその推移。

▍市場環境・競合環境

① **市場規模**

- ターゲットとする具体的な市場の内容（顧客の種別，地域など）及び規模を信憑性・客観性の高いデータ等を用いて記載。
  - ➡第三者機関のデータを主に想定，十分な根拠を有している場合は自社測定も可能。ただし投資家が開示内容データの出典や前提条件を記載。
  - ➡将来予測については，上記同様出典や前提条件を記載。

＜投資家・アナリストコメント要約抜粋＞
- TAMは広義の市場であるため，その中で具体的にターゲットとしている市場（SOM）やアクセスできる市場（SAM）[26]。

26　TAM：Total Addressable Market，SAM：Serviceable Available Market，SOM：

- 市場獲得方法と成長戦略の関連付け。
- ターゲット市場の成長に比較して対象企業がどの程度成長しているか，推移と比較しての説明。
- 現在の事業におけるターゲット市場と，将来的に事業領域を拡大していく際にターゲットとなりうる市場が異なる場合の記載。
- データが少ない業種や事業環境の変化が激しい業態において，自社で現時点で考える市場の将来予測。

② **競合環境**
- 主要な製商品・サービスごとに，競合の状況を記載。
  - ➡競合の内容（顧客・地域の重複，代替性など）
  - ➡自社のポジショニング
  - ➡シェア　等

＜投資家・アナリストコメント要約抜粋＞
- 具体的社名の記載が難しい場合，どういう企業を競合・類似企業として意識しているか，比較した場合の対象企業のポジショニング・特徴がわかるような説明。

競争力の源泉
① **経営資源・競争優位性**
- 成長ドライバーとなる技術・知的財産，ビジネスモデル，ノウハウ，ブランド，人材（経営陣等）等の状況及びそれらの競争優位性。
  - ➡競合他社や既存の製商品・サービスとの差別化を可能とした独自の特徴・強みについて，客観的な事実を踏まえて記載。
  - ➡先行投資型企業においては，競合他社や既存の製商品・サービスと比較して

Serviceable Obtainable Market。市場に関する考察は第4章補論にて記載。

競争優位性を有すること及び今後その競争優位性を獲得・維持する見込みがあることについて，客観的な事実を踏まえて具体的に記載。

➡複数の事業を行っている場合は，事業ごとにこれらの内容を記載。

＜投資家・アナリストコメント要約抜粋＞
- 競争優位性が事業上どのようにプラスになっているか，業績にどう貢献しているか，事業計画とのつながりはどうか。
- 先行投資型企業では，競合との差別化を可能とする技術の内容とそのポテンシャル。

事業計画

① 成長戦略

- ビジネスモデル，市場環境，競争力の源泉を踏まえた経営方針・成長戦略。
  ➡競争力の源泉をどのように維持・強化するのかという観点で記載。
- 当該経営方針・成長戦略を実現するための具体的な施策の内容。
  ➡研究開発計画，設備投資計画，マーケティング計画，人員計画及び資金計画などの成長戦略の実行に必要な計画を記載。
  ➡先行投資型企業においては，研究開発・設備投資・営業活動等の先行投資の内容及び今後の投資計画について，具体的に記載。
  ➡複数の事業を行っている場合は，それぞれの事業の経営方針・成長戦略における位置づけを踏まえつつ，事業ごとの施策の内容を記載。

＜投資家・アナリストコメント要約抜粋＞
- 中長期でのビジョン・目標，それに向けた成長ストーリーに投資家は強い関心を持っているため，起業の成長に対するイメージを共有できるよう実現・課題解決に向けた具体的施策・可能な限りの進捗を確認できる定量的な記載が求められる。
- 中長期目標達成に関するリスクやシナリオ分析があればなお有用。
- 経営上重視している指標等も合わせて記載。
- 先行投資型企業の場合で，特に赤字が継続する企業では，投資期間・投資規模，

投資効果等を説明。
- 資金調達については，その資金使途とその充当状況，資金による成長との関連性を説明。

② **経営指標**
- 経営上重視している，成長戦略の進捗を示す重要な経営指標について，当該指標を採用した理由，実績値及び具体的な目標値を記載。
  ➡ 継続的に進捗を測定できる指標（例えば，ユーザー数，ユーザー一人当たりの単価，顧客獲得単価など）を記載。
  ➡ 自社で算定する指標を用いる場合は，算定方法を記載。
  ➡ 事業計画の進展や見直しに伴って，経営指標の追加・変更を行う場合には，追加・変更の理由を記載。
  ➡ また，主たる経営指標の変更を行う場合であっても，それまで記載していた経営指標が合理的に算出可能であるときは，その記載を継続することも推奨。

③ **利益計画及び前提条件**
- 中期利益計画を公表している場合（公表する場合）は，その内容及び前提条件。
  ➡ 記載可能な数値のみで足り，記載をする場合には，合理的な数値であること。
  ➡ 記載をする場合には，成長戦略との関連性を踏まえて，事業ごとの計画値を記載。

＜投資家・アナリストコメント要約抜粋＞
- 事業の収益構造を踏まえて，事業収益に紐づく指標をKPIとして採用すること
  ➡ KPIとして何を重視しているか理由とともに開示する企業も増加，投資家もこの傾向を評価。
- 業績・KPIは時系列で推移を示す。
- 数値目標は計画の前提を丁寧に示す。
- 事業計画の進捗状況を適切に理解できるよう，KPIは継続的に開示。

> ➡️開示していたKPIについて説明なく非開示にする場合は不信感が発生。
> ➡️事業方針の見直し等に伴いKPIを非開示とする場合は理由を含めて要説明。
> ➡️KPIの定義の変更等は比較しにくくなっているため不信感が発生。

④ **進捗状況**

- 前回記載した事項の達成状況（成長戦略を実現するための具体的な施策の実施状況や，経営指標や利益計画の達成状況など）や前回記載した事項からの更新内容を記載。

  ➡️更新がない場合はその旨，進捗状況記載をやめた場合はその理由を記載。

- 「事業計画及び成長可能性に関する事項」の開示を行うことを予定している時期。

  ➡️ビジネスモデルの設定，経営指標の特性や他の開示を考慮して設定。

> **＜投資家・アナリストコメント要約抜粋＞**
> - 事業計画の進捗状況について，定期的にアップデートして開示する場合，前回記載から更新内容・状況変化について要説明。
> - 前回資料で公表している利益計画・経営指標の計画値・目標値，実績値との比較を丁寧に説明すること。
> - 事業環境が変化し，当初想定していた成長が見込めなくなった場合，戦略に変更があればその内容を丁寧に説明。

リスク情報

① **認識するリスク**

- 成長の実現や事業計画の遂行に重要な影響を与える可能性があると認識する主要なリスク。

  ➡️有価証券報告書（新規上場の会社においては有価証券届出書等）の「事業等のリスク」に記載の内容のうち，成長の実現や事業計画の遂行に影響する主要なリスクを抜粋して記載。

  ➡️ほかリスクの取り扱い（有価証券報告書での補完・前回記載からの変更）。

- リスクが顕在化する可能性の程度や時期，顕在化した場合の成長の実現や事業

計画の遂行に与える影響の内容。

② **リスク対応策**

● 主要なリスクへの対応策を記載。

＜投資家・アナリストコメント要約抜粋＞

● 幅広いリスクを網羅的に紹介するのではなく，状況に応じた実際に重視している主要なリスクとその対応策をわかりやすく記載。

● 制度改正や環境変化等で新たなリスクが出現したり，リスクの重要性に変化が生じた場合においては状況をアップデートすること。

（5）チェックリスト

　以上を踏まえて，次のようなチェックリストを作成した。上場，非上場にかかわらず，事業計画と成長性に関する記載について，どのような記載が求められているか確認してみるとよい。

① ビジネスモデル
□ 事業内容について，自社商品・サービスについてその特徴，そしてビジネスモデルについてわかりやすく説明がなされているか？（複数事業がある場合はその記載もなされているか？）
□ 事業内容について，産業全体のバリューチェーンを意識した記載となっているか？
□ 事業の収益構造及びキャッシュ・フローの獲得方法，主な費用についての説明がなされているか？
□ 収益及び重要な費用に関しては，グラフ等でわかりやすくその推移を含めて可視化されて，説明がなされているか？
□ 事業内容に関してその進捗状況を含めて説明がなされているか？
□ 将来的な事業・収益構造の変化が見込まれる場合，その旨に関する説明がなされているか？
□ 主要な製品の許認可を新たに取得する必要はないか？　必要がある場合はそのプロセスは明確になっているか？

②	**市場環境・市場規模**

- ☐ ターゲット市場とその規模について信憑性・客観性の高いデータ等を用いて説明がなされているか？
- ☐ 市場についてはTAM，SAM，SOMなどの枠組みを活用しながら，成長戦略と紐づけて説明がなされているか？
- ☐ データについては出典なども含めて根拠が投資家にわかりやすいよう明記されているか？
- ☐ 市場全体の推移と自社の事業成長の推移を比較できるような表現がなされているか？
- ☐ 市場の将来予測に言及している場合は，その根拠など説明がなされているか？

③	**市場環境・競合環境**

- ☐ 主要な製商品・サービスごとに競合の特徴について説明できているか？
- ☐ 主要な製商品・サービスごとに，競合に対するポジショニングがわかるような説明がなされているか？

④	**競争力の源泉**

- ☐ 成長ドライバーとなる技術，知的財産，ビジネスモデル，ノウハウ，ブランド，人材などの状況について説明がなされているか？
- ☐ 成長ドライバーが競合に対する競争優位性となっていることについて説明がなされているか？
- ☐ 成長ドライバーが業績にどう貢献しているか？
- ☐ 事業計画における成長ドライバーの取り扱いが説明されているか？

⑤	**事業計画・成長戦略**

- ☐ 中長期でのビジョン・目標と，その目標に向けた成長ストーリーについてわかりやすく説明がなされているか？
- ☐ 成長ストーリーを実現していく上での課題は何で，どう解決しようとしているかの説明がなされているか？
- ☐ 経営上重視している指標等も併記して説明がなされているか？
- ☐ 先行投資型で赤字が継続する場合はその投資期間や投資規模，投資効果等について説明がなされているか？
- ☐ 資金調達を行った／行っている場合は，その資金使途は成長ストーリー上のどこに配分しようとしているかについて説明がなされているか？

⑥	事業計画
☐	成長戦略の進捗を示す重要な経営指標・KPIについて，採用の理由と目標値・実績値について説明がなされているか？
☐	その指標は継続的に進捗を測定できる指標か？
☐	一般的な指標か？　自社独自の指標の場合は算出方法について説明がなされているか？
☐	KPIと業績の推移についてグラフ等でわかりやすく説明がなされているか？
☐	重要指標の変更について，説明がなされているか？
☐	利益計画を公表する場合は，前提条件についても説明がなされているか？
☐	進捗状況（目標・計画値と実績値の差異及び推移）についてKPIの推移を含めて説明がなされているか？
☐	前回公表した内容からの達成状況や更新状況について説明がなされているか？
☐	何らかの事業環境の変化に対して，戦略の変更がある場合の説明がなされているか？
☐	次回の「事業計画及び成長可能性に関する事項」の開示時期が明示されているか？
⑦	リスク情報
☐	成長実現・事業計画遂行に重要な影響を与える可能性があるリスクについて洗い出し，説明がなされているか？
☐	リスクが顕在化する可能性，程度，時期，顕在化した場合のインパクトについて説明がなされているか？
☐	主要なリスクに対する対応策が説明されているか？
⑧	構成
☐	業績及びKPIに関してわかりやすく示した「カンパニーハイライト」が資料序盤に配置されているか？
☐	当社が投資対象として魅力的であることを簡潔に述べた「インベストメントハイライト」が資料序盤に配置されているか？[27]

---

27 「事業計画及び成長可能性に関する事項」を対象に，筆者は網羅的に分析を行っている（本書の執筆原稿完了時点で100社超）。その中で，本開示内容の完成度が高い企業は，ここで言及しているカンパニーハイライトやインベストメントハイライトを資料序盤に配置している場合が多い。本書出版時点において，筆者が別途分析レポートを発表している予定であるため，Webサイト等を確認いただきたい。

第2章

事業計画にとりかかる前に

基本を制するものが世界を制する

パブロ・ピカソ（画家）

第2章では以下を解説する。

- 財務諸表は企業の何を表すのか？
- 損益計算書で引かれているコストは何の順番か？
- 貸借対照表の右と左はそれぞれ何を表すか？
- キャッシュ・フロー計算書を構成する3つのエリアはなにか？
- 黒字倒産はどのように起きるのか？
- 財務三表はどのようにつながっているのか？

事業計画は，第1章で触れた通り，事業目標に向けた計画を練り込むものである。ここで，目標とするアウトプットは，財務会計的に表現することとなる。

事業計画は，「単価はいくらで，それをどれだけ売るのか」「そのためにはどんな費用がいくらかかるのか」である。それを最終的に財務諸表として表現する。財務諸表は，見せる相手である投資家や銀行員の方たちが理解しやすい共通言語である。そのため，財務諸表に関する基本的な解説をする。

Ⅰ　財務諸表を理解しよう

詳細な解説は他書に譲るが，この後の展開を理解する上で基礎的な概念をおさらいしたい（会計分野などについて十分な知見がある読者は読み飛ばして頂いて構わない）[1]。

1　本章は以下の財務会計に関する書籍を参考文献として記している。
- 桜井久勝『財務会計講義 第20版』（中央経済社，2019年6月）
- 金子智朗『MBA財務会計』（日経BP社，2002年6月）
- グロービス経営大学院編著『MBAアカウンティング 改訂4版』（ダイヤモンド社，2022年9月）
- 太田康広『ビジネススクールで教える経営分析』（日本経済新聞出版社，2018年2月）
- 國貞克則『増補改訂 財務3表一体理解法』（朝日新書，2016年10月）

（1）企業の基本活動

　企業は，その事業を行う上で，以下の3つの活動を行っている[2]。それぞれ見ていきたい[3]。

---

　① **資金を集める**

　事業を始めるには資金が必要だ。貯金（いわゆる自己資金）か，ある程度事業収益が見込めるならば外部から資金調達をする（第6章で後述）。

　② **資金を使う**

　集めてきた資金をうまく使うにはどうすればよいか。

　商品を扱うならば，最初に在庫を持つ必要があるかもしれない。何かを作るのであれば，製造用設備が必要となる。工夫次第で使う資金を減らすこともできる（結果として集める資金も少なくてよいかもしれない）。

　③ **利益を出す**

　集めた資金をうまく活用して事業活動を行い，その結果利益を出すことが最終的に必要となる。

　事業を回すということは，上記3つの活動に集約される。**企業の基本活動**を考えたとき，これを数字として表したものが「財務諸表」，正確にいうと**財務三表**[4]である。

2　太田康広『ビジネススクールで教える経営分析』（日本経済新聞出版社，2018年2月），及び國貞克則『財務3表一体理解法 「管理会計」編』（朝日新書，2024年2月）

3　なお，「コーポレート・ファイナンス」で扱うアジェンダが，「集めて（資金調達），使って（投資決定），還元する（還元政策）」となるのは面白い。2つ目の投資の意思決定までは同じなのだが，「投資意思決定をした時点で儲かるものに投資しているのだから後は他の人にまかせて，おカネを出してくれた人たちへの還元の仕方を考えます」とファイナンスは語っていることになる。

4　財務諸表とした場合，本来は「株主資本等変動計算書」が挙げられるが，事業活動に注目して財務諸表を語る場合は，PL，BS，CFの財務三表を指すことが多い。

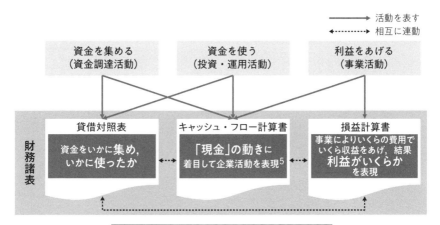

図表2-1 企業の基本活動と財務諸表

(2) 企業の基本活動と財務三表

　財務諸表というと身構えてしまうが，企業の基本活動を定量的に表すフレームワークと考えていただければよい。せっかくなので事業計画を考える上でのポイントのみに留めながら，おさらいしよう。

II　損益計算書

　一般的によく知られているのが損益計算書だろう。「とりあえず事業計画を作れ」と言われたら，まず損益計算書(以降，簡単にPL (Profit and Loss Statement) という)から作ろう，と考える人も多いはずだ。確かに売上，コストを要素として考えるため，事業計画の根幹にあると考えてもいいかもしれない。
　PLの構造を復習しておこう。PLといえば，売上高をトップに，費用をマイナスしていくように記憶しているかもしれない。

5　キャッシュ・フロー計算書はBS及びPLではわからないキャッシュの動きを補完する。

第2章　事業計画にとりかかる前に　37

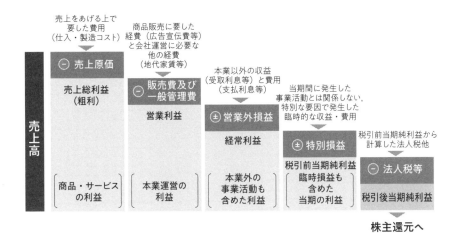

図表2-2　損益計算書の構造

（1）売上原価

　費用の順番には一定の規則があるが，**支払うべき順番**[6]と考えれば理解しやすい。まず差し引くのが売上原価だ。売るものを確保するためのコストが売上原価であり，売上原価を差し引いたものを**売上総利益**と言う。売上総利益は，企業が販売して生み出している付加価値だ。

（2）販売費及び一般管理費

　次に引くのが販売費及び一般管理費である。略して販管費とも言う（正式には「販売費」及び「一般管理費」である）。読んで字の如く，販売費は商品の販売に要する費用で，広告宣伝費や商品発送のための配達費用，さらに営業人件費も含まれる。一般管理費は会社運営に必要な経費，例えば本社オフィスの

6　本書は，あくまで事業計画の書籍ということで，理解しやすいイメージでお伝えしているが，「費用収益対応の原則：費用及び収益は，その発生源泉に従って明瞭に分類し，各収益項目とそれに関連する費用項目とを損益計算書に対応表示しなければならない」（企業会計原則）とある。

賃料，水道光熱費，本社メンバーの人件費も含まれる。販売費及び一般管理費を粗利から差し引いて残るのが本業運営の利益である**営業利益**である。

（3）営業外損益

　ここから本業以外に移る。企業運営においては，本業以外で経常的（常に一定継続すること）に収益や費用が発生する。例えば，企業が保有する銀行口座で発生する預金金利がある。どこかの企業に出資していることで受け取る配当金などの収益を**営業外収益**という。

　一方，企業として借入金で資金調達をしている場合，金利を支払う必要がある。このような費用を営業外費用という。この2つを合計して，**営業外損益**という場合もある。営業利益にこの営業外損益を含めて足し引きした利益を**経常利益**という。

（4）特別損益

　経常的ではない収益や費用も存在する。例えば古くなった設備を売却して得た収益や，オフィス等で発生した火災等の事故でかかった費用である。前者の収益を特別収益，後者の費用を特別費用といい，合わせて**特別損益**という。この特別損益を引いたものが当期純利益，とりわけ税金を加味してないので，**税引前当期純利益**という。

（5）法人税等

　最後に，法人税，厳密には事業税等の発生も考慮すると**税引後当期純利益**[7]となる。なお，税引後当期純利益から，株主への還元がなされる。

7　国際会計基準（IFRS）では，構成や名称が異なるが，事業計画を検討する上では，この区分をおさえておけば十分である。

第2章 事業計画にとりかかる前に 39

Ⅲ 貸借対照表

貸借対照表（以降，BSという）[8]は，右と左の合計が必ず一致する。右側が
おカネの集め方，つまり**資金調達方法**で，左側は，おカネの使い方，つまり資
金運用方法なので，一致していなければおかしいのだ。

なお，「Balance Sheetは，左右が一致，バランスしているからBalance
Sheetという」と言う方もいるが，実際にはBalanceという元来の意味に残高と
いうものがあり，Balance Sheetは残高の一覧表という意味の方が本来の意味
である。

BSの構成について概要を示しておきたい[9]。

（1）流動資産[10]

企業が保有する資産のうち，短期間（通常は1年以内）に現金化できるもの
を指す。例えば現預金がこれに当たる。さらに後述するが売掛金や在庫（棚卸
資産）も含まれる。在庫といえば，製造業であれば材料，製造途中の未完成品
を仕掛品という場合もある。また未回収の収益を未収金や未収収益などという
表現をする場合もある。

---

8 インターネットでは，「賃借対照表（ちんしゃくたいしょうひょう）」とタイポされがち
である。たまに会計士や税理士の方が書いたといわれるオウンドメディアの記事内でさえ
も見られる。おそらくはメディア専門のライターに依頼したりしているのだろうが，この手
のタイポは見逃してしまう。"賃借対照表"で実際ネット検索してみればどれだけ間違われ
やすいかもわかる。見つけた方がこっそり知らせてあげるくらいであれば，世の中は平和
になるのに。
　かくいう私も自社プロダクトリリース手前で「賃借対照表」という文字で表記されてい
るのを発見して慌てたこともある。誰にとっても見間違う漢字なのであろう。だからこそ
気をつけたい。

9 本書では，資産，負債において上部から流動➡固定という順番で記載しているが，電力
会社等，固定資産の割合が大きい企業は固定➡流動の順番で配列されている。流動➡固定
で記載する方法を流動性配列法，固定➡流動で配列する方法を固定性配列法という。

10 桜井久勝『財務会計講義 第20版』（中央経済社，2019年6月）

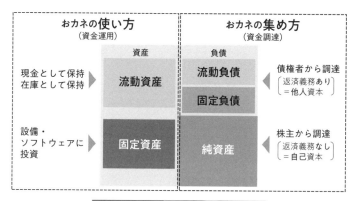

図表2-3 貸借対照表の構造

（2）固定資産

長期的（通常1年超）にわたって持続的な事業活動・生産活動に利用する設備等を言う。そのうち，有形固定資産とは，前述のような設備や機械，建物のように物理的な形態を持っているものである。無形固定資産とは，ソフトウェアや知的財産などの法律上の権利のように物理的な形態を持たないものである。そして，これらに属さないものがその他固定資産で，次の2つに分類される。

① 企業が経済活動を遂行するために1年を超える長期にわたって利用する事業用資産
② 現金化されるまでの期間が決算日から1年を超える金融資産

具体的には，有形固定資産には，工場や工場内の生産設備，オフィスの内装や什器，さらに場合によっては車両，土地なども含まれる。無形固定資産には，ソフトウェアや特許権，商標権，意匠権などが含まれる。その他固定資産には，敷金や子会社の株式が含まれる。

（3）流動負債

短期間（通常は1年以内）に支払うことが必要な債務である。例えば買掛金や，未払い分の費用（未払金や未払費用であるが違いについては後述），さらに1年以内に返済する予定の短期借入金[11]なども含まれる。

（4）固定負債

長期間（通常は1年超）にわたって支払う必要がある債務，もしくは1年を超える先に支払う必要がある債務を指す。主には長期借入金や，同じく資金調達を目的に発行した社債や，退職給付引当金[12]なども固定負債として認識される。

（5）純資産

企業が保有する資産のうち，企業自体の所有者に帰属する資産を指す。なので，定義式としては，純資産は資産から負債を引いた部分に当たる。資本金や資本剰余金，過去の利益の積み上げである利益剰余金などが含まれる。

Ⅳ　キャッシュ・フロー計算書

最後にキャッシュ・フロー計算書（以降，CF）を見ていこう。CFは大きく，営業活動によるキャッシュ・フロー（以降，営業キャッシュ・フロー，営業CF），投資活動によるキャッシュ・フロー（以降，投資キャッシュ・フロー，投資CF），財務活動によるキャッシュ・フロー（以降，財務キャッシュ・フロー，財務CF）の3区分で整理され，それぞれの合計を合算して，「ネットキャッシュ・フロー」という。

11　決算書では，長期借入金に対して1年以内に返済予定部分を「1年以内返済長期借入金」として流動負債で認識するが，事業計画ではそこまで考慮しなくてよいであろう。
12　従業員の退職後に支給される退職金や年金の支払いに備えて計上される引当金。

期間の頭の現預金残（正確には「現金及び現金同等物」という）に加算して，期末の現預金残を算出する。さて，個別で少し見ていこう。

（1）営業CF

営業CFは，事業活動による現金の動きを表す。ビジネスを行い，収益を創出する。ただし，それには原価や人件費等の支出も伴う。それを現金ベースで見たらどうなるかを示す。合計して，＋（プラス）であれば事業として現金を稼げている状態，－（マイナス）であれば，事業として現金を稼げていない状態である。

（2）投資CF

投資CFは，投資活動による現金の動きを表す。企業としての投資なので，設備投資や他の会社の株式の取得（出資・買収）等も含む。合計して＋（プラス）ということは，現金が入ってきていることを表す。つまり，もともとあった設備を売却したり，保有していた株式を売却したりして，現金を得ていることになる。一方，－（マイナス）ということは，設備に支払っていることになる。設備投資をしたり，どこかの会社へ出資したり，買収したりしている。

（3）財務CF

財務CFは，財務活動による現金の動きで，資金調達活動をイメージしてもらえればよい。銀行から借入金をしたり，増資をしたりした場合は現金を得ているので＋（プラス）となる。一方，－（マイナス）の場合は，借入金の元本を返済したり，配当したりしている。

事業計画で財務三表を連動させて作る場合，CFの計算でハマりがちになるので，その点は第7章で解説したい。

第2章　事業計画にとりかかる前に　43

	活動内容	＋の場合（例）	−の場合（例）	
営業活動による キャッシュ・フロー	事業活動による現金の動き	事業として現金を 稼げている	事業として現金を 稼げていない	営業CF＋投資CFを フリーキャッシュ・フロー という
投資活動による キャッシュ・フロー	投資活動による現金の動き （設備投資・買収等）	設備売却した 子会社を売却した	設備投資した 企業買収した	
財務活動による キャッシュ・フロー	財務活動による現金の動き （借入金の調達・返済，増資等）	借金をした 増資した	借金を返済した 配当をした	
ネットキャッシュ・フロー	営業，投資，財務 全活動の現金の動きの合計			
期首現預金残				
期末現預金残	➡ BSの現預金へ			

図表2-4　キャッシュ・フロー計算書の構造

BOX

CFの状態でその企業の状態がわかる

　CFの状態を見ると，その企業がどういう状態か，ざっくりと観察することができます。

　例えば典型的な安定・健全企業は，営業CFが＋（プラス），投資CFが−（マイナス），財務CFが−（マイナス）といった構成となっています。投資は継続中であるものの，営業CFで賄えています。さらに，特に資金調達をしなくてもキャッシュが回っており，過去の借入金の返済をしている状態で，借入金も営業CFで賄っているのかもしれません。

　営業CFも投資CFも財務CFも全て＋の場合はどうでしょうか？　もしかしたら近い将来大きい投資をしようと不要な資産を処分（投資CFの＋）しつつ，大きな資金調達（財務CFの＋）をしているのかもしれません。

　逆に，営業CFと投資CFがどちらも−（マイナス）の場合，成長途上のスタートアップかもしれません。そういった企業はまだ収益が立たない中で，先行投資をします。そしてそのキャッシュのマイナスを資金調達，つまり財務CFで賄います。このように営業CF，投資CF，財務CFの＋/−の状態を眺めるだけでもいろいろ想像できるのです。

パターン	営業CF	投資CF	財務CF	状態仮説
P1 安定型	+	+	+	営業活動で儲け,借入等資金を調達。さらに資産を売却。 =将来に大きな投資のために資金を蓄積?
P2 改善型	+	+	−	営業活動と資産売却で資金を生み,借入の返済を実施。 =財務体質を改善しようとしている?
P3 積極型	+	−	+	営業活動に加え,借入・増資で資金を調達し,投資を実行。 =将来の戦略も明確に積極拡大中?
P4 健全型	+	−	−	営業活動で生み出した現金を投資・借入返済に充てる。 =営業CFで投資をしつつ,返済等も行う。
P5 再建型	−	+	+	営業CFのマイナスを資産売却・借入で賄っている。 =金融機関の支援が入り,経営再建中?
P6 リストラ型	−	+	−	営業CFと借入返済で現金はマイナス,資産を売却し賄っている。 =再建の準備中?
P7 勝負型	−	−	+	営業CFはマイナスだが投資活動を実施し,借入や増資で賄う。 =現状は苦しいが将来に勝負? スタートアップ的?
P8 大再建型	−	−	−	営業活動で現金を生み出せていないのに,投資し,かつ借入返済。 =足元は不調だが,過去に現金の蓄積があった?

図表 2 − 5　各キャッシュ・フローの状態と企業の状態[13]

事業計画を作成上必要となる会計の論点

(1) 短期・長期の区分

　会計において,短期と長期は明確に区別される。短期は1年以内で,長期は1年超だ。例えば,決算書を作成するとき,長期借入金(返済期間が1年超の借入金)について,長期借入金の中で1年以内に返済する予定のものを抜き出し,1年以内返済長期借入金として,流動負債に含める(事業計画を作る場合,

---

13　山根節他『ビジネス・アカウンティング 第5版』(中央経済社,2024年4月),他に基づき筆者作成

どこまで厳密に行うかは借入金の返済期間や資金繰りに関する解像度をどこまで上げたいかによる）。

（2）なぜ黒字倒産が起きるのか？

事業計画を作る場合，初期的には売上高やコスト等のPL要素に絞って作成することが実務的に多い。ここで留意しておくべきことがある。それはPL上の売上高とコストと，実際の現預金の動きにズレが生じることである。

具体的に見ていこう。商品を仕入れて販売するビジネスを想定する。売るものを仕入れ，自社の顧客に売る。この売れたタイミングで，売上高と売れた分に相当する仕入値である原価を会計的に認識する。

ただ，通常の取引では，「掛(かけ)」，つまり請求書に基づいて「後払い」となることが一般的である[14]。まず仕入れたタイミングでの支払いをしなければならない。その後，売り上げたものの代金を支払ってもらう。このように，支払い（出金）と入金にタイムラグが通常生じる。

会計では，取引（仕入れや販売）と現金の出入り（支払ったり，入金されたり）の間に，「まだ入金されてないよ」「まだ出金されてないよ」ということを

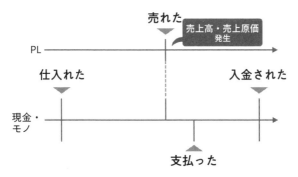

図表2-6　PLの動きと実際のモノ・カネの動き

14　最近はあまり見なくなったが，個人で言う「ツケ」である。

示すように以下のような適切な処理がなされる。

売れてから代金が入金されるまでの間の会計的扱い	売掛金（売上債権）
仕入れてから売れるまでの会計的扱い	在庫（棚卸資産）
仕入れてから代金を支払うまでの間の会計的扱い	買掛金（仕入債務）

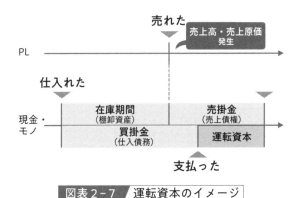

図表2-7　運転資本のイメージ

　以上を踏まえて，この流動資産側の合計（現預金を除く）と流動負債側の合計の差額として次の式を運転資本として考え，「手元に置いておかなければならない資金」として認識する。

運転資本＝売上債権＋棚卸資産－仕入債務

　さて，ここで一つ読者の皆様に考えていただきたい。
　売上高が成長しているときに，運転資本は増えるだろうか，減るだろうか。
　答えは**増える**である。基本的には成長に伴って，売上高は増えて，入金額も増えるのだが，その分仕入れや在庫も増えているはずである。先に支払いが発生する分，手元に置いておかなければならない資金は増大する。
　これを読み間違えると，俗に言う**黒字倒産**という状態に陥る。

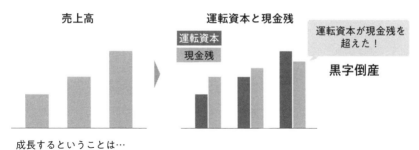

図表2-8 黒字倒産

改めてまとめておきたい。
- 入金と出金にはタイムラグがあり，出金の方が先のパターンが通常。
- そのため，手元に出金に耐えうる資金（運転資本）を確保する必要がある。
- 成長しているほど，このタイムラグによって運転資本は増大する。
- このタイムラグを見誤ると，成長している&利益が出ているのに資金が枯渇する，黒字倒産の状態になる。

（3）未払，未収，仮払，仮受…

前述の通り，売上や仕入れの発生と現預金の入出金にはタイムラグがある。もちろんこれだけでなく，さまざまな支払いや入金にもタイムラグが発生する。そのような発生と入出金のタイムラグを補完するものを総称して「経過勘定科目」[15]と呼ぶ。

結論から言うと，初期段階の事業計画作成は，厳密にここまで考慮する必要はない。運転資本は成長のスピードに伴って増大するので，キャッシュ・フロー観点でも見ておいた方がよいが，経過勘定科目のタイムラグがそこまでクリティカルになることは少ない。事業運営上クリティカルとなるような場合は，

---
15 厳密には，発生主義に基づく費用・収益の見越・繰延に用いる勘定のこと。

そもそも前述の運転資本に含めて考えることも多い。

（4）経過勘定とは

　経過勘定科目は，会計の基本的な概念である。経済的なイベントが発生したが，まだその取引が完全には決済されていない場合に使う。取引で負債を生じたが，まだそれを支払っていない状況等を反映する。

　例えば，ある企業が従業員に対して給料を支払う。給料日は月末だ。しかし，月の途中である15日の時点で，すでにその月の半分に相当する労働が提供されている。この時点で，企業はすでにその労働に対する給料の半分を従業員に対して負っている。これが経過勘定だ。給料日になると，経過勘定科目は解消され，現金（または銀行）と給料支払いという負債が生じる。

　経過勘定科目は，会計期間の終わり（月末，年度末，四半期末など）で発生する経費や負債を正確に反映するために重要だ。この概念は一般的に会計の一部である「企業会計原則」に基づいており，**発生主義の原則**（収益はそれが得られた時点で認識する）と**費用収益対応の原則**（収益とそれに直接関連する費用を同じ期間に認識する）に従っている。

　代表的なものは，未収入金や未収収益，未払金や未払費用である。事業計画を作る上では，ここまで作り込むかどうかは議論が分かれるところであるため，読み飛ばしても構わない。ただ事業計画で論点になりうるポイントがあるとすれば，この後の「購入型クラウドファンディング」（後記（8））と「サブスクリプションビジネス」（後記（9））となるため，そちらをご参照頂きたい。

（5）未収入金と未収収益

　未収入金（accounts receivable）と**未収収益**（accrued revenue）は，日本の会計においてよく使われる。財務状況を正確に把握するために重要である。これらはいずれも企業が受け取るべき金額に関連しているが，その性質と取り

第2章 事業計画にとりかかる前に 49

扱いには重要な違いが存在する。

未収入金	土地や有価証券など，主たる営業以外の取引から生じたもので，まだその対価を回収していない状態のもの。
未収収益	企業が不動産の賃貸や金銭貸付けのように一定の契約に従って継続してサービスの提供を行う場合，すでに提供したサービスに対してその対価を受け取っていないもの。

　これらの概念は，収益認識のタイミングと現金の流れとの間のズレを明確にし，企業の真の財務状況を反映するのに役立つ。

（6）未払金と未払費用

　未払金（accounts payable）と未払費用（accrued expenses）は，両方とも企業が支払いを行うべき負債を表すが，それらの間には重要な違いがある。

未払金	固定資産や有価証券購入など，企業の主たる営業活動以外の取引から生じた未払いの金額。なお，派生として法人税や消費税などの未払い分もあるが，通常は「未払法人税等」というような独立した勘定科目で認識されることが多い。
未払費用	一定の契約に基づいて継続して役務の提供を受ける場合にすでに提供を受けた役務に対してまだ対価を払っていないもの。

　違いを理解することは，企業の財務状況を正確に理解するのに重要だ。未払金と未払費用は，企業が将来支払うべき負債の2つの異なるカテゴリを示す。会計帳簿にこれらの負債を正確に記録すれば，企業の財務状況の透明性が向上し，より正確な財務分析が可能である。

（7）前受金・前受収益

　まだ商品を渡していないのに，前払いでその対価を受け取った場合，前受金となる。

　取引が継続的な契約に基づく場合，まだサービスを提供していないものの顧客より前もって支払われた前払部分は前受収益となる。前受金は例えば購入型

クラウドファンディングで先に商品対価を受け取った場合，前受収益はサブスクリプションビジネスで年払いを受けた場合などに利用する。

（8）購入型クラウドファンディングの場合

　クラウドファンディングという手法が一般化してきた。その中でも商品購入型のクラウドファンディングは，特に馴染み深い。

　購入型の場合は，将来的に完成する，もしくは販売予定の商品などを，その完成・販売開始を待たずして代金を先に受け取る方法である。これについては「前受金」を利用し，次のような流れとなる。

クラウドファンディングで集客し，その代金を受け取る：
- 受け取る金額を振り込まれた段階で，現預金（BS資産内，現預金）として認識する。
- 受け取った金額を前受金（BS負債内，流動負債）として認識する。

商品などを提供した：
- 認識していた前受金（BS負債内，流動負債）を消し込む。
- 前受金の金額を売上高（PL内，売上高）として認識する。
  - ⇒実際にはクラウドファンディングプラットフォームの運営主体に手数料が発生する。

（9）サブスクリプションビジネスでよくある年払い

　サブスクリプションビジネスの場合，「月額利用料」であることが多い。「年契約」があり，その場合は「月額利用料を1年分前払いしてもらう」という見立てをする。

　サブスクリプションビジネスでは，PLをベースにして投資家からファイナンスを受けたり，顧客数の推移と解約率の状態に基づく予測から融資を受けたりすることができるRevenue Based Financeなど，多様なファイナンス手段が

第2章　事業計画にとりかかる前に　51

模索されている。自社で「年払い契約を促す」ことによって先に一定の金額を支払ってもらうこともできる。

　なお，この場合はPL，BS，CFは，前述の前受収益を利用して，次のような動きとなる。

　例えば月額10万円だった場合で考える。

契約発生：

- 1年前払い分（120万円）を売掛金（BS資産内，流動資産）で認識。
- 1年前払い分（120万円）を前受収益（BS負債内，流動負債）で認識。

月額利用料が発生：

- 月額利用料分10万円を売上高（PL内，売上高）で認識。
- 月額利用料分10万円を前受収益（BS負債内，流動負債）から減らす（残：110万円）。以降，毎月この処理を繰り返し，その都度前受金を減らしていく。

入金が発生：

- 1年前払い分の発生とともに認識した売掛金（BS負債内，流動負債）から消す。
- 1年前払い分の入金によって現預金（BS資産内，流動資産）で認識。
  ➡より厳密にはCF内営業CFとして入金を認識。

(10) 減価償却費

　減価償却費は，固定資産（例えば建物，機械，設備，車両など）の経済的な価値が時間とともに減少することを反映する。固定資産が企業にとって長期にわたる利益を生む資源で，それが経時的に消耗または陳腐化するという事実に基づく。

　企業が固定資産を購入した場合，一度に全額を費用として計上せず，寿命（使用可能年数）にわたって徐々に費用とする。これにより，その資産のコス

トが利益を生み出す期間に規則的に配分できる。例えば，企業が100万円の機械を購入し，その機械の寿命が10年であると予想した場合，毎年10万円（100万円を10年で割ったもの）を減価償却費として計上することで，10年間で機械の購入費用全額が費用になる。

このように，企業の財務状況を正確に反映するために減価償却費は重要な役割を果たす。この会計処理を通じて，固定資産の価値が時間とともに減少することを適切に反映し，収益と関連費用を同じ期間に認識できる。

減価償却費の概念は，18世紀の鉄道時代に生まれた[16]。産業革命により，鉄道，工場，大規模な機械などの高額な固定資産の開発と使用が急速に増えた。購入価格を一度に全額経費として計上することは，利益計算を大きく左右するので現実的でない。そして，それらの固定資産は，その寿命の間に継続的に利益を生み出すため，分散させる方法が求められた。ここで減価償却費という概念が考案されたのである。

資産の消耗や陳腐化を経済的に表現する減価償却費は，企業の財務状況をより正確に反映し，投資家や他のステークホルダーに対して透明性の高い情報提供を可能にした。18世紀の鉄道時代の産業革命という特定の歴史的背景の中で，減価償却費は生まれたのである[17]。

---

16 田中靖浩『会計の世界史 イタリア，イギリス，アメリカ——500年の物語』（日経BP，2018年9月）
17 「なお，鉄道事業は減価償却費だけでなく，財務会計そのものを複雑化させ，その結果会計不正が横行した。その結果，1854年にスコットランドで勅許会計士，いわゆる公認会計士の審査基準が正式に定められ，公的な認可を受けた会計士が誕生した。」（ジェイコブ・ソール『帳簿の世界史』（文春文庫，2018年4月）

第2章 事業計画にとりかかる前に　53

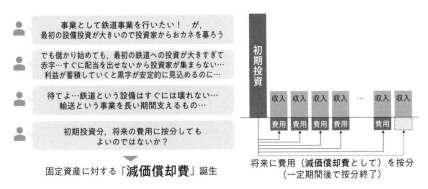

図表2-9　減価償却費のコンセプト

　設備などへ投資実行したタイミングで固定資産として認識される。図表2-10でいうと100百万円の設備投資を行った際，BSの資産内，固定資産で100百万円，そして現金として支払ったタイミングでCF内，投資CFとして−100百万円が認識される。その後，会計上減価償却費を認識するタイミングで，BSの固定資産から減価償却費分を差し引き，PLの原価もしくは販売費及び一般管理費内の減価償却費として認識される。

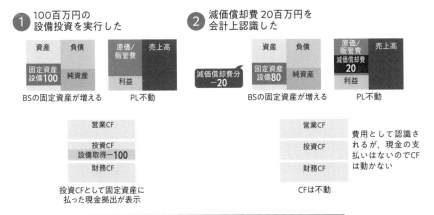

図表2-10　固定資産と減価償却費のイメージ

なお，減価償却費はその性質上，「認識されたときには現金としては拠出されていない費用」である。そのためキャッシュ・フロー観点で考えるとき「足し戻される」のである。

銀行など金融機関の方は融資の際，「営業利益＋減価償却費」で算出される**償却前営業利益**で見る。一方，企業価値を算出する際によく使われるのが，EBITという利息・税利益に減価償却費（通常の減価償却費であるDepreciationに加えて，さらにのれんなどの償却費を意味するAmortizationを含む）を足し戻した**EBITDA**である。

償却前営業利益＝営業利益＋減価償却費

※営業利益に非現金費用である減価償却費を足す（足し戻す）ことで，簡易的な「営業キャッシュ・フロー」を算出する。**銀行の融資審査**で活用される。

EBITDA[18]（Earnings Before Interest Taxes Depreciation and Amortization）
＝EBIT・<u>減価償却費</u>（正確には利息・税金・償却費控除前利益）

(11) のれん

「のれん」は，企業の合併や買収（M&A：Merger & Acquisition）の際に特に重要な役割を果たす会計上の概念である。これは，他社を買収する際に支払った金額が，その企業の帳簿上の資産価値（純資産）を上回ったときに生じる。

企業Aが企業B（対象企業）を買収すると，企業Bの純資産価値が100百万円であるにもかかわらず，企業Aが対象企業Bを買収するのに500百万円を支払ったとする。純資産価値が100百万円であるのに対して，400百万円を上乗せして対象企業Bを買収したことになる。この差額の400百万円は何か，という

18　グローバルで企業を評価するとき，税金や金利水準，減価償却方法は国によって異なる。こういった影響を除外した本業の利益を評価する目的でEBITDAを活用する。**企業価値評価**に用いられる。また簡易的な営業キャッシュ・フローとしてもみなせる。

と企業Aが対象企業Bを買収する際，「将来的にこれだけの収益を生む期待を持てる」から買収すると考えていることとなる。この差額を対象企業Bに内在する「**超過収益力**」と考えて，「のれん」という。この「のれん」は，企業Bのブランド価値や従業員のスキルといった，**帳簿に明記されていない無形資産の価値を反映したもの**と考えられる。

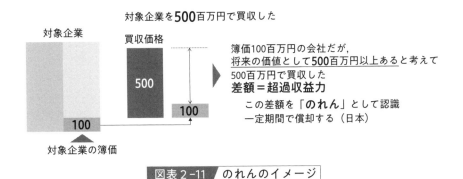

図表2-11　のれんのイメージ

のれんは，買収後の企業Aの貸借対照表（BS）に資産として計上される。そして，一定期間（通常は数年から20年以内）にわたって，その価値が徐々に減少（償却）すると想定される。この減少分は，毎期の利益計算における費用（のれん償却費）として計上される。

しかし，企業Aが将来的にのれんの価値を回収できないと判断した場合（例えば，買収した企業Bの業績が予想以下であった場合など），その価値は一時的にまたは恒久的に減少する。これを「のれんの減損」と呼ぶ。のれんの減損が認められた場合，その減損分は貸借対照表から差し引かれ，同時にその期の損失として損益計算書に計上される。

このように，のれんはM&Aの経済的な影響を会計上で適切に反映するための重要なツールだ。財務報告の正確性を確保し，投資家やその他のステークホ

ルダーが企業の財務状況を適切に評価するための基盤となる。

（12）その他（引当金）

貸倒引当金は，企業が将来発生する可能性のある債権の不良（貸倒れ）を見込んで，事前に予備的な費用として計上する金額である。これは，企業が自社の財務状況をより正確に反映するために重要な役割を果たす。

企業が商品の売上やサービスの提供により得た債権（売掛金や貸付金など）について，一部または全部が回収できない可能性があると判断した場合，その損失を見越して引当金を設定する。この引当金は，損益計算書上の費用として計上され，貸借対照表（BS）上では債権と引当金の差額（債権−貸倒引当金）が，企業が回収を見込むことができる債権の額として表示される。

企業が1,000万円の売掛金を持っているが，そのうち200万円は回収できないと予想した場合，200万円を貸倒引当金として計上する。その結果，損益計算書では200万円の費用が発生し，BSでは売掛金が実質的に800万円（1,000万円−200万円）と表示される。

貸倒引当金は，企業の信用リスク[19]を管理し，財務報告の透明性を向上させる重要なツールである。これにより，投資家やクレジット評価機関は企業の財務状況をより正確に理解し，適切な意思決定を行うことができる。

Ⅵ　ストーリーで追う数字の動き方

PL，BS，CFを意味する財務三表はつながっている。実際にどうつながって

---

[19]　または貸倒リスク。取引先が倒産して，売上債権の全額が回収できなくなり，損失を出してしまうリスクをいう。（帝国データバンク『与信管理の基礎の基礎　第1回：信用リスクとは？与信とは？』（https://www.tdb.co.jp/knowledge/yoshin/01.html））

いるか，設例で見ていこう。理解のため，厳密なポイント（例えば創業時の登記には登録免許税がかかる，等）は除いていることをご承知おきいただきたい。

設例　下記は創業前夜の財務三表であるが，どれも0となっている。

（1）創業

さて，いよいよ創業だ。あなたはこの日のために貯金していた500万円を元手に起業した。

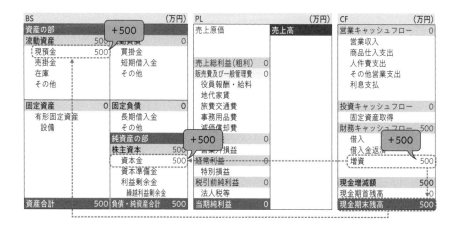

そうすると，PLやBS，CFは次のように変化していく。

① 増資を行ったのでCFの財務CFで増資＋500万円の入金を認識。
② 同時に，BS純資産で資本金として500万円を計上。
③ CFにて，財務CFで＋500万円となっているので，現預金の残高も500万円となる。
④ これがBSの流動資産の現預金に500万円として反映される。
⑤ BSの資産側も負債・純資産側も500万円と同額になっている。

やや冗長な説明に感じられるかもしれないが，基礎の基礎なので，丁寧に解説していきたい。以降，同じように数字の流れを確認していこう。

（2）融資

手元資金としては当面は十分ある見立てであったが，現預金は多いに越したことはない。そこで，日本政策金融公庫から創業融資として300万円の長期借入を行った。

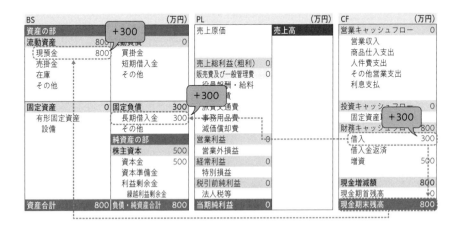

融資を受けた際には，PLやBS，CFは次のように変化していく。

① 長期借入を行ったのでCFの財務CFで借入+300万円の入金を認識。
② 同時に，BS固定負債内長期借入金として300万円を計上。
③ CFにて，ネットキャッシュ・フローを見ると財務CFで+500万円となっているので，現預金の残高も800万円となる。
④ これがBSの流動資産の現預金に+300万円されて合計800万円として反映される。
⑤ BSの資産側も負債・純資産側も800万円と同額になっている。

（3）オフィスを借りて内装工事を行う

　手元資金も一定程度集まったということで，まずは拠点を構えようということになった。最近だと立ち上げ初期はシェアオフィスであることが多いが，本設例としてはオフィスを借りることにした。家賃が発生することもあるが，まずは内装工事，つまり設備投資を100万円分行ったことにする。

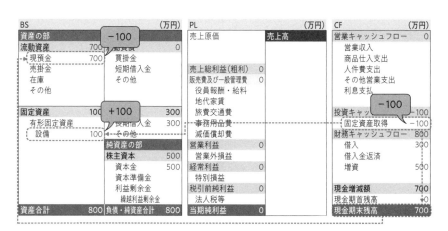

　設備投資をした場合，PLやBS，CFは次のように変化していく。

① 設備投資を行ったのでCFの投資CFで固定資産取得で－100万円（出金・支払）を認識。
② 同時に，BS固定資産の有形固定資産内で設備として100万円を計上。
③ CFにて，ネットキャッシュ・フローを見ると投資CF－100万円となっており，他のCFと合計して，現預金の残高が700万円となる。
④ これがBSの流動資産の現預金に反映され，合計700万円として反映される。
⑤ BSの資産側も負債・純資産側も800万円と同額になっている。

（4）販売用の商品を仕入れた

さて，いよいよ事業開始である。まずは販売する商品を200万円分仕入れた。便宜的に「現金払い」で仕入れた。

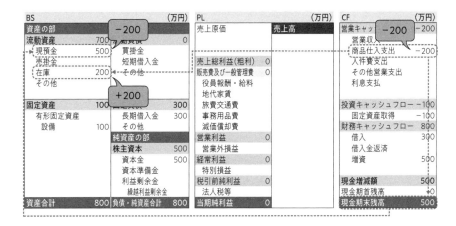

商品を現金で仕入れた（＝購入した）場合，PLやBS，CFは次のように変化していく。

① 商品を現金で仕入れたのでCFの営業CFで商品仕入の支払い分－200万円（出金・支払い）を認識。
② 同時に，BS流動資産の在庫として200万円を計上。

③ CFにて，ネットキャッシュ・フローを見ると営業CF－200万円となっており，他のCFと合計して，現預金の残高が500万円となる。
④ これがBSの流動資産の現預金に反映され，合計500万円として反映される。
⑤ BSの資産側も負債・純資産側も800万円と同額になっている。

（5）仕入れた商品が早速売れた！

創業して，初めて立つ売上は嬉しいものだ。仕入れた商品が早速500万円で売れた。しかも顧客はその場で現金で支払ってくれた。

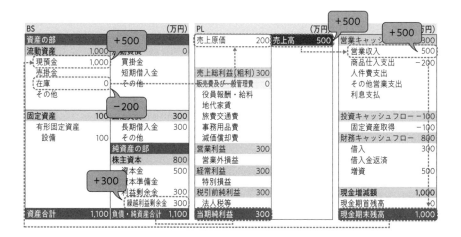

商品が現金で売れた場合，PLやBS，CFは次のように変化していく。

① 商品が現金で販売できたのでCFの営業CFで営業収入として現金受け取り分＋500万円（入金・受取）を認識。結果，営業CFの合計は先の商品仕入支出と合わせて＋300万円となる。
② 同時に発生した売上をPLの売上高として認識する。＋500万円。
③ 同時に，先程仕入れた商品200万円分を販売したことになるので，PLの売上原価として商品の200万円を認識。販売して在庫からはなくなったので在庫－200万円となり，在庫は再び0円となる。

④ PLでは売上高500万円,売上原価200万円となる。差額の300万円が売上総利益(粗利)となり,他の費用が発生していないので,そのまま当期純利益に降りてくる。
⑤ この当期純利益はBSの利益剰余金に組み入れられ,繰越利益剰余金300万円として認識する。
⑥ 一方,①で認識していた営業CF+500万円が他CF項目と合計して,現預金は1,000万円となり,これがBSの流動資産の現預金に反映され,合計1,000万円として反映される。
⑦ BSの資産側も負債・純資産側も1,100万円と同額になっている。

(6)給料を払った

創業者は従業員を雇用することを決めた。重たい決断である。これをきっかけに毎月給料日の意味合いが,「給料を貰う日」ではなく,「給料を払う日」に変わる[20]。

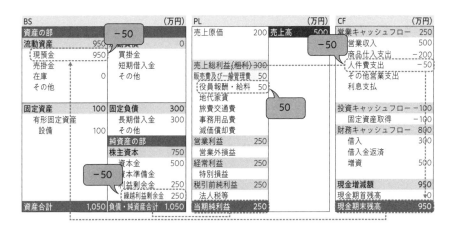

給料50万円を支払った場合,PLやBS,CFは次のように変化していく。

---

20 誰かの生活を背負う,ということは想像しているよりも重いかもしれない。特に日本の労働法制においては,雇用したあと解雇しにくいこともある。

① 給料50万円を，PLの販売費及び一般管理費内で認識。
② CF内営業CF，人件費支出で-50万円を認識，これによって営業CFは合計250万円となる。
③ PL販売費及び一般管理費が50万円となったため，粗利から販売費及び一般管理費分をマイナスし，結果として当期純利益は250万円となる。
④ この当期純利益はBSの利益剰余金に組み入れられ，繰越利益剰余金250万円として認識する。
⑤ 一方，②で認識していた通り，営業CFの人件費支出は-50万円で，合計250万円となり，現預金残も950万円となる。これがBSの流動資産の現預金に反映され，合計950万円として反映される。
⑥ BSの資産側も負債・純資産側も1,050万円と同額になっている。

（7）事務用品を購入した

従業員が入社しているので，事務用品を購入（20万円）した。これも現金で支払ったものとする。

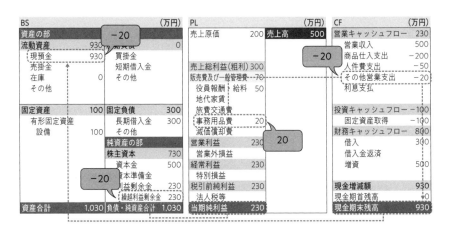

事務用品を現金で購入した場合，PLやBS，CFは次のように変化していく。給料の支払いとほぼ同じ流れとなる。

① 事務用品費20万円を，PLの販売費及び一般管理費内で認識。
② CF内営業CF，その他営業支出で−20万円を認識，これによって営業CFは合計230万円となる。
③ PL販売費及び一般管理費が+20万円となり，合計70万円となったため，粗利から販売費及び一般管理費分をマイナスし，結果として当期純利益は230万円となる。
④ この当期純利益はBSの利益剰余金に組み入れられ，繰越利益剰余金230万円として認識する。
⑤ 一方，②で認識していた通り，営業CFの合計は−20万円で，合計230万円となり，原預金残も930万円となる。これがBSの流動資産の現預金に反映され，合計930万円として反映される。
⑥ BSの資産側も負債・純資産側も1,030万円と同額になっている。

（8）商品買付けのため，出張！

先日商品を購入した顧客から最近のトレンド情報を聞き，有望な商品のあたりをつけた。しかしながら，近くには仕入れルートがなく，実際にこの商品を製造している海外のメーカーとの直接交渉に臨むこととなった。宿泊費や飛行機代合わせて30万円の出張旅費を要した。

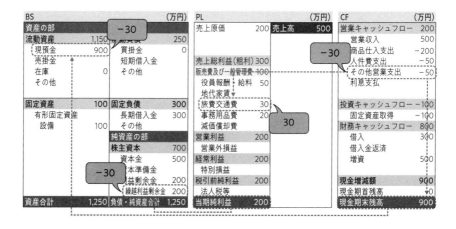

流れとしては給与・事務用品を現金で購入した場合と同様，PLやBS，CFは次のように変化していく。

---

① 旅費交通費30万円を，PLの販売費及び一般管理費内で認識。

② CF内営業CF，その他営業支出で−30万円を認識，これによって営業CFは合計200万円となる。

③ PL販売費及び一般管理費が+30万円となり，合計100万円となったため，粗利から販売費及び一般管理費分をマイナスし，結果として当期純利益は200万円となる。

④ この当期純利益はBSの利益剰余金に組み入れられ，繰越利益剰余金200万円として認識する。

⑤ 一方，②で認識していた通り，営業CFの合計は−30万円で，合計200万円となり，原預金残も900万円となる。これがBSの流動資産の現預金に反映され，合計900万円として反映される。

⑥ BSの資産側も負債・純資産側も1,000万円と同額になっている。

（9）仕入交渉成功！

現地のメーカーと交渉し，当社で日本向けに仕入れることとなった。まずは生産能力，他の仕向地との兼ね合いから250万円分の商品仕入れとなった。なお，仕入れについては先方から発行される請求書に基づき支払う，後払い，いわゆる「掛」となった。

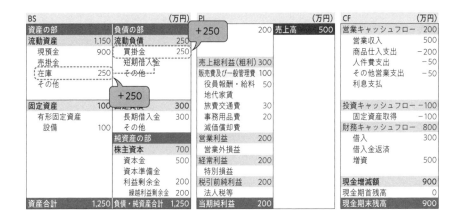

商品を掛で仕入れた（＝購入した）場合，現金で購入した場合と異なり，PLやBS，CFは次のように変化していく。

---
① BS流動資産の在庫として250万円を認識する。
② 同時に，この商品250万円分を掛で仕入れたので，現預金は動かず，CFは動かない。その分，後で支払う義務（債務）が発生したということで負債内，流動負債の買掛金が＋250万円となる。
③ まだ販売にも至っていないので，PLも動かない。
---

(10) 海外で仕入れた商品を早速販売

初の海外での仕入れで交渉もうまく運び，意気揚々と帰国した。このことを教えてくれた顧客に連絡をしたところ，早速500万円分（仕入れた商品の200万円分）を購入してくれるということで注文が入った。今回は請求書に基づいて決済が行われることとなった。

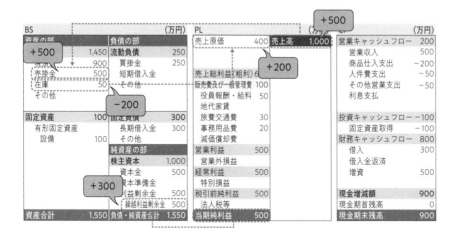

　商品を掛で販売した場合，現金で購入した場合と異なり，PLやBSは次のように変化していく。

① 売上をPLの売上高+500万円として認識。元の売上高と合わせて合計1,000万円となった。
② 一方，商品を掛で販売できたので現金の動きはないためCFに変化はない。その分，後で入金されることを想定して，BS内流動資産として売掛金500万円として認識。
③ 同時に，先程仕入れた商品200万円分を500万円で販売したことになるので，PLの売上原価として商品の+200万円認識。元の合計と合わせて400万円となった。販売して在庫からはなくなったので在庫-200万円となり，在庫は50万円となる。
④ PLでは売上高1,000万円，売上原価400万円となる。差額の600万円が売上総利益（粗利）となり，販売費及び一般管理費100万円を引いて，当期純利益500万円で認識。
⑤ 当期純利益はBSの利益剰余金に組み入れられるため，繰越利益剰余金 500万円として認識する。
⑥ BSの資産側も負債・純資産側も合計1,550万円と同額になっている。

(11) 請求書を受け取ったので仕入分を支払った

仕入れに対する請求書を受け取り，先の仕入分（250万円）を期日通り支払った。

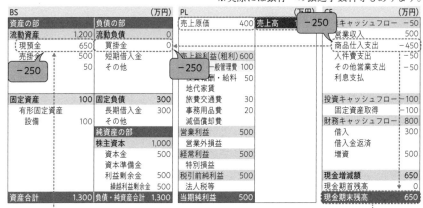

買掛金として認識していた仕入れの支払いに対して，支払った場合，CFとBSが動く。

① CFの商品仕入支出において，-250万円を認識し，上乗せ。
② 同時に，BS内負債の買掛金として認識していた250万円を「現金で支払った」ため0になる。
③ CFで営業CFは現時点で-50万円となり，他CFと合わせて，現預金は650万円となる。この現預金がBSの現預金に反映される。

(12) 商品の代金が無事入金された

現預金が想定以上に減ったが，顧客から入金（500万円）があった。

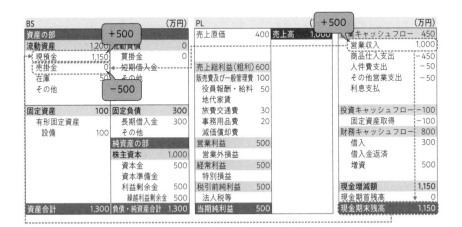

顧客からの入金に対して，CFとBSが動く。

① CF内の営業CFにおいて，営業収入が+500万円されて，合計1,000万円となる。
② 同時に商品の代金として現預金を受け取ったため，認識していた売掛金から入金分を差し引き，0となる。
③ CFに戻り，営業CFは合計450万円となるので，現預金残高は1,150万円となる。これがBSの現預金と連動する。

(13) 借入金の返済

事業は順調に進んでいる。ここで借入金（(2)の取引）の返済（60万円）と利子の支払い（5万円）のタイミングとなった。

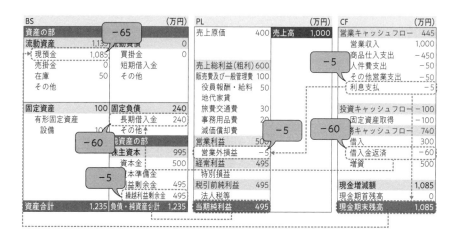

借入金の返済は，PL，BS，CFが動く。

① 借入金の返済であるためCF内財務CFとして，借入金返済で－60万円を認識する。
② これと同時に，BS内固定負債で認識していた長期借入金300万円から返済分の60万円を差し引き，残り240万円とする。
③ また今回金利の支払いも発生した。営業CFで利息支払分－5万円を認識[21]し，同時にPLの営業外損益にて－5万円を認識する。
④ 結果として，CFでは，営業CFと財務CFに変化があり現預金残高は1,085万円，BS現預金に反映される。
⑤ またPLで利息を認識したため，当期純利益も495万円に変化し，BSの繰越利益剰余金も495万円として認識される。

---

21 営業CFとして認識する方法と財務CFで認識する方法と2通りある。

(14) 役員報酬を支払った

ここで創業者は自身にも役員報酬（50万円）を支払った。

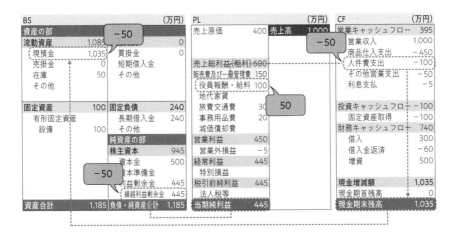

役員報酬を支払った場合、PLやBS、CFは次のように変化していく。

① 役員報酬50万円を、PLの販売費及び一般管理費内で認識する。
② CF内営業CF、人件費支出で−50万円を認識、これによって営業CFは合計395万円となる。
③ PL販売費及び一般管理費が150万円となったため、粗利から販売費及び一般管理費分をマイナスし、結果として当期純利益は445万円となる。
④ この当期純利益はBSの利益剰余金に組み入れられ、繰越利益剰余金445万円として認識する。
⑤ 一方、②で認識していた通り、営業CFの合計は−50万円で、合計395万円となり、現預金残も1,035万円となる。これがBSの流動資産の現預金に反映され、合計1,035万円として反映される。
⑥ BSの資産側も負債・純資産側も1,185万円と同額になっている。

(15) 家賃の支払い

オフィスの賃料として20万円を支払った。

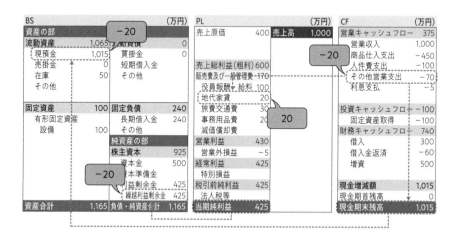

家賃を現金で支払った場合、PLやBS、CFは次のように変化していく。

① 地代家賃20万円を、PLの販売費及び一般管理費内で認識する。
② CF内営業CF、その他営業支出で−20万円を認識、これによって営業CFは合計375万円となる。
③ PL販売費及び一般管理費が+20万円となり、合計170万円となったため、粗利から販売費及び一般管理費分をマイナスし、結果として当期純利益は425万円となる。

(16) 設備に対する減価償却

決算が近づいてきた。初期にオフィスの内装工事を設備投資として認識した。ここで減価償却費を認識する処理を行うこととなった。

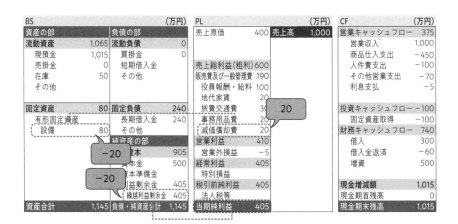

減価償却費を認識する場合，PLやBSは次のように変化していく。

① 減価償却費20万円を，PLの販売費及び一般管理費内で認識する。
② 減価償却費を認識したため，BS内で認識している有形固定資産の設備（100万円）に対して−20万円とし，80万円となった。
③ PL販売費及び一般管理費が+20万円となり，合計190万円となったため，粗利から販売費及び一般管理費分をマイナスし，結果として当期純利益は405万円となる。
④ 減価償却費は「すでに投資（支出）した設備に対する非現金性費用」であることからCFには一切変化はない。

(17) 決算！ 法人税が確定！

決算を行うこととなった。これによって利益も確定したので法人税の計算を行ったところ120万円となった。

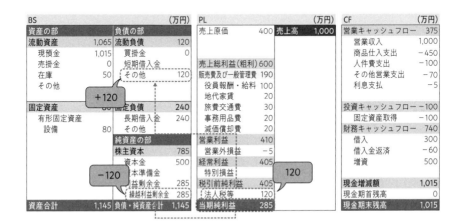

法人税を認識する場合，PLやBSは次のように変化していく。

①　確定した法人税額120万円は，PL上で認識し，この法人税を税引前純利益から引いて最終的な当期純利益を認識する。
②　この当期純利益が，BSの繰越利益剰余金となる。
③　一方，決算から法人税の支払いまではタイムラグがあるため，「未払法人税」として負債に認識する。

以上で，さまざまなビジネスでのアクションが会計として認識されることをご理解いただけたであろうか。特に，PLとBS及びCFが連動して動いていくことを体感いただけたのであれば十分である。

以下をイメージしながら理解を深めていただきたい。

● BSとCFは現預金でつながっている。
● BSとPLは利益剰余金でつながっている。

第2章　事業計画にとりかかる前に　75

- ●ビジネス上の取引が行われると：

  ➡取引が行われたときに現金が動かない場合，BSが動く。

  ➡損益に関係する取引が行われない場合，PLが動く。

  ➡現金の動きが発生したときにCFが動く。

第2章のまとめ

- ●企業の基本活動は，資金を集める，資金を使う，利益を出す，の3つに集約される。
- ●財務三表は，この基本活動を定量的に表すためのフレームワークと考えることができる。
- ●財務三表はそれぞれつながっている。

コラム　事業計画は「素振り」

　スタートアップにおいては，事業実行を野球の「打席」にたとえられたりします。打席に立って，バットを振らないと得点を取る機会も得られないという意味では，その通りなのですが，「じゃ，とりあえず打席に立てばいいのか？」というとそうではありません。

　野球では，1試合に打席はせいぜい3〜4回程度です。

　スタートアップではどうでしょうか。例えばエクイティ（株式）での資金調達を志向した場合，概ねランウェイ18〜24ヶ月程度の資金調達になるのではないかと思います。その資金調達した後に，何かしらの事業上の挑戦をすることになると思いますが，大きなアジェンダ単位で見ると一つの挑戦に概ね4〜6ヶ月程度の時間を要します。プロダクトの機能拡充でも構想から実装まで少なくとも4〜6ヶ月は要しますし，マーケティングの施策を打って，改善等も行うとなると，4〜6ヶ月程度必要でしょう。

そうすると1回の資金調達の間で取り組める大きな挑戦は「3〜4回」となります。いよいよ，「言い得て妙」と思えてきますが，感心している場合ではありません。なんだかんだ「打席に立つ」ことも何度もできるわけではないのです。

　野球の選手は打席に立つ前にもちろん素振りをします。私はこの「素振り」に当たるのが「事業計画作成」であると考えています。

　「素振り」ですから，頭の中で「このピッチャーはこういう球を投げてくる。こういう球が来たらこう打つ」と想像しながら素振りをしないといけません。プロ野球のホームラン王でその後監督としても有名な王貞治選手は毎日朝晩500回の素振りをしていた，という話を聞いたことがありますが，何も考えずにバットを振るだけはただの筋トレ，と考えていたようです。

　事業計画も一緒です。「10,000円の単価設定の場合，何人のお客様が継続率何％で利用してくれるであろう。どれくらいのトップラインの成長が想定されるか。一方，単価を5,000円にしたらどうか。逆に20,000円にしたらどうか」ということを頭の中で考えながら，計算結果を見てシミュレーションをすることが大事ではないでしょうか。

　その観点でいうと，多くの方が表計算ソフトで事業計画を作成していますが，「作成したら，すぐ投資家や銀行に提出する」ということになっていませんでしょうか？

　これは上記の素振りのたとえ話で考えると，「バットを削って，試しぶりした程度」で終わっていることになります。作成した表計算の事業計画をもとに，もしくは何かしらのツールで事業計画を作成してからが本当の「素振り」の始まりなのです。

第3章

事業計画全体を設計する

計画は役に立たない。
だが，計画を立てるプロセスは絶対的に必要だ。

ドワイト・D・アイゼンハワー

（アメリカ合衆国　第34代大統領）

第3章では，以下を解説する。

- 事業計画を数字で考える意味は何か？
- 事業計画はどんな構成になるのか？
- 売上高から考えていくトップダウンと，利益から考えていくボトムアップとはどう違うか？
- 事業計画作成の際に，適正な作成期間，作成単位はどう考えればよいか？
- 事業計画としてのPL，BS，CFはの構成はどのようなものか？

Ⅰ　数字で考える意味

　数字による計画の作り方をメインに説明していこう。さて，事業計画の作成経験者の中には，最後に数字による計画を作成した人もいるかもしれない。私としては，できる限り早めに数字で考えることをすすめたい[1]。

　スタートは，どんなプロダクト（商品・サービス）にするかを考える。新規事業，スタートアップの立ち上げについて学んだことがあれば，このタイミングでリーンキャンバスやカスタマージャーニー，ペルソナ設計等の取り組みを行うかもしれない。

　これらのフレームワークは，米国のスタートアップを中心に培われ，日本にも普及して市民権を得ている。初期検討のフレームワークについては，すでに多くの良書があるので，解説は他書に譲るが，これらの活用によりプロダクトと顧客への理解を深めることができる。

　しかし，ここに時間をかけ過ぎてしまう企業，新規事業推進者が多い。**プロダクトのコンセプト[2]・方向性が粗々でも決まったら，数字で考えてみるべきで**

1　ビジョナル創業者である南壮一郎氏が楽天の三木谷浩史氏にこう言われた，という。
「どんな取り組みも，スプレッドシートに落として考えられなかったら意味がない。頑張った成果を測定できなければ，何のために努力しているのか分からない。とにかく測定できる方法を考えてみろ」（蛯谷敏『突き抜けるまで問い続けろ——巨大スタートアップ「ビジョナル」挫折と奮闘，成長の軌跡 』（ダイヤモンド社，2021年6月）
スプレッドシートに落とすということは数字で構造的に考えるということである。
2　ここで言う「コンセプト」はプロダクトがどういう顧客のどういう課題を解決するか，

ある。「誰に（顧客属性だけでなく，市場規模としての人数も想定）」「いくらで（単価）」売るかというプロセスを踏めば，コンセプトだけではわからないリアルな生々しさが見えてくる。

　数字を設定したら，実際に想定される顧客にインタビューするのがよい。「いくらだったら欲しいか」（もちろん顧客としては安ければ安いほどよい，というのは自明だが許容ラインを探る）「いくらなら購入に至るか」を聞いておきたい。これを抜きにして「顧客の反応は上々だ」と言っても意味がない。

　そもそも，新規事業は，誰かの何かの「不／負」を解消するために生み出された「よいモノ」なはずだ。ただ，それに対し，顧客は「おカネを払ってでも買いたいかどうか」「いくら払えるか」である。

　「いいね。出たら買うよ」と顧客は言うかもしれないが，実際に買ってもらえるのは10人に1人くらいかもしれない。ただしゼロではないことがわかれば，偉大な一歩である。

　次に，単価・顧客に合わせて「営業行為の要否」に加え，Web広告等のマーケティング投資は集客投資として多かれ少なかれ必要となるだろう。加えて，顧客にさらなる価値説明が必要か，また，購買意思決定までどれほどのリードタイムが考えられるかなどを検討したい。

　もし営業行為が必要であれば，そのメンバーやオフィス等が必要になってくる。また，請求書処理の量によっては経理が必要となるしれない[3]。粒度は粗くても「現在のコンセプト，単価などの前提から考えたとき，儲かりそうか否か」が想像できてくる。

　そのための主要な機能とプロダクトの提供価値という定性的な部分を指す。
3　必要なコストの洗い出し方については，第5章で詳述する。

そうなったときに、もう一度コンセプトに戻る。

実際に顧客インタビュー[4]を行った結果、
- 想定している顧客に対して価値訴求ができたか？
- 訴求しようとしていた価値は適切だったか？
- 仮説とは異なる価値で顧客が価値に感じているものは何だったか？
- 顧客に"刺さった"価値に、顧客はどれくらいの対価を払ってくれそうか？

コンセプトに立ち戻り、提供するべき価値から改めて価格設定を行う。もちろん原価等のコストや、集客の仕方も考慮する。

1万円を下回る単価であれば、マーケティング主体で営業は不要かもしれないが、数十万円であれば営業メンバーによる営業活動が必要となる場合があろう。プロダクトの価値・方向性というコンセプト（いわば抽象）と、数字（具体）の往来[5]を繰り返せば、事業に対する解像度が高まるであろう。

図表3-1　コンセプトと数字の往復

4　顧客インタビューについては、こちらの書籍が詳しい。シンディ・アルバレス『リーン顧客開発』（オライリー・ジャパン、2015年4月）
5　「具体と抽象を行き来せよ」は、大学院時代の恩師である飯塚悦功教授に研究過程で幾度となく頂いた言葉だ。この考え方を体験するには次の書籍が手頃ではないかと考える。細谷功『「具体⇄抽象」トレーニング』（PHPビジネス新書、2020年3月）

第3章 事業計画全体を設計する　81

Ⅱ 事業計画では何を作るのか？

　財務諸表，厳密に言うとPL，BS，CFの財務三表は共通フレームワークである。これらは「企業の基本活動」（第2章参照）を表すが，その詳細を示す事業に関する変数の設計も必要である。算出の前提となる変数を定義するインプット部分と，その結果を財務諸表としてまとめたアウトプット部分に大別できる。

（1）インプット部分

　売上高の形成，コストの構成等について整理する。売上高計画の算出の前提となる単価の設定，顧客の推移，顧客を増やすための施策とそれに関連する数値等である。

　加えて，これに付随するコストの考え方，設備投資・ソフトウェア投資の考え方，これに伴う資金調達の考え方等を整理する。ここで前提とした数値のことを本書では**変数**と表現する。

（2）アウトプット部分

　インプット部分で前提に置いた数値に基づいた計算結果を，財務諸表として表現する。財務諸表としてどのようにまとめるかは，後述する。

BOX
説明変数と目的変数という区分

　説明変数と目的変数は統計学用語です。前者は原因となる変数のことを説明する側の変数で，後者はその計算結果として導かれる説明の対象となる変数（被説明変数）です[6]。

6　さまざまな統計学の教科書において，回帰分析のパートで解説される変数の概念。例え

> 　私自身は，統計学（統計的品質管理）がバックグラウンドにあります。そのため，事業計画においては，財務諸表のアウトプットとなる部分（さらにそれに基づいて算出される企業価値等）を目的変数としています。さらに，計算前提となる単価や顧客数・顧客の伸び等を説明変数として区分しています。

 設計思想

　売上計画の作り方等の詳細は後述するとして，まず全体の設計の考え方から見ていこう。

（1）トップダウン vs ボトムアップ

　事業計画はPLから作り始める。そして，PLの上段に位置する「売上高」から順番に作成していくトップダウン・アプローチと，PLの下段に位置する「利益」から逆算して作成していくボトムアップ・アプローチがある[7]。

トップダウン・アプローチ：売上高から順番に，変数を検討して作成していく。大まかには売上高から作成してコスト（売上原価），販売費及び一般管理費[8]などを考えていき，利益を算出していく。

ボトムアップ・アプローチ：得たい利益（必ずしも純利益ではなく，営業利益でもよい）から逆算してコストや，利益を出すために必要な売上高やその売上高を生み出すための行動・施策を算出していく。

　ば，栗原伸一『入門統計学 第2版』（オーム社，2021年9月）
[7]　トップダウン・アプローチ，ボトムアップ・アプローチは筆者が便宜的に呼称しているものであることに留意いただきたい。
[8]　詳細は第4章，5章に譲るが，販売費及び一般管理費の中において，広告宣伝費に分類

第3章 事業計画全体を設計する　83

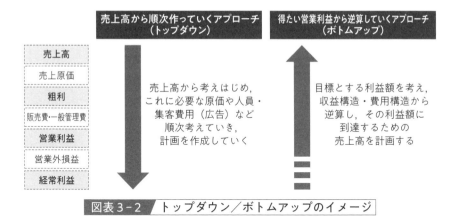

図表3-2　トップダウン／ボトムアップのイメージ

どちらもアプローチとしては正しい。ただし，その本質や前提を理解した上で，選ぶ必要がある。前提を次図に示す。

	売上高から順次作っていくアプローチ（トップダウン）	得たい営業利益から逆算していくアプローチ（ボトムアップ）
対象となる事業	既存事業の計画及び新規事業	既存事業の事業計画
事業による制約	－	**既存事業をそのまま成長させていくことが前提**
前提	対象とする事業の収益・費用構造を**未解明**	対象とする事業の収益・費用構造を**解明済**
計画に対するスタンス	**動的・探索型・仮説検証型** （いかに学習サイクルを回すか）	**静的・達成型・体育会系型** （いかに達成していくか）
留意事項	達成を必須要件にすると瓦解する（達成できない） 売上構造を一定粒度以上で設計する必要がある 作成自体に時間がかかる（新規事業ゆえに）	達成は必須 学習には適用しにくい 損益分岐点の勘違い適用（変動費がカギ（後述））

図表3-3　各アプローチの背景と考え方

（2）アプローチ毎の前提の違い

　ボトムアップ・アプローチは有用ではあるのだが，**収益構造が解明されている**ことが前提である。得たい利益を出すためには，コストとして何が必要で，

される集客投資・マーケティングコスト，営業関連の人件費は，売上計画と同時に検討するとより活用しやすい事業計画となる。

売上高としてどれくらい必要かを逆算しなければならない。得たい利益から導くので,「達成」が重要視される。必然的に既存事業に対して適用され,新規事業とは相性が合わない。

　トップダウン・アプローチは,一般的に適用される。汎用的である既存事業にも適用できるが,**成長ドライバーが何か検証しながら計画自体を改善していく**ことが求められる新規事業にも活用できる。動的,探索的に取り組むことができ,未検証の変数,成長ドライバーが多い中では仮説としておいた変数を検証していきながら計画を進化させていく。第1章でも言及した通り,計画には検証と学習のサイクルを備えるべきである。

　もちろん新規事業であっても,事業計画の変数,成長ドライバーの検証を一定程度進めた後に逆算することは有用である。得たい利益やそのために必要な売上高から,伸ばせる余地のある変数,成長ドライバーがどの程度であればよいかを確認でき,目標値が決まる。

(3) フォアキャスティング vs バックキャスティング

　トップダウンで売上高から順番に作成していると,**フォアキャスト**(Fore Cast:現在を起点として未来を導く)的な事業計画となる。

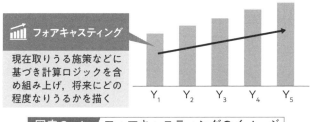

図表3-4　フォアキャスティングのイメージ

　初期的には,事業計画のロジックを詰めていく中では,フォアキャストでの

作成で計算にエラーがないかを考えていく。

一方,「20XX年に上場を目指す,そのときの売上高はYY億円,営業利益はZZ億円とした場合,どういった成長が求められるか」など,将来実現したい,到達したい規模感から逆算して考える,**バックキャスト**(Back Cast:実現したい未来を起点として今何をすべきかを導く)で考えることも重要である。フォアキャスティングで事業計画のロジックが一定程度仕上がっていれば,バックキャスティングの考え方も適用しやすい。将来実現したい規模に対して,逆算すると今,KPIとしてどれくらい求められるのかわかる。

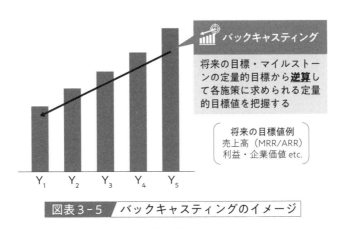

図表3-5 バックキャスティングのイメージ

注:MRR(月次経常収益),ARR(年次経常収益)

最終的には,現状を踏まえたフォアキャスティングと実現したい未来から逆算したバックキャスティングで考えた場合,求められる指標について現状とのギャップを見出せる。

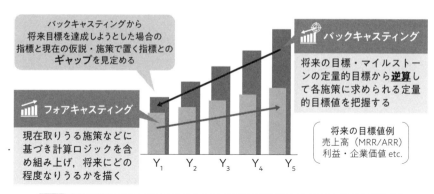

図表3-6　フォアキャスティングとバックキャスティングの活用

　フォアキャスティングとバックキャスティングをうまく活用すれば，事業計画を通じて戦略シナリオまで考えられる。

（4）シミュレーションするかどうか

　インプットの設計では，シミュレーション[9]するかどうかというポイントがある。シミュレーション上，インプット部分で置く変数（＝説明変数）をどのように取り扱うかが重要となる。例えば，シンプルに新規の顧客数を設定していくとき，毎月数字を直接入力していくとなれば，前提が変わった場合，全ての数値を入力し直すことになる。

　したがって，「顧客数がこうなったら，売上高（アウトプット側）はどうなるか？」の計算が難しくなる。**変数設定エリアを確保し**，そこで設定する変数を切り替えればアウトプットも切り替えられるようにすれば，よりシミュレーションしやすい。

9　シミュレーション：何らかのシステムの挙動を，それとほぼ同じ法則に支配される他のシステムや計算によって模擬すること（広辞苑）。

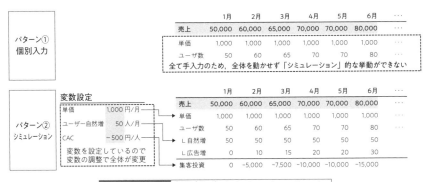

図表3-7　個別入力とシミュレーション

変数設定エリアでは，次のように設定変数，単位，変数を記載することが多い。

設定変数	単位	変数設定
平均販売単価	円	100
購入率	%	5.0%
アクティブ率	%	50.0%
新規利用開始者数	人/月	500
既存利用者数（初期値）	人	10,000

図表3-8　変数設定エリアの例

作成する期間の考え方

「事業計画は何年分作るべきか」という質問がよくある。

共通して言われるのが，「だいたい，5年くらい」である。書籍・文献でも「実務的には／一般的には5年程度作成」に留まっている。私の実務経験からすると，時間軸の話では，「何年分作るか」という**作成期間**の議論と，それを「年次で作るか」「月次で作るか」という**作成単位**の議論がある。後者の作成単

位については，それが事業計画と向き合い，見直す単位ともなる。それゆえ，特別な目的がない限りは，最小作成単位は月次でよいだろう。

（1）事業計画作成期間

作成期間は，3つの視点を総合的に考え，作成対象とする事業に応じて設定したい。

投資回収期間：新規事業の場合，その投資をどれくらいの期間で回収できるか／回収したいか。派生して，この事業に必要となる主要な投資（設備投資等）の耐用年数なども考慮する。設備の耐用年数とは，擬似的にその設備が「使える期間」，つまり事業上の便益を出し続けられる期間だからだ。

投資保持期間：投資家にどれくらいの期間にわたって自社に投資をしてほしいか。中長期的に保有してほしい，ということであれば1年の短期的なサイクルでの計画ではなく，3～5年程度の計画を示すことで自社・当該事業の成長可能性を理解いただく必要があろう。

事業特性：対象となる事業が，その事業特性上どの程度のサイクルで回っていくかも事業計画上は重要である。外部環境の変化の受けやすさや事業サイクルの早さも勘案する。筆者が過去携わったものでいうと，最大規模ではある国の産業インフラである工業団地，発電所，高速道路，港湾，水道等であった。この場合は5年どころではなく，20～30年の事業計画（この場合は財務モデルという方が適切か）を作成した。

以上の観点から実務上，次のような期間の作り分けになるであろう。

IT，一般的な事業	3～5年
製造業，特に既存事業	5～10年
不動産，インフラ開発	10～30年

第3章 事業計画全体を設計する　89

（2）事業計画作成単位

次に，事業計画を作成する単位について考える。

最小単位である日次（daily），次に週次（weekly），月次（monthly），四半期（quarterly），年次（annualy）となる。運用性を考えれば，事業計画の最小単位としては月次でよいであろう。事業特性目線で考える場合，事業サイクルでは主に，**顧客の意思決定サイクル**という観点から議論を深めたい。具体例で見てみよう。

消費者向け（単価数千円まで）：顧客が一般消費者であり，数千円単位の単価のものであれば，基本的には購入意思決定まで1日以内であると考えられる。そのため理想的には日次でモニタリングしていくことも考えられるが，そこまで細かいと管理工数が膨大となるため，事業計画の作成単位としては「月次」でよいであろう。ただし，進捗状況のモニタリング等の初期は「日次」（遅くても週次）が望ましい。

法人企業向け（単価数万円〜）：顧客が法人の場合，数万円程度の商材である場合は一定の商談が必要となる。商談となると，顧客側の購入意思決定には数週間〜1ヶ月程度の時間を要する。したがって，「月次」での事業計画作成がよいであろう。進捗状況のモニタリング（商談の進捗等）は「週次」が望ましい。

法人企業向け（単価数百万円以上）：単価感で意思決定のプロセスも異なってくる。その事業が対象とする顧客の意思決定サイクルが数ヶ月に及ぶ場合は月次でよいであろうし，数年単位になる場合は，事業計画作成期間として「四半期」，もしくは「年次」ベースでもよい。

以上から，顧客の購入意思決定のサイクルは，以下のように考えればよい[10]。

10　筆者は過去，「実務的には月次か週次がよい」と研修講座などで訴えていたが，とある企業より「原子力発電所の営業をしているのだが，それでも週次がよいのか？」という質問を受けた。ここから，作成単位・期間について考えるようになった。

即時	月次(モニタリングはできれば日次)
数週間〜数ヶ月単位	月次(モニタリングは週次)
1年単位	四半期〜年次(モニタリングも月次〜四半期)

V アウトプットイメージ

最終的なアウトプットは,PL,CF,BSといった財務三表として整理することが一般的だ。

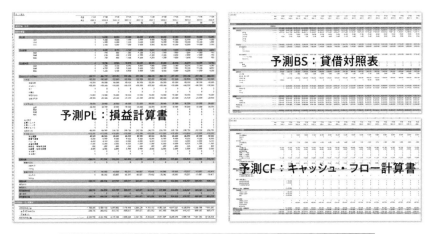

図表3-9　事業計画で必要となるアウトプットの全体像

将来の数字を表すため,予測財務三表,もしくは予測財務諸表と言われる(個別には予測損益計算書(予測PL),予測貸借対照表(予測BS),予測キャッシュ・フロー計算書(予測CF))。

もしすでに会社として運営していて決算書も作成していれば,それを参考にアウトプットとなる雛形を作成するとよい。まずは大まかに作成した上で必要に応じて追加していくという形でよいだろう。

（1）予測PL

まず予測PLをPLの構造に従って作成していく。

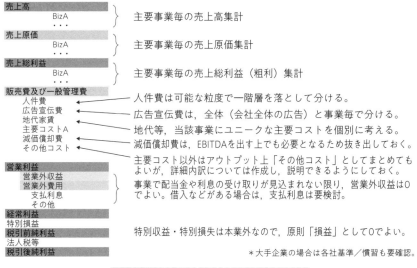

図表3-10　予測PLの構成イメージ

以下，順を追って解説する。

▍売上高

主要事業毎の売上高の集計結果を記載する。顧客数の推移等の詳細は別途シートでまとめるのがよい。

▍売上原価

主要事業毎の売上原価の集計結果を記載する。売上高と表記が対応するように記載する。

売上総利益（売上高−売上原価）

主要事業毎に【①売上高−②売上原価】を算出し，集計する。

販売費及び一般管理費

各種費用の合計となるが，大きく下記の3パターンで考える。従来はパターン①が多く，作成・整理が他のパターンに比して容易である。上場前後で各事業の営業利益まで精緻に算出して計画作成，予実管理を行いたい場合は採用する。最後に③は昨今のスタートアップが投資家向けに事業計画を提出する際に採用するまとめ方となる。

パターン①：科目毎にまとめて並べて記載する

人件費，広告宣伝費，地代家賃等PLの勘定科目に沿って記載・集計し，その合計を販売費及び一般管理費として表記する。勘定科目自体は過去決算書から引っ張ってくればよいため細かいが作成はしやすい。また，主要コストを4〜5つ（多くは人件費，広告宣伝費，地代家賃と業種特有の主要コストを1〜2つ採用）して表記し，それ以外を「その他」でまとめる方法。

パターン②：事業毎に分類できるコストを事業毎にグループ化する

事業に関連しそうな勘定科目を事業毎に分類する。その上で，事業部に直接紐づかない，管理人件費や本社オフィスの賃料（地代家賃）やその他の費用など（総称して本社経費という）の扱い方が議論となる。

大きくは，配賦型（一定の比率（配賦率）に基づき本社経費を按分する）と一括型（事業部毎営業利益を算出して合計した上で本社経費を引いて全社の営業利益を算出する）がある。

パターン③：費用を大分類でグルーピングする

スタートアップが事業計画を提出する際，大きく以下の費用に分類して提出することが最近は増えている。大きくは前出の売上原価としてCoGSに加え，S&M，R&D，G&Aでグルーピングされる。

第3章　事業計画全体を設計する　93

- CoGS（Cost of Goods Sold）：売上原価に当たる。
- S&M（Sales & Marketing：営業・マーケティング）➡営業，マーケティングの人件費に加え，広告宣伝費が含まれる。
- R&D（Research & Development：研究開発費）➡ITスタートアップでは特にエンジニア人件費がここに含まれる。
- G&A（General & Administrative：一般管理費）➡バックオフィス人件費やその他の費用を含む。

また図表3-10で表記している通り，主要コスト以外は「その他コスト」として事業計画のアウトプットとしてはまとめておいてもよいが，その詳細の内訳は作成し，説明できるようにしておくことが望ましい。

営業利益（売上総利益－販売費及び一般管理費）

営業利益は全社で出すケースが多い。販売費及び一般管理費でパターン②で配賦型で処理している場合はここで事業毎の営業利益を出してもよい。

営業外損益（営業外収益・営業外費用）

営業外収益は受取配当金や雑収入であるが，事業計画上は0としておいてよい。一方，営業外費用では借入金に対する支払利息を考慮する必要がある。

経常利益（営業利益＋営業外収益－営業外費用）

営業外費用等は事業毎に分けるのも難しくなるため，一旦は全体の営業利益から計算していく。

特別損益（特別収益・特別損失）

特別損益は，事業計画では想定しなくてよい。強いていうならば，設備などを含む資産の処分時に売却額を特別収益として考えられるが，一旦は不要としておいてよい。

税引前当期純利益（経常利益＋特別損益）

経常利益に特別損益を足す（損益で損失の方が大きい場合は－（マイナス）符号となるため）。

法人税等（税引前純利益×実効税率）

法人税を考慮するのは，基本は期末（12ヶ月目）でよい。12ヶ月間の税引前純利益を総計して，１年間の税引前当期純利益を算出する。その上で，０より大きい，つまり利益が出ている状態の場合，実効税率を掛けて法人税を算出する。

厳密には利益が０でも最低限支払わなければならない税金もあるが，事業計画作成時では概ね簡素化し無視する場合もある。繰越利益欠損金の考え方も重要となるが，これについては計算方法も含めて後の章に譲りたい。

税引後当期純利益（税引前当期純利益－法人税等）

最終的には税引後当期純利益としてPLの最下段に位置する。なお，BSも作成する場合は，この税引後当期純利益が，BSの純資産内の繰越利益剰余金に積み上げられる。

（2）予測CF

次に予測CFの構造について見てみよう。大きくは第２章で解説した通り，営業CF，投資CF，財務CFのパートに分けられる。これは予測CFでも変わりない。ただ，営業CFの小計より上部において，作成のアプローチとして直接法，間接法[11]がある。

直接法：作成期間の現金による収入額と支出額の総額を記載することで，資金の増減を直接的に明らかにして表現する方法。

11　桜井久勝『財務会計講義 第20版』（中央経済社，2019年６月）

間接法：PLの当期純利益を出発点とし，収益と収入の差分，費用と支出の差分を調整することで資金の増減を間接的に明らかにして表現する方法。所定期間の開始時のBSと終了時のBSを比較して差分を抽出していく。

年次で事業計画を作成する場合は，間接法でもよいであろう。しかし月次で事業計画を作成する場合は，資金の流れもわかりやすいため，直接法の考え方で作るとよい。直接法で作成しておくと，銀行・金融機関や投資家が投融資検討において提出を求める「**資金繰り表**」と構造が近いため流用もできる。

直接法で作成する場合で重要かつ難易度が高いのが，売上の入金と仕入れに対する支払い（出金）の計算の設定であるが，具体的な方法については後の章に譲る。

図表3-11　予測CFの構成イメージ

（3）予測BS

最後にBSであるが，これも順を追って解説を進める。BSは表計算ソフトを

利用して，PL，BS，CFを連動した財務三表モデルを作ろうとする場合に，表計算での数式設計自体の難易度が高いため，作成優先順位としては下げるのも一つの手である。しかしながら，BSまで計算すると全体の計算整合性のチェックにも活用できるため，余力があれば作っておきたい。

通常，BSは左側に資産，右側に負債及び純資産とするが，事業計画で予測BSとして表現する場合，経年推移で表現するため，縦に並べて作成するのが一般的である。

主な構成については，自社の過去決算書を参照できる場合は，これに基づいて項目を作るのが進めやすい。

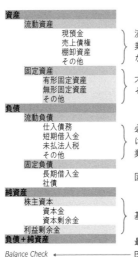

図表3-12　予測BSの構成イメージ

第2章で解説した通り，資産は流動資産，固定資産，負債は流動負債，固定負債と細分化される。

資産の流動資産では，現預金，売掛金（もしくは売上債権）の他，在庫を保持する必要のあるビジネスの場合は棚卸資産がある。その他，細かい部分も考慮してもよいが，それ以外の流動資産が過去にもあった場合，事業上のインパ

クトが大きくある，もしくは流動資産の中でも20～30％程度の割合を占めるものでない限りは「その他流動資産」でまとめてもよい。

固定資産は，さらに有形固定資産，無形固定資産，その他と分ける。有形固定資産であれば，建物やオフィス家具等を表す建物附属設備，生産機械として機械，営業で巡回が必要な企業の場合考えられる営業車としての車両運搬具等が考えられる。無形固定資産であればソフトウェアや知的財産権（特許権，商標権，意匠権など）が考えられる。とはいえ，自社として必要な範囲を挙げるに留め，大分類でまとめてしまうのも手である。

負債内の流動負債では，買掛金（もしくは仕入債務），短期借入金，厳密に法人税のキャッシュ・フローも見るのであれば未払法人税を明記する。より厳密に行うのであれば，販売費及び一般管理費に関連する債務として，未払費用や未払金などを考慮する。一方，固定負債では，長期借入金や社債を設定する。厳密には退職給付引当金等も考えうるが，事業計画上では新規事業，スタートアップステージでは考慮しないことの方が一般的である。

純資産では増資を受けた場合に認識する資本金・資本剰余金（資本準備金），そしてPLから接続される税引後当期純利益の積み上げである繰越利益剰余金がある。

なお，予測BSでは資産の合計と負債及び純資産の合計が一致する。そのため，「Balance Check」という行を入れておくことで，計算エラーを検知[12]しやすくすることができる。

Ⅵ 海外スタートアップにおけるフォーマット

海外スタートアップは，一定フォーマット化されている。

米国スタートアップでは，主要メトリクスパート，PLパート，キャッシュ・

---

12 まさしく，「はじめに」の冒頭で語った「バランスしない」をチェックするための工夫である。

	Year>	2023	2023	2023	2023	2023	2023	2023	2023	2023	2023	2023	2023
	Quarter>	Q1	Q1	Q1	Q2	Q2	Q2	Q3	Q3	Q3	Q4	Q4	Q4
	Month>	1	2	3	4	5	6	7	8	9	10	11	12
MRR													
Starting MRR		20,000	23,200	26,400	29,600	32,800	36,000	39,200	42,400	45,600	48,800	52,000	55,200
(+) New Logo		2,000	2,000	2,000	2,000	2,000	2,000	2,000	2,000	2,000	2,000	2,000	2,000
(+) Upsell		800	800	800	800	800	800	800	800	800	800	800	800
(+) Expansion		800	800	800	800	800	800	800	800	800	800	800	800
Gross New MRR		3,600	3,600	3,600	3,600	3,600	3,600	3,600	3,600	3,600	3,600	3,600	3,600
(-) Churn		-400	-400	-400	-400	-400	-400	-400	-400	-400	-400	-400	-400
Net New MRR		3,200	3,200	3,200	3,200	3,200	3,200	3,200	3,200	3,200	3,200	3,200	3,200
Ending MRR		23,200	26,400	29,600	32,800	36,000	39,200	42,400	45,600	48,800	52,000	55,200	58,400
% growth		16.00%	13.79%	12.12%	10.81%	9.76%	8.89%	8.16%	7.55%	7.02%	6.56%	6.15%	5.80%
P&L													
Revenue		23,200	26,400	29,600	32,800	36,000	39,200	42,400	45,600	48,800	52,000	55,200	58,400
% growth		16.00%	13.79%	12.12%	10.81%	9.76%	8.89%	8.16%	7.55%	7.02%	6.56%	6.15%	5.80%
(-) COS		-9,280	-10,560	-11,840	-13,120	-14,400	-15,680	-16,960	-18,240	-19,520	-20,800	-22,080	-23,360
Gross Profit		13,920	15,840	17,760	19,680	21,600	23,520	25,440	27,360	29,280	31,200	33,120	35,040
% margin		60.00%	60.00%	60.00%	60.00%	60.00%	60.00%	60.00%	60.00%	60.00%	60.00%	60.00%	60.00%
Sales		-6,960	-6,960	-6,960	-6,960	-6,960	-6,960	-8,360	-8,360	-8,360	-8,360	-8,360	-8,360
% margin		-30.00%	-26.36%	-23.51%	-21.2%	-19.33%	-17.76%	-19.72%	-18.33%	-17.13%	-16.08%	-15.14%	-14.32%
Marketing		-11,600	-11,720	-11,840	-11,960	-12,080	-12,210	-12,340	-12,470	-12,600	-12,730	-12,860	-12,990
% margin		-50.00%	-44.39%	-40.00%	-36.46%	-33.56%	-31.15%	-29.10%	-27.35%	-25.82%	-24.48%	-23.30%	-22.24%
Total S&M		-18,560	-18,680	-18,800	-18,920	-19,040	-19,170	-20,700	-20,830	-20,960	-21,090	-21,220	-21,350
% margin		-80.00%	-70.76%	-63.51%	-57.68%	-52.89%	-48.90%	-48.82%	-45.68%	-42.95%	-40.56%	-38.44%	-36.56%
R&D		-6,960	-6,960	-6,960	-6,960	-6,960	-6,960	-8,360	-8,360	-8,360	-8,360	-8,360	-8,360
% margin		-30.00%	-26.36%	-23.51%	-21.22%	-19.33%	-17.76%	-19.72%	-18.33%	-17.13%	-16.08%	-15.14%	-14.32%
G&A		-3,480	-3,480	-3,480	-3,480	-3,480	-3,480	-4,180	-4,180	-4,180	-4,180	-4,180	-4,180
% margin		-15.00%	-13.18%	-11.76%	-10.61%	-9.67%	-8.88%	-9.86%	-9.17%	-8.57%	-8.04%	-7.57%	-7.16%
Total OPEX		-29,000	-29,120	-29,240	-29,360	-29,480	-29,610	-33,240	-33,370	-33,500	-33,630	-33,760	-33,890
% margin		-125.00%	-110.30%	-98.78%	-89.51%	-81.89%	-75.54%	-78.40%	-73.18%	-68.65%	-64.67%	-61.16%	-58.03%
Operating Profit		-15,080	-13,280	-11,480	-9,680	-7,880	-6,090	-7,800	-6,010	-4,220	-2,430	-640	1,150
% margin		-65.00%	-50.30%	-38.78%	-29.51%	-21.89%	-15.54%	-18.40%	-13.18%	-8.65%	-4.67%	-1.16%	1.97%
Operating Cash Flow													
(-) Outflow		-38,280	-39,680	-41,080	-42,480	-43,880	-45,290	-50,200	-51,610	-53,020	-54,430	-55,840	-57,250
(+) Inflow		23,200	26,400	29,600	32,800	36,000	39,200	42,400	45,600	48,800	52,000	55,200	58,400
Operating Cash Flow		-15,080	-13,280	-11,480	-9,680	-7,880	-6,090	-7,800	-6,010	-4,220	-2,430	-640	1,150
Avg Monthly Burn													
Bank Balance													
Opening Bank Balance		80,000	64,920	51,640	40,160	30,480	22,600	400,000	416,510	408,710	402,700	398,480	396,050
Cash Flow Financing / Other Cash Flow								400,000					
Cash from Operation		-15,080	-13,280	-11,480	-9,680	-7,880	-6,090	-7,800	-6,010	-4,220	-2,430	-640	1,150
Ending Bank Balance		64,920	51,640	40,160	30,480	22,600	416,510	408,710	402,700	398,480	396,050	395,410	396,560

事業の主要指標 MRR (ARR), 他KPI, 解約率, ユニットエコノミクス等

PL

S&M マーケティング投資や関連人員をサマリー

R&D (開発人員)

G&A (一般管理費)

キャッシュ・フロー, 銀行残高等

第3章　事業計画全体を設計する　　99

フローパートの3つにシンプルに示される[13]。実際には主要メトリクス部分の詳細・構造化されたものも用意する必要があるであろうが，一つの参考になるであろう。米国スタートアップで使われる事業計画のイメージを左頁に置く。

Ⅶ　どこまで作り込むのか？

　投資家や金融機関に「事業計画の提出」を依頼された場合，どこまで作成する必要があるだろうか。前述の通り，「予測財務三表」として予測PL，予測BS，予測CFを全て出すのが理想ではあるのは間違いない。しかし，作成しなれていないと相当の時間がかかる。

　本来事業計画は，「事業推進するための手段」でしかなく，目的ではないため，計画作成に時間がかかりすぎて，事業を進められなければ本末転倒だ。

　なので，企業のステージによってどこまで作成するかの目安を明示した（図表3-13）[14]。

		PL					CF		BS	
		PL全体	収益構造の詳細	収益に係るコストの詳細（原価・広告費）	採用計画の詳細	業種毎の販管費の詳細	資金繰りとしての作成	PL・BSとの連動	運転資金の動き（売掛・買掛・在庫）	設備投資の反映
スタートアップ	創業	必須	可能な限り	可能な限り	粗々で	粗々で	必須	不要	不要（資金繰り要考慮）	不要（資金繰り要考慮）
	シード	必須	可能な限り	可能な限り	粗々で	粗々で	必須	不要	不要（資金繰り要考慮）	不要（資金繰り要考慮）
	アーリー	必須	必須	必須	必須	必須	必須	不要	不要（資金繰り要考慮）	不要（資金繰り要考慮）
	レイター	必須								
大企業	全体	必須　＊厳密には「社内の投資基準」によって作成スコープが変更 ＊"単純な"回収期間法であればPLだけでもよいか…								
	新規事業	必須	必須	必須	可能な限り	可能な限り	必須	必須	必須	必須

図表3-13　企業ステージ毎の作成範囲

13　中村幸一郎『スタートアップ投資のセオリー』（ダイヤモンド社，2022年6月）

14　初期では，作成難易度の高いCFとBSは不要としているが，容易に作成できるのであれば，当初より準備しておくことが望ましいことは言うまでもない。筆者自身もステージにかかわらず，PL，BS，CFまで作成しており，そのためのサービスも開発している。

（1）スタートアップの場合

　スタートアップで創業間もない場合，粒度感は粗くてもPL程度は提出することが求められる場合がある。またPLと合わせて現金の出入りとして資金繰り表，言い換えればキャッシュ・フローが求められることが多い。

　ただBSまで求められるかというとその限りではない。例えば事業モデルとして設備投資先行型，生産設備のような有形固定資産がある場合は，BSも含めた事業計画が求められる可能性はある。以上から，まずはPL，できればそのPLに基づく資金繰り・キャッシュ・フローまで作っておくとよいだろう。

　もう少し踏み込んで回答すると，創業初期でも，多少「皮算用」はした方がよい。具体的にはPLの主要な項目，売上高，売上原価，マーケティング，人件費までは創業初期でも一度数字で表してみるとよい。

　創業時にどういう顧客をターゲットにしており，どういう市場を狙っているのか。例えばその顧客を全て獲得したとき，どれくらいの売上規模になりえるかを皮算用し，取り組む事業の規模感を把握しておきたい。

　いずれにしても，求められない限りは，少しずつ深掘りしていくつもりで気軽に取り組むとよいだろう。事業ステージを進める中で，少しずつ詳細化し，粒度と精度を高めていくことが望ましい。

（2）大手企業の新規事業の場合

　大手企業内で新規事業を立ち上げる場合，多くは最初から一定PL・BS・CFが求められる（第6章で詳述するが，これは社内の投資基準に依拠する）。

　単純な回収期間目線での投資基準（例えば，「3年単黒，5年累損解消」のような基準）であれば，PLだけでもよい。

　コーポレート・ガバナンスを意識して投資基準が作られている場合は，

NPVやIRR[15]などが基準に記載されているので，コーポレート・ファイナンスの理解も必要となる。

　少なくても事業計画においてはPLだけでなく，BSやCFの要素が必要で，作成が求められる。大手企業では，新規事業でも予測財務三表を作成するのが通常である。

第3章のまとめ

- 数字で考えることによって，より具体的に考えることができる。したがって，事業アイデアの初期検討段階でも数字で表現することによって事業に対する理解が深まるため，粒度が粗くても数字で検討することを推奨する。
- 事業計画では，最終的に財務諸表の形でアウトプットを整理する。そのため財務諸表（アウトプット）とその算出の前提条件となる変数をまとめたインプット部分に分けられる。
- インプット，前提検討において：
  - ➡アプローチとしては売上高から順次検討していくトップダウンと得たい目標利益から逆算するボトムアップが考えられる。収益構造が明らかになっている既存事業においてボトムアップは有効だが，収益構造について仮説検証をしていくことが求められる新規事業においては，トップダウンで検証しながら解像度を上げる方法がより好ましい。ある程度計算ロジックができた段階で，目標となる将来の売上高や利益から逆算するバックキャストを活用した計画検討も有効となる。
  - ➡シミュレーションにするかどうかも重要となる。
- アウトプットとしては：
  - ➡PLは売上高から事業毎に売上原価，販売費及び一般管理費を考えて，事業毎の営業利益まで算出することが求められるときもある。
  - ➡CFでは月次で計画を作成する場合は実際の資金の流れに注目する直接法がよい。

15　第6章をご参照のこと。

- スタートアップの場合は，初期段階ではPLは最低限作っておくとよい。大手企業の新規事業において作成が必要な場合は自社の投資基準によって作成するスコープが異なる。

コラム　　事業計画において追求するべき正確さ

　事業計画を策定する支援において，大手企業の新規事業担当者から相談を受けることがあります。中でも多いのが「事業計画を作ったけど，『正確なのか』と問い詰められてしまうがどうしたらいいんだろう」というものです。

　既存事業ならともかく，新規事業の場合は，「やってみないとわからない」要素が多いため，そこで正確性を求められましても…という気持ちになることは，とてもよくわかります。

　実際に新規事業の場合，事業計画における数字の正確性はどこまでいっても担保できません。真面目であればあるほど，いろいろ先行事例調査を重ねて，時間をかけて数値と向き合いますが，そこまでやっても悲しいことに想定からは外れます。

　まず事業計画の正確性について説明させてください。言いたいのは，「**正確さには2つある**」ということです。

　正確さの一つは，**数値**です。新規事業であれば「やってみなきゃわからない」ものであり，むしろ計画段階で追求するものではありません。実行した上で実際にどうなるのかを見ていく，つまり「**検証対象**」です。

　もう一つの正確さは，**構造**です。利益なり売上高がどう生まれていくのか，どういうビジネスモデルでどういう顧客を対象にしているか，その顧客に対してどういう売り方・マーケティング方法が想定されるのか。この構造がしっかりできていないと，数値の検証が不可能です。

第3章　事業計画全体を設計する　103

　実際に，事業計画を審査するプロであるスタートアップ投資家は，「スタート
アップに対して事業計画の提出は求めるが，別に数字は当てにしていない。起業
家がこのビジネスをどう成長させようとしていて，その成長をどういうロジック
で組み立てているかを見ている」[16]と口を揃えます。
　新規事業の場合は，数字の正確さより，その収益を生み出す構造に注目してほ
しいと思います[17]。いよいよ次章より，その構造をどう解明していくかについて
紹介していきます。

補論　表計算ソフトでの表現方法

　さて，実際に表計算ソフトで表現する上でのヒントや技について紹介する。
ただし，本書では，一部に留め，詳細は類書に譲る。

（1）表計算ソフトで事業計画を作る際の構成

　Excelなどで事業計画を作成する場合，いきなりその中身の話になりがちで
ある。事業計画を審査するステークホルダーが存在するなら，「見やすい」構
成から考えたいところである。ここでは，主にExcelをベースに解説するが，
ほとんどのことはGoogle Spreadsheetでも再現できる（Google Spreadsheetの
利用がスタートアップ界隈で広まっているものの，本書ではExcelベースでの
記載で統一する）。

16　筆者が自社プロダクト開発開始時に推進した国内ベンチャーキャピタリスト30人超への
　　インタビューに基づく。
17　「仮説について，「すべてを疑うかすべてを信じるかは，どちらにしてもじっくり考えな
　　くてすむ，お手軽な解決法だ」と危惧されている」（アンリ・ポアンカレ『科学と仮説』（ち
　　くま学芸文庫，2022年1月）

(2) 目次シート

　私の推奨はまず次のようなイメージの目次シートを作ることである。目次シートには，この事業計画に含まれるシートに何があるか，各シートの概要について記載する。

　例えば作成関与メンバーを記載しておき，主に本事業計画作成においてどういう役割を担ったのかを記載する。

　また，作成・改訂の履歴もあるとよい。

さらに，シート構成，目次部分に色付けをして，各シートの「シート見出しの色」を対応させておくとわかりやすい（シート見出しの色は，各シートの上にマウスカーソルを移動させ，右クリックして表れるメニューから選べる）。

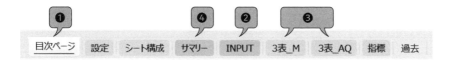

ここで実際に用意するシートについても触れておきたい。

---

❶　目次シートは，事業計画の開始年月などの基本設定を行う設定シートを独立させておくとわかりやすい。

❷　各種事業計画の前提となる変数に関して記入するINPUTシートがあるとよい。これについては，「売上高関連」「コスト関連」等その項目毎に分ける作り方もある。私は縦長になってしまうが，INPUTシートにまとめて作ることが多い（これはあくまで好みである）。

❸　INPUTに対応するOUTPUTシート，つまり予測財務諸表部分を用意する。上の画像では，月次で表す「3表_M」シートと年次及び四半期ベースで表す「3表_AQ」シートの2つを用意している。

❹　多数ある変数の中，KPIもしくは成長ドライバーとして定めた変数を抜き出し，この変数が動いたとき，売上高や利益，キャッシュがどう動くかを俯瞰するためのサマリーシートを準備したい（こちらについては第6章で解説する）。

以降は好みであるが，以下のようなシートを用意する場合がある。
- 各シートの関係性を構造化したシート構成（後述）
- 人員計画部分のみを切り出したHR Planシート
  ➡採用人員，各人員・職種による給与テーブルの設定等詳細化を考える場合に，INPUTシートと別シートで作成した方が見やすい。
- 各種経営指標のみを集約した経営指標シート

➡自社として確認しておきたい経営指標などをまとめる。
- 過去の財務状況などをまとめる過去シート
  ➡主にBSを含めた三表連動で作成する場合，直近のBSは計画において開始値となる。
  ➡PLにおいて細かな費用は，過去の傾向を踏まえて計画に織り込む必要があるため参照用とする。
- 資本政策シート
  ➡事業計画と連動させたい場合に資本政策も同じファイルに統合する場合がある。
- 企業価値評価・Comps（類似企業比較分析）シート
  ➡第6章で一部解説している。

（3）設定シート

次に事業計画の設定シートとして，開始年月などを定める。事業計画全体を通じて適用される変数（実効税率など）を設定しておいてもよい。設定シートは以下のイメージである。

また凡例として，シート内の変数の表示について定義しておく。筆者がよく利用しているのは以下のような設定である。

第3章　事業計画全体を設計する　　107

設定例）

- ●青字の数：直接入力の数値
- ●黒字の数：数式入力
- ●青字の数に薄い黄色背景：直接入力の数値であり，シミュレーション・編集対象
- ●緑字の数：他シートからの参照（ただしOUTPUTシートはほとんどがINPUTシートからの参照のため黒字表記としている）

　直接入力の数値を青字にする設定などは，投資銀行系のグローバルルールだ。いずれにしても，シートを見た人が「ここは直接入力でここは数式入力だ」ということがパッと見て判別できればよい。

　数式入力しているセルに「＝C12*0.3」といった直接入力の数値を入れることは基本的にはタブーだ。「0.3」が何を意味するのかはパッとわからない上，シミュレーション上もいちいちセルを編集しにいかないといけないので面倒である。数式入力には直接入力の数値は入れないようにしたい。

　さらに，セルに名前をつけるテクニックもある。セルを選択した状態で左肩におそらくそのセルの住所C11などが表示されているだろう。そのC11の部分を選択すると名前を変えられる。

　例えば，次のように事業計画全体で使いたい法人税の実効税率についてCTAX（法人税を表わす。Corporate Income Taxから略記）と名付けたとする。そうすると，他のシートで計算に使う場合もCTAXという変数名として扱えるのだ。

	A	B	C	D	E
10					
11		実効税率	30.00%	<セル名"CTAX"	
12		法定福利費率	15.00%	<セル名"LBENEFIT"	
13					

(4) シート構成

これはNice to have（あるとよい）なシートではある。

シートが多くなった場合（特にINPUTを売上高，コスト，さらにコストの詳細で分けた場合）各シートの関係がわかるようにしておくとよい。

次はシート構成のイメージである。

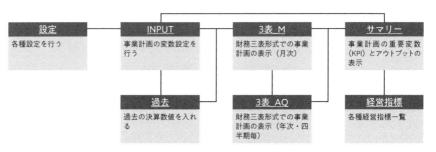

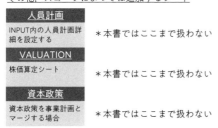

次章以降では各テーマに沿って，適用するであろう，Excelベースでの再現方法等について概要説明を付記していきたい。

第4章

トップラインを考える

戦術とは一点に全ての力をふるうことである

ナポレオン・ボナパルト

(革命家・フランス皇帝)

第4章では以下を解説する。

- なぜ収益構造・KPIツリーに分解した売上設計が必要なのか？
- 単価と個数，構造分解するのはどちらか？
- 具体的にビジネスモデルごとにKPIツリーを設計していくにはどのような手順・体系があるのか？
- KPIはどのように定めていくのか？

さていよいよ本章より事業計画作成の中身に入っていきたい。

前章で言及した通り，本書では，主に「トップライン」つまり売上高から考えるアプローチをとる[1]。

I　売上を考えるときの視点は？

さて，売上高の計画を考え始める前に大きく2つの考え方があることを踏まえておきたい。

① **経年成長率型**：経年での売上高の成長を考える。
② **収益構造分解型**：収益構造を分解した上で成長を考える。

「過去5年の平均成長率は3％なので，今年も昨対比3％成長で考える」という考え方が昔からある。カンタンな成長の描き方ではあるので，否定することはない。否定はしないが，私はこういう事業計画と巡り合ったときに必ずこうお伝えしている。

「これは計画ではなく，傾向ですね」

「過去何％成長していくか」という粗いものは傾向・トレンドに従っただけ

1　将来目標とする売上高や利益から逆算して考えることも重要であるが，前章で述べた通りこの場合においても，本章で論ずる構造化が重要となる。

の計算結果にすぎず，意志と仮説が内在する計画ではない。一方で，②は，売上高を構成する要素に分解して，要素ごとに考えていく方法である。②の収益構造分解型が「いい」と考えられるが，その根拠は何だろうか。

投資家になった気持ちで，以下の2社を見比べてほしい。

A社社長：「とりあえず売上高昨対比3％成長で事業計画を考えます」
B社社長：「売上高昨対比20％成長で事業計画を考えます」

A社社長は3％の成長を見込んでいるが，全く中身がわかってなかったとしても「まぁ3％成長ならいけそう」と思うのではないだろうか。

一方，B社社長は20％成長を見込んでいる。3％成長からすると随分アグレッシブだ。事業のステージによるが，20％成長は相当のものだと感覚的にわかる。先ほど提示した経年成長率型で考えた場合は，そう思うのは間違いない。しかし，このあとに続く各社長の考え方によって大きく印象が変わる。

A社社長：「まぁ3％だったらちょっと頑張れば達成できるでしょ」
B社社長：「20％成長の内訳ですが，まず一定顧客がついてきて提供価値も上がってきたので，単価を○％上昇させます。顧客が離脱することも想定していますが，それでも競合の価格と比べても競争力のある価格であり，顧客アンケートでも「割安」と回答してくださる割合が90％強であるため離脱率は○％で抑えられると考えています。さらに，マーケティングにおいて，最適な集客投資経路が検証できました。今年は集客投資を増額し，月○万円の予算をとって見込み客獲得の基盤を確立します。また，見込み客獲得後の商談プロセスの見直しも図り，商談工数の最小化をした上で，成約率を○％まで改善することができました。なので，20％成長は手堅く，集客投資予算の配分によっては，さらに成長率を伸ばせる計画となっています」

これで全く印象が変わったのではないだろうか。A社は，まさしく経年成長

率型で考え，収益構造を分解できていない。それゆえ，何をどうしたら成長につながるか説明できない。結果，現場（社長自身を含む）の頑張りでしか語れず，「3％くらいの成長だったらなんとかいけるだろう」という設計の仕方でしか成長を語れない。

一方で，B社は，収益構造分解型で考えている。20％の成長を遂げるために何をどうするかの解像度が高い。20％成長と聞くと，挑戦的な目標ではあるが，施策が明確なため実現可能性を感じられる。

対象会社の事業計画を簡易的に計算しなければならないとき（例えば金融機関が対象会社の財務状況に基づき企業価値評価をしなければならない場合）は，過去の成長率を参照すると確かに楽だろう。

しかし，事業運営者側は，事業の成長に対する解像度を高く保たなければならない。そのため，収益構造を分解することは，極めて重要である。効能は主に3点ある。

① 売上高成長に向けたドライバーを明確にできる。
② 分解した方が検証しやすい。
③ どこかで失敗しても，挽回できる施策を検討できる。

では，売上・収益構造を分解して考えるときの視点は何か。困惑する読者も多いかもしれない。自身で売上計画を作成した経験があっても，意識せずにきていたりもする。

売上高の構造を分解する場合，どういった観点で考えるか？

結論から述べると，「施策につながるか」という観点で考えることとなる。これについて詳しく見ていこう。

第4章　トップラインを考える　　113

BOX

時代遅れとなった「市場シェア方式」

　市場シェアから計画を立てる方法が古くから存在します。市場シェア方式とは，事業計画作成において，将来の売上高を試算する方法の一つです。狙い打つ市場全体の規模と，その中で自社が占めることが期待できるシェア（市場占有率）を基にして売上高を算出します。

　まず，市場全体の規模を調査または推計し，その後で自社の商品やサービスがどれくらいの市場シェアを獲得できるかを見積もります。例えば，市場規模が100億円で，自社の市場シェアが見込みとして10％であれば，将来の売上高は100億円の10％，つまり10億円と試算します。

　ただし，2つの理由から，現在ではこの方法をおすすめしません。

　まず，事業対象とする市場全体の規模を正確に評価するのは昨今難しいです。特に新興市場や急速に変化する市場の規模を正確に把握することは容易ではありません。さらに，自社の市場シェアを予測することも困難です。市場シェアは競争状況，価格，商品の品質，マーケティング努力，そして消費者の嗜好など，多くの変動要素に影響を受けますし，市場セグメントの分け方によってなんとでも言えそうです。

　さらに，市場シェア方式は基本的には静的な視点からの分析です。動的な変化に対応するのが難しいです。例えば，技術の進歩や規制の変更などにより市場が急速に変化すると，予測はすぐに古くなります。

　もちろん新規事業・スタートアップを考える際は市場規模を最初に考える必要がありますが，それはあくまで「自分が攻略しようとする市場はどれくらいの大きさか」を理解し，語るためです。事業計画を作るためではありません。

　もちろん事業計画を作る際に算定した市場規模を利用する場合もあります。それは，「売上計画が，算定した市場規模より大きくなっていないかチェックするため」です（市場の捉え方については本章補論にて触れます）。

Ⅱ 売上高の基本構造

　売上高は，ほとんどのビジネスで「単価」と「個数」に分解できる。単価と個数の乗算が売上高なのである。サブスクリプションビジネスでは，単価が「月額利用料」，個数が「アカウント数」となる。小売ビジネスでは，単価が「平均単価」で，個数が「購入数」となる。さらにクリック課金型のWeb広告ビジネスでは「クリック単価」，「クリック数」となる。その呼称が変われども，基本的にこの構造は変わらない。

図表4－1　売上高の基本構造

（1）単価と個数，構造分解するべきは？

　さて，単価と個数というこのシンプルな分解で十分だろうか。
　事業計画を作る際には，「無知の知を見極めること」が大事である。「どこまでわかっているか」を認識しなければならない。この売上構造についてもう少し整理するとき，上記の単価と個数，どちらを分解すればよいか。
　前述通り，「施策につながるかどうか」の視点で見るべきである。そう考えた場合，**個数を分解する**のがよいだろう。
　何故単価ではなく，個数なのか。「一つの商品・サービスでも複数のプライシングメニューを提供するケース」を考えれば，分解するのは単価ではないか。
　明確に言えることがある。同じ類の商品でも，100円のものを買う顧客，1,000円のものを買う顧客，10,000円のものを買う顧客，100,000円のものを買

第4章　トップラインを考える　115

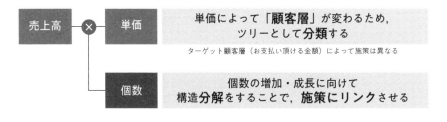

図表4-2　単価は分類し，個数を分解する

う顧客，全て異なる。それゆえ，**単価が異なれば，販売アプローチが異なるの**だ。

極端な例かもしれないが具体例で考えてみよう。
200円のチョコレートと2,000円のチョコレートがある。200円のチョコレートはコンビニエンスストアやスーパーマーケット等で買える。一方，2,000円のチョコレートは，通常は百貨店や専門店などで買うことになる。
単価が違うと，販売チャネルがそもそも異なるのだ。同じ顧客層が両方買う場合もあるが，同じ顧客であったとしても「目的が異なる」ため，売り方・訴求の仕方も変わるであろう。

B2Bでも同様である。月額利用料3,000円のB2B SaaSプロダクトの場合，テレビCM，Webマーケティング等で集客ができるかもしれない。一方，月額100,000円を超えるようなB2B SaaSサービスは，何かしらの方法が必要だ。例えばランディングページやオウンドメディアで見込み客が検索でたどり着けるようにしたり，ウェビナーやセミナー，展示会等で集客によって見込み客を獲得したりした上で，営業メンバーによる営業・商談を通じて契約に至るプロセスを構築するであろう。
具体例でイメージをお伝えしたが，言いたいことはシンプルに一つ。
「価格が違えば売り方が変わる」

そして，売り方が変わるということは，施策が変わる，ということだ。

だから単価は分解するのではなく，分類するのだ。

価格は分類し，個数は（構造）分解していく。個数を分解するということは，「売り方」，つまり施策を明確にしていくプロセスそのものだ。逆に同じプロダクト・サービスでも価格帯が桁レベルで違うプロダクト・サービスは分けて考える方がよい。

Ⅲ 収益構造分解法（KPIツリー構築法）

収益を個数・販売数を起点に構造分解することが重要であることについて，おわかりいただけただろうか。では，どのように収益構造を分解していくかを解説したい。

なお，この方法は事業家や経営者が「経験を重ねて自然にできるようになっている」事業家や経営者も多い。しかし，自然にできるようになった場合，言語化・体系化が難しい。

結果，世の中に出回る「KPIツリーの作り方」という記事・書籍のほとんどが誇大広告だ。「ECのKPIツリー」「SaaSのKPIツリー」などのテンプレート的なものがせいぜいだ。多くのビジネスパーソンは，このテンプレートをチューニングする羽目となる。

しかし，テンプレートは応用が効かない。そこで，テンプレートに頼らずとも自身が取り組む事業の収益構造をゼロから作れるような手順，収益構造分解法を考案した。KPIツリーや事業計画などに強い経営者・事業家の考えていることを構造化・体系化したものである。この収益構造は，後段で解説するKPIについて思考を深めていく際に必要となる。別の表現で言えばKPIツリーである。

（1）収益構造分解理論の全体像

収益構造の分解を進めていく上で，基本形と作法を踏まえた5ステップを紹介する[2]。

① 収益構造を分解するときの基本形
② 基本形を組み合わせるための基本作法
③ 以上を踏まえた分解の5つのステップ

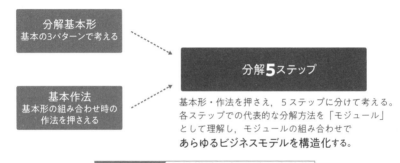

図表4-3　収益構造分解理論の全体像

（2）分解基本形

収益構造の分解は，次の3つのパターンに集約できる。

2　大仰な命名であるが，KPIツリーの設計について，科学的なアプローチを模索した。ここでいう「科学」は，カール・R.・ポパーのいう「反証可能性（観察や実験の結果によって否定・反駁される可能性を持つこと）」を基本条件とすることを言う。つまり，本理論は，従前の筆者の知識，経験に基づき体系化し，すでにさまざまな事例に適用してきたが，読者の皆様の事例に照らし合わせることによって反証可能性を有する。またそれによってより発展・進化する余地も残す。（カール・R.・ポパー著，大内義一他訳『科学的発見の論理（上）』（恒星社厚生閣，1971年7月）

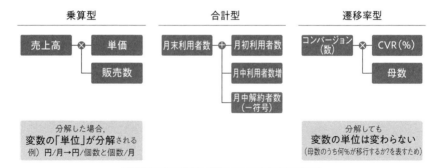

図表4-4　収益構造の分解基本形

乗算型

2つの変数の乗算に分解するタイプである。

例）・売上高＝単価×個数
　　・店舗売上高＝各店舗平均売上高×総店舗数

合計型

下階層の構造を合計する場合に使う。いくつかの流入チャネルからの見込み客を合計する，等が例としてはわかりやすい。場合によっては「解約数」のように引き算もあることに留意したい。

例）・総売上高＝既存顧客売上高＋新規顧客売上高
　　・総利用者数（サブスクリプションビジネスの場合）
　　　　＝月初利用者数＋新規利用者数＋解約者数
　　・見込み客数＝Web流入見込み客数＋セミナー経由見込み客数＋…[3]

3　事業が進捗してくると，流入チャネル毎にその後の動き（商談での反応や結果としての成約率・受注率など）が変わるなど検証して判明した場合は，流入チャネル毎により詳細な構造を作り分ける場合も想定できる。

第4章 トップラインを考える　119

遷移率型

最後に遷移率型が挙げられる。

例）　・売上高＝手数料率×取扱高
　　　・新規顧客数＝受注率×提案数
　　　・アクティブユーザー数＝アクティブ率×総ユーザー数
　　　・解約数＝解約率×月初利用者数
　　　・ランディングページ経由見込み客数＝CVR[4]×ランディングページ訪問者数

　計算自体が「乗算型」と同じなので混同する可能性はあるが，決定的に違うポイントは「単位」である。乗算型は，単価×個数のように単位で見ると「円/個」×「個数/月」で計算結果である売上高（月次）は，「円/月」となる。

　一方で，遷移率型は，何かしらの母数に対してどれくらいの対象が，想定する行動を起こすかだ。単位は母数に準じるため変化はない。そして乗算されるのは「●●率」となる。したがって乗算型とは前提としているロジックが異なる。したがって設計するロジックとして分類した方がよいと帰結し，乗算型と区別した。

（3）基本作法

　上記の分解基本形パターンを組み合わせる際，2つ作法がある。

一つの階層に複数の分解基本形パターンを併存させない

　一つの階層に前述の分解基本形（乗算，合計，遷移率）を複数混在・併存させない方がよい。

4　CVR＝Conversion Rateで対象が目的とする行動をとってくれる割合を指す一般的な言葉。

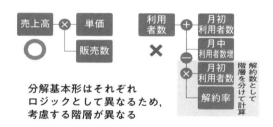

図表4-5　分解の基本作法：分解基本形を一つの階層に複数併存させない

　例えば，SaaS等で，利用者数を算出する際に，利用者数の中に並列で解約率と月初利用者数の乗算を入れてしまうと構造がわかりにくい。

　図表4-5の右の場合であれば，階層としては解約数にし，その下の階層で解約率×月初利用者数と設計するのがよい。これはわかりやすさだけでなく，計算設計上の注意も兼ねる。

　例えば顧客数等は基本的には整数となるものと想定する。表計算ソフトなどで，四捨五入・小数点以下切り上げ／切り下げなどの操作をどこで行うか，計算結果が異なる場合が出てくる。こういったことを防ぐためにも同一階層に異なる分解基本形を混在させない方がよい。

階層間で，きちんと四則演算で結合できる要素に分解する

　例えば，KPIとしてNPS[5]等を置いている場合などもある。NPS自体が売上高に直接的に寄与するわけではない。「直接」というのは，NPSが例えば1.0ポイント改善したら売上高が100万円上昇する，というようなことは計算できない，ということを指す。

　もちろんメトリクスとして重要となる局面はある。あくまで先行指標，モニタリング指標となる。売上高などを起点に収益構造を分解する場合は，四則演算（＋－×÷）で分解することを想定したい。さもなければ，各要素が変動した際，売上高やその先の利益がどう変わるかわからなくなってしまう。

5　Net Promoter Score：商品・サービスに対するお客様の信頼・愛着，つまり顧客ロイヤルティを測る指標。

図表4-6　分解の基本作法

　ただ，前述の通りNPSのような収益構造に直接四則演算で接続できない指標を重要な指標として位置づける場合もある。その場合は，継続的に計測することで，四則演算で分解した各要素のどこに寄与し，相関が高いかを導いていくことが重要となる[6]。

Ⅳ　収益構造分解の5ステップ

　以上の基本形と作法を踏まえ，収益構造分解の進め方を大きく5ステップ・フローチャートに整理する。

　目的を見失わないようにトップライン（＝売上高）から分解していこう。売上高を起点に，5ステップ，5つの質問に答えて，その答えに応じたパターンを組み合わせていけば（例外はあるが）ほとんどのビジネスモデル・業種の収益構造・KPIツリーを設計していくことができる。

　その5段階で，どのようなステップがあり，それぞれどういうパターンがあるか。そのパターンをモジュールとして捉えて，組み合わせていくことで収益構造を設計していくことができる。

---

[6] 統計を学ぶ上では常識ではあるが，相関関係と因果関係は区別したい。統計的因果推論についての研究も進められているので，意志をもって計測していくことで因果関係も導いていくことができるであろう。

基本的な考え方としては，まずは図表4-7の通りに作成した後で詳細の論点を付け加えていくべきである。

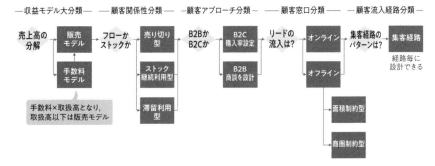

図表4-7 収益構造分解のステップ全体像

（1）収益モデル大分類

Q：収益モデルは何か？
→販売モデル or 手数料モデル

売上高分解の原則は，まず単価×個数（販売数）ということは前述の通りである。これを販売モデルとする。もう一方のパターンが手数料により収益を上げる手数料モデルだ。

販売モデル

販売モデルは単価×個数で表現される。単純に販売する単価を決めて，何個販売するか。シンプルだが，基本的にはほとんどのビジネスがこの販売モデルを取る。

手数料モデル

手数料モデルは自社が提供しているプラットフォーム上で顧客間で取引が行

われることを想定する[7]。顧客間で行われた取引に対して**手数料率**を掛けて算出された金額がプラットフォーム運営側の売上・収益となる。

例）
　CtoCの取引アプリ：出品者の出品した商品を別のユーザーが購入する。この購入時の売上に対して，アプリ運営側が手数料を得る。
　旅行サイト：旅行サイト上でユーザーが宿泊先ホテル等を予約する。予約して実際に宿泊がなされたときに手数料が発生する。
　人材紹介：求職者と求人企業をマッチングさせて，成約した際に成功報酬を紹介会社が得る。

ただし，よくよく理解を進めると，このプラットフォームモデルも，もう一つ分解すると，顧客間の「平均取引単価」×「取引数」となるため，販売モデルに帰結する。

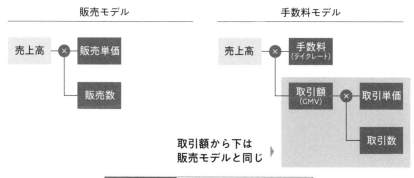

図表4-8　収益モデル大分類の構造

追加論点として，販売単価は基本的に設定次第である。ただ，業種によっては販売単価を分類ではなく分解して整理することもある。

---

[7] 手数料が手数料率で設定される場合を想定しているが，サービスによっては一律手数料が定額で設定されているサービスも存在する。その場合は販売モデルで手数料×成約数で考えるのがよい。

小売ビジネス等の場合：

平均顧客単価（円/人）＝平均商品単価（円/点）× 平均購入点数（点/人）

　複数の商品を扱うため，商品全体の「平均商品単価」と顧客がその商品を何点購入するか「平均購入点数」に整理する。そして，これを掛け合わせて顧客が購入する「平均顧客単価」を考える。商品点数も多いため，個別で分類するのではなく，店舗単位で「平均購入単価」を出して考える小売店が多い。

　飲食ビジネスの場合は小売りに近いが，フードとドリンクで単価や原価が違うので，さらに分類して考える場合もある。小売店や飲食店等は，さらに営業日（平日，週末・祝日）の分類と，営業時間（朝・昼・夜）の分類を行う[8]。

チェーン展開の場合：

総売上高＝店舗タイプＡ売上高×Ａ店舗数＋店舗タイプＢ売上高×Ｂ店舗数＋…

　チェーン展開は，小売・飲食ビジネスが中心だ。事業計画は店舗の分類が重要となる。店舗のタイプを一定の軸（わかりやすいのは平均顧客単価）で類型化し，その類型毎の店舗平均売上高と店舗数でシミュレーションをする。そして，時間と体制があればさらに詳細に検討を深める。

　チェーン展開では，事業成長は基本的に店舗拡大を伴う。したがって，将来計画を作成する際は，前述の店舗類型に対して，各期間でどの程度店舗投資を行っていくか，増やす店舗数が変数となる[9]。なお，店舗の場合は次章で説明す

8　実際，筆者が小売ビジネスのCFOとして活動していたときは平日と土日・祝日で全く顧客の入りも異なった上，単価も変わった。したがって，事業計画を作る際も各月の「平日の数・土日祝の数」を前提条件として組み入れていた。さらにリアル店舗の場合は，天候にも左右されるので，日本では梅雨・台風の季節性も考慮して事業計画を考えていた。

9　実際，筆者が小売ビジネスの買収検討で事業計画を作成した際，現状の店舗を大まかに分類（そのときは大型，中型，小型店舗で分類した）し，各店舗類型をこの先，どのように増やしていくか，投資店舗数を変数として事業シミュレーションを行った。店舗ビジネスを確立している企業では，解像度をある程度高く保つため，計画であっても店舗単位の事業計画を作成し，集約して管理しているケースが多い。

第4章　トップラインを考える　125

るようにコスト部分についても合わせて連動するシミュレーションを設計する
必要がある。

（2）顧客関係性分類

Q：顧客とはどのような関係性か？
　➡売り切り型 or 継続利用型 or 滞留利用型

　顧客関係性分類で言うとシンプルに売り切り型か継続利用型か滞留利用型か
の3タイプである。

▌売り切り型

　最もシンプルであるが，一度販売して一旦，顧客関係性が終了する。

　リピート利用等も考慮する場合もある。

▌継続利用型

　自社サービス・商品を継続的に利用してくれる契約形態，いわばサブスクリ
プション型を表す。

　この場合は，単価が「**月額利用料**」であり，個数が「**利用ユーザー / アカ
ウント数**」となる。売り切り型と違って，前月の利用者数に加えて当月の新規
利用者数（増加）を加算する。また，利用停止，つまり解約も想定されること
から，**離脱率・解約率**（Churn Rateと言う）を設定し，月初利用者数のうち
どれだけ解約したか解約数を考慮する必要がある。

▌滞留利用型

　滞留利用型は，顧客が滞留するプラットフォームの上で，顧客の何らかの購
買行動を想定するビジネスである。

　ソーシャルゲームを想定するとわかりやすい。ゲームアプリを自身のスマー
トフォンにダウンロードし，無料で利用できる部分がある。そのゲームが面白

いと感じて，何かしらの課金要素に対して課金することによってゲーム提供者は収益を上げる。

サービス提供側からすると，その時点での**購入率**も指標として見るが，そのゲームアプリを実際に利用しているユーザー，つまり総ユーザー数×**アクティブ率**で算出される**アクティブユーザー**がどれほど存在するか，も重要な指標となる。

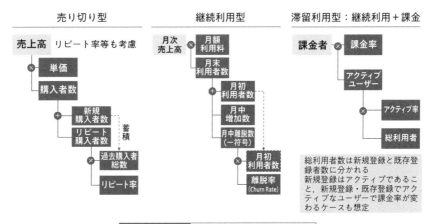

図表4-9　顧客関係性分類の構造

追加論点として，顧客関係性においては，**フリーミアム**と**フリートライアル**という論点も考えられる。特にWebプロダクト等では，フリーミアム（限定的機能を無料で使える）やフリートライアル（お試し期間中無料で使える）を設定していることが多い。一定，顧客が自分で使えることを想定し，顧客が使ってその価値を実際に感じるようであれば有料化していくというプロセスを組み込むものだ。

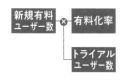

図表4-10 フリーミアムとフリートライアルの構造

　フリーミアムの場合，無料ユーザーを集めて有料化率などを設定すればよい。計算に利用する無料ユーザー数は「月初無料ユーザー数＋月中新規無料ユーザー数」とする。解約数と「新規有料ユーザー数」（無料から有料化したユーザー数）を差し引いて月末無料ユーザー数を求めるためである。

　フリートライアルの場合，利用開始したユーザーに対して同じく有料化率を設定する。有料契約に至らなかったユーザーをどう扱うかには考慮が必要となる。無料プランがあり，かつ無料ユーザーとして残るならばその総数に戻すが，ない場合は手前のリード数などに戻す。

　顧客の状態管理や，決済方法に関連したツール・仕組みがこのあたりから必要となる。つまりは，費用が発生する。

　事業計画上，初期段階ではあまりに細かい部分は無視してよい。売上高規模が10億円を超えれば，事業計画や予実管理の運用上も配慮すべきである。手数料1％であったとしても，売上高に対して1,000万円の費用が発生する。メンバーを一人採用できる程度のインパクトがあるのだ。

（3）顧客アプローチ分類

> **Q：見込み客に対してどのようにアプローチするか？**
> ➡B2C型 or B2B型

　顧客アプローチ分類とは，シンプルに見込み客に対するアプローチで2タイプに分類できる。実際に自社商品・サービスを直接売り込む際に**営業活動・商談プロセスがあるかどうか**で考える。

B2C型

　基本的には見込み客を一定数獲得した時点で，あとは購入率を考慮して考えるシンプルなものが中心になる。ECなどであれば，カゴ落ち率等を考慮してもよい。

B2B型

　B2Bの場合は基本的に営業，つまり商談プロセスを想定するであろう。

　THE MODEL[10]で一般的になってきたが，商談プロセスを分解して，各ステージ毎の顧客の状態を想定・設計してどのようにアプローチしていくかを作り込むものだ。

　ソリューションなどでは最初に顧客課題のヒアリング等からスタートし，プロダクトやソリューションのデモを実施し，最終的な提案につなげる。何かしらの設備・ハード系のものであれば「試運転」等のプロセスや詳細の見積もりプロセスも設定した方がよい場合もある。

　便宜的にB2CとB2Bで分類した。相手が消費者・個人であっても高額な商品・サービス（不動産や家屋，自動車，ブライダル等）の場合，商談プロセス

10　福田康隆『ザ・モデル——THE MODEL』（翔泳社，2019年1月）

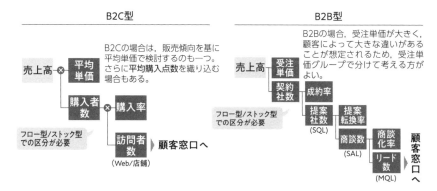

図表4-11 顧客アプローチ分類の構造

が発生する。

追加論点

　まず，顧客管理としてのSFA[11]ツール等の検討がある。商談・営業プロセスが存在しうる場合は，一定初期からSFAツール等の活用も検討したい。

　また営業人員の考慮もある。営業プロセスが存在しうる場合は，さらに「営業を実際に推進する営業担当者」が必要となる。そのため，実際に商談がどのように行われているか，より具体的に表すならば「商談に要している時間（準備時間を含む）」と想定就労時間から「必要な人員数」を割り出していく（コストの考え方も含めて次章において追加で論じたい）。

11　Sales Force Automationの略で営業支援システムを指す。日本企業でDXが重要と叫ばれて久しいが，大手上場企業の営業部長が「SFAを営業コミュニケーションツール」として位置づけて理解していることを知り，愕然とした覚えがある。SFAツールは営業プロセスを科学的に検証・構築するために，営業プロセスのデータを可視化して改善を回していくためのツールである。「過去SFAツールを入れてコミュニケーションが希薄化してしまった」と嘆いていたが，こういう方がまだまだ日本の大手企業に多いことを知る度に，筆者はこう思ってしまう。「日本は伸びしろがすごい」と。基本的に筆者はポジティブ思考である。

（4）顧客窓口分類

Q：見込み客はどのような経路で現れるか？
➡オンライン型 or オフライン型（オフライン型の場合：面積制約型 or 商圏制約型）

顧客がどういう経路を辿って購入の意思決定プロセスに入るのか。経路自体の分類は次の顧客流入経路分類で詳述するが，各経路を辿って最初に直接接点を持つのが店舗なのかそれ以外かで分類する。

┃オンライン

基本的にオンラインの場合は，この後の顧客流入経路をまとめて，商談なり，購買プロセスに乗せていくイメージを持てればよい。初期的には，顧客流入チャネルを一本化して上位のプロセスにまとめるとよいが，徐々に検証が進んでいくと顧客流入チャネルごとに，その先の購入率・成約率などの差分が出てくる可能性もある。その場合は，流入チャネル毎に分けてプロセス分解をしてより詳細に設計・管理していくことを考えてもよいだろう。

┃オフライン（店舗）

オフライン，シンプルに言うならば店舗を構えているビジネスである。

一概に店舗といっても，よくよく観察すると2タイプに分けることができる。顧客を獲得する「制約条件」の観点で分類し，**面積制約型**と**商圏制約型**で分類できると考えている。もう少し具体的に表すと，「座席があるかないか」で区別しているのである。座席がある場合，顧客数が座席数以上は座れない。座席数という制約を受けるのだ。面積制約型は座席があり，商圏制約型は座席がないモデルとして区別する。

面積制約型

飲食店や美容院等，店舗内に座席があり，顧客数がこの座席によって決定されるタイプの店舗を考える。そうなると座席数は固定となるので，稼働率（実際に顧客が来店し，座席を専有する割合）と，回転数（営業時間内に何回顧客が入れ替わるか）で見る。

なお，回転数は，顧客当たりの平均滞在時間と店舗の営業時間から考えて，以下の式で考えるとよい。

$$回転数 = \frac{店舗の営業時間}{顧客の平均滞在時間}$$

美容院などであれば，一定サービス提供を基準に決まっているであろう。一方，飲食であれば，ランチの時間帯とディナーの時間帯で異なるであろう。

商圏制約型

飲食等とは異なり，座席数の制約を受けない一方で，その**店舗の立地**等がより大きな制約条件になるビジネスである。スーパーマーケット等であれば，その周辺の人口動態・世帯数等から，どれくらいの顧客行動で考えればよいかを考える。一方で，アパレル等であればその地域の滞留人口，何かしらの商業施設の中に入居する場合はその商業施設の平均利用者数から考える。そのうちどれくらいの顧客が入店するか（入店率）で考える。

以上から，「商圏」が重要となるため，商圏分析を行う専門サービス等を利用することも想定される。

言わずもがな，店舗には賃料の他，什器，レジ，内装工事費，敷金等の初期投資が必要となる。また追加で人件費も必要であろう。賃料については，商業施設内の場合は，固定賃料だけでなく，売上高に応じた賃料も発生する。事業計画上，よくよく試算したい（改めて次章で詳細を論じる）。

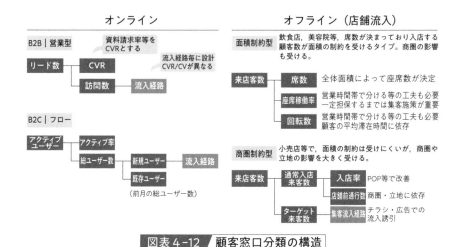

図表4-12　顧客窓口分類の構造

（5）顧客流入経路分類

> Q：見込み客に対しどんな集客施策があるか？
> ⇒メディア型 or 発信型 or イベント型を基本構造として詳細分解・組み合わせ

　最後に見込み客をどのように集めてくるかである。どんな事業でも常に複数の集客方法がある。そして事業のステージ，進捗によってもおそらく優劣等も考えられる。

　本論についての詳細は，私の手に余る。なぜならばマーケティングの世界であり，優れた先達が数多いるからだ。したがって，実際のマーケティング施策の推進，優先順位については他書に譲る。本書ではあくまで「事業計画として表現する上での考え方・構造化」に絞る。

　収益モデルを構造として構築していく上では，マス広告を除く集客施策については，**メディア型，発信型，イベント型**で分類した[12]。

12　この分類は，前章で語った通り事業計画の最小単位を月次で設定していることを前提としている。

分類しているが，実際には，この組み合わせで事業計画を作り上げていくこととなる。

 メディア型　　自社運営のメディアへ誘導し，リード化する　　LP，オウンドメディア，SNSと上記へのアクセスを増加させるSEO・SEM及びWeb広告

 発信型　　何かしらの情報発信を通じて顧客接点を作り，リード化する　　ウェビナー/セミナーの他，メールマガジンやDM・チラシ等

 イベント型　　何かしらのイベントへの出展・自社企画を通じてリードを獲得する　　展示会出展・カンファレンスの企画・実施

図表4-13　顧客流入経路の大分類

では，一つひとつ理解を深めていきたい。

メディア型

メディア型は主に自社の窓口へ誘導し，見込み客を創出する集客施策となる。

例）自社サイト，ランディングページ（LP），オウンドメディア，SNSの企業ページ，商品ページなど

ここは自然流入（オーガニック）と広告流入（ペイド）にさらに分類できるが構造的には「インプレッション[13]数」に対して，見込み客の流入窓口である自社サイトやLPなどにどれほど流れ込んできたかを構造的に表現する。インプレッション数に対して，CTR[14]を乗算してクリック数を算出する。そのクリック数に対して，そこから実際に問い合わせをしてくれる，資料をダウンロードしてくれるなど目的に応じた行動を起こす割合であるCVR[15]を乗算し

---

[13] Web広告や記事コンテンツ，SNSなどが表示された回数
[14] CTR：Click Through Rate，広告がユーザーにクリックされた割合
[15] CVR：Conversion Rate，ユーザーにとってほしいアクションを実際にユーザーがとってくれる割合

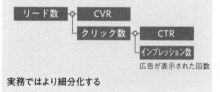

図表4-14　メディア型の基本構造

て，見込み客（リード数）を算出する。

　オーガニックでインプレッション数を増やすには，SEO対策など関連するキーワードの検索をなされた際に自社の窓口が検索結果の上位に表示されるようにすることによって流入が増える。ペイドでは，実際にWeb広告・SNS広告等に広告費を投入することで，インプレッションを増やす。もちろんここでWeb広告・SNS広告等を設定している場合は広告宣伝費が発生するのだが，コストについては改めて次章で取り上げる。

　事例では，シンプルに2階層で表現しているが，実際には複数の組み合わせで表現される。

　次の図のように，ランディングページのインプレッションに対して，Web広告・SNS広告で獲得したインプレッション数を合計して接続する。

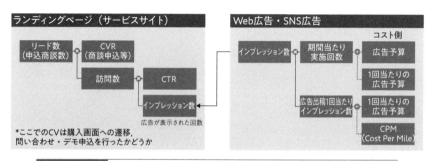

図表4-15　Web・SNS広告からランディングページに至る構造例

発信型

発信型は，企業側から何かしらの行動を積極的に行うことで，見込み客を創出する集客施策である[16]。

> 例）セミナー / ウェビナー，メールマガジン，ダイレクトメール，チラシなど

発信型では，事業計画の最小単位である「月次」内で行われた**実施回数も変数**となる。月内にセミナーやウェビナーを何回実施するか，ダイレクトメールやメールマガジンを何回送付するか。この実施回数の最適値を模索・検証していくことも重要となる。

目的によって使い分けをしたい。新規の見込み客を獲得する手法や，既存の見込み客に対しての再認知を狙う手法なのか。

セミナーやウェビナーは両方に使える。メールマガジン等は既存の見込み客に対する再認知を狙う手法となる。

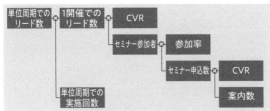

図表4-16　発信型の基本構造（セミナータイプ）

16　本質的にはメディア型と発信型は分類しなくてもよい。なぜならばメディア型もWeb広告を出稿する，ということは発信型の定義に同じく「何かしらの行動を積極的に行うこと」と変わらないからだ。これは前掲注12で記載の通り，事業計画の最小単位を月次で置いたことによる。一定規模の企業であれば，Web広告などは月次の予算を設定し，日次で，もしくは1日の中でも調整をしている。もし事業計画を日次単位で作成するならばメディア型も発信型も同じに扱わなければならない。本書では，事業計画の最小単位を月次とした上で，月次の範囲内での行動量が変数として表れるという観点で，発信型を取り扱っている。

以前ではオフラインセミナーを主催することが多かったが，現在ではウェビナーも一般的となったため，コストも安く行うことができる。ウェビナーでは，自社だけで開催する場合もあれば複数社で共催することも多い。

┃イベント型

最後にイベント型の集客施策を紹介したい。こちらは前述の集客施策と違い，定期的に行えるわけではない。

> **例）** 展示会出展，カンファレンス企画・実施

イベント型の特徴としては1～2日等のイベント開催期間中に，イベント規模にもよるが1,000人単位の見込み客を獲得しうる集客施策であることだ。

では展示会出展とカンファレンスではどう違うか。展示会は，特定のテーマに沿って，大規模なイベント会場で定期的に行われる。出展ブースに応じた出展料が発生する。出展料以外にも什器類の準備や当日の応対スタッフの手配等も必要となる。チラシ，ノベルティ等の販促物の準備も必要となるであろう。それでも「一定の目的に沿って集まる見込み客との接点を多く設計できる」という点で，活用の余地がある。

一方，カンファレンスは，自社もしくは複数社共催にて，特定テーマに沿ってカンファレンスを開く手法である。展示会と異なり，開催日を自社で設定できるが，大規模なカンファレンスほど，全体の企画運営に相応のリソースが必要となるため，高い頻度で行えるわけではないだろう[17]。しかしながら，展示会以上に自社が主体となるため（共催であったとしても）十分なプレゼンスを，カンファレンス参加者・来場者に印象づけることができるであろう。

17　筆者も，新規事業や事業計画・予実管理に関するカンファレンスを自社主催でやりたいという熱い想いを密かに心の内に秘めているのだが，そんなマニアックなカンファレンスに果たしてどれほどの方が来てくださるのか…。

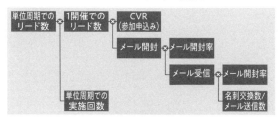

図表4-17　イベント型の基本構造

（6）集客施策の組み合わせ例

　集客施策では複数の集客施策を組み合わせると説明した。シンプルなものも例示したが，もう一度全体を通じて見ていきたい。

　例えばセミナー／ウェビナーの場合を見たい。集客については，既存の見込み客[18]への再認知のため，メールマガジン等で案内する。共催セミナーの場合は，共催企業同士でお互いのハウスリストがお互いにとっての新規の見込み客となる。さらにお互いにとっての見込み客獲得を狙って，追加でWeb広告を出すことも考えられる。本企画をイベント告知プラットフォーム上で行っている場合は，同プラットフォーム側で広告メニューが用意されている場合もあるので活用することも考えられる。

　以上から，本企画を通じた構造は次のようになる。

　実際には，ハウスリスト経由の再認知の見込み客と，新規の見込み客では，その後の商談の進み方に傾向の違いが表れるかもしれない。その点も含めて計測し，検証することで，次の施策・打ち手につながるであろう。

18　既存の見込み客のリストをハウスリストという。

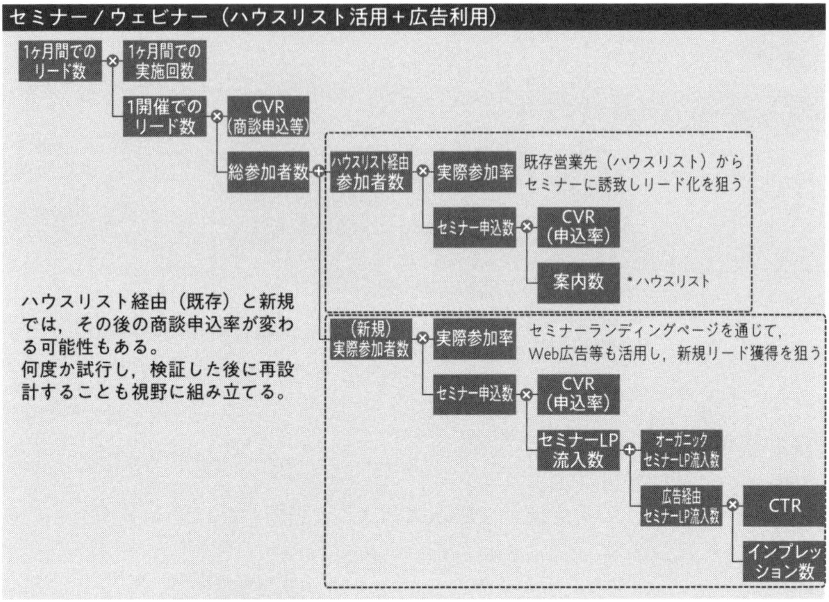

セミナー／ウェビナー（ハウスリスト活用＋広告利用）

1ヶ月間での
リード数 ⊗ 1ヶ月間での
実施回数

1開催での
リード数 ⊗ CVR
（商談申込等）

総参加者数 ⊕ ハウスリスト経由
参加者数 ⊗ 実際参加率　既存営業先（ハウスリスト）から
セミナーに誘致しリード化を狙う

セミナー申込数 ⊗ CVR
（申込率）

案内数　＊ハウスリスト

ハウスリスト経由（既存）と新規
では，その後の商談申込率が変わ
る可能性もある。
何度か試行し，検証した後に再設
計することも視野に組み立てる。

（新規）
実際参加者数 ⊗ 実際参加率　セミナーランディングページを通じて，
Web広告等も活用し，新規リード獲得を狙う

セミナー申込数 ⊗ CVR
（申込率）

セミナーLP
流入数 ⊕ オーガニック
セミナーLP流入数

広告経由
セミナーLP流入数 ⊗ CTR

インプレッ
ション数

図表4-18　セミナー／ウェビナーの構造例

BOX

●●率は計画作成時と予実管理時で取り扱いが異なる

　手数料率を除けば，アクティブ率や成約率，解約率，CVRなどは計画時には一定仮説として設定します。例えばアクティブ率はアクティブユーザー数＝アクティブ率×総ユーザー数です。一方，予実管理では結果としてのアクティブユーザー数と総ユーザー数がデータとして取得でき，逆算してアクティブ率を算出します。この点，計画作成時と予実管理時ではフローが異なるので，ご留意ください。

集客施策の派生系（代理店・取次店）

集客施策では，さらに**代理店**や**取次店**を活用する場合もある[19]。代理店はまさしく，商品・サービスの販売を自社の代理で推進してくれる主体であるため，紹介される顧客は見込みを超えて，成約済み，もしくは限りなく成約に近い状況の顧客であるとしてよい。なので，接続先としては「新規顧客数」となろう。ただし代理店との契約次第では単価が異なる場合もあるので，構造的には通常フローと分けることも考えた方がよい場合もあろう。

一方，取次店は「取次（≒紹介）」なので，見込み客に商品・サービスを紹介してくれる。そこで興味を持ってくれた見込み客を当社に紹介してくれる，というプロセスとなり，商談自体は当社が行うことになる。

この観点で言えば，インサイドセールス[20]代行（毎月一定程度の範囲内でテレアポ等を代理で行ってくれる）も取次店に分類してもよいであろう。

---

19 筆者が親交を持つ，経験豊かなベンチャーキャピタリストの方が，「最初から代理店・取次店を活用することを前提にしたビジネスを考える起業家は信用できない」と語っておられたのが印象的だ。「起業家自身に売れないものを他人が売れるわけがない」「起業家自身が売って，顧客から直接フィードバックを受けることが初期プロダクトの磨き込みに生きる」という。事業として初期段階のステージの議論ではあるが，筆者も完全に同意するところである

20 前掲注10の『THE MODEL』という書籍で紹介・解説されている。営業ではあるが，主に遠隔（電話やメール，問い合わせフォーム等）を通じてアクセスし，当社商品・サービスに関心を持ったお客様に実際の商談を設定するまでを担う営業部隊・機能を指す。これに対して実際に営業・商談を行う営業部隊・機能を「フィールドセールス」という。

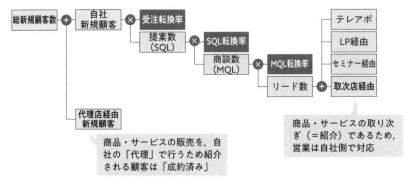

図表4-19 代理店・取次店の考え方

VI さまざまな事業の構造化

では，いくつかの実例で見ていきたい。ここまで紹介した通りの以下の手順に沿って，考えてみたい。

Q1：収益モデルは何か？
　➡販売型 or 手数料型
Q2：顧客とはどのような関係性か？
　➡売り切り型 or 継続利用型 or 滞留利用型
Q3：見込み客に対してどのようにアプローチするか？
　➡B2C型 or B2B型
Q4：見込み客はどのような経路で現れるか？
　➡オンライン型 or オフライン型
Q5：見込み客に対してどんな集客施策があるか？
　➡メディア型 or 発信型 or イベント型

なお，最後の集客施策については，多数考えられるため，本書の解説では一部可能性を示唆するに留めたい。また一旦，売上高から構造化していくことで揃える。

第4章　トップラインを考える　141

（1）ECの場合

さて上記の問いの順番で，「Eコマース（EC）」を考えてみよう。シンプルにECサイト上で自社商品を販売していくことを考えていけばよい。

さて，実際に見ていこう。

Q1：収益モデルは何か？
　➡販売型

Q2：顧客とはどのような関係性か？
　➡売り切り型（滞留利用型の場合も可能性あり）

Q3：見込み客に対してどのようにアプローチするか？
　➡B2C型

Q4：見込み客はどのような経路で現れるか？
　➡オンライン型

Q5：見込み客に対してどのような集客施策があるか？
　➡メディア型（Web広告，SNS広告等），発信型（メールマガジン等）

以上を踏まえて，各問いの答えに応じて紹介した構造を組み合わせていくと，ECの収益構造・KPIツリーがカンタンに設計できる（**図表4-20**）。

いかがだろうか。大切なのは，まずは基本構造を解明することである。基本構造を解明した上で，各要素を深め，基本となる構成要素を解明していく。ここで他の要素を加えたり，補強したりして，基本構造をさらに磨き込んでいく。一点，ECの場合はそのECサイトなりで「会員登録」が必要になる場合もあるため，あえて追加論点として表現しておいた。

まだ少し慣れが必要かもしれない。もう少し練習をしていこう。

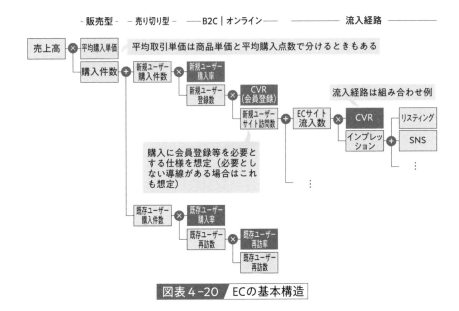

図表4-20　ECの基本構造

(2) B2C SaaSの場合

次はB2C SaaSを考えよう。一般消費者向けに，月額利用料で収益を上げるモデルだ。読者の方々も最低1つや2つは契約しているのではないだろうか。動画配信プラットフォーム等もそうだろうし，家計簿アプリ等も考えられるだろう。古くは新聞，ニュース配信等もカウントできる。

さて，実際に見ていこう。

Q1：収益モデルは何か？
　➡販売型
Q2：顧客とはどのような関係性か？
　➡継続利用型
Q3：見込み客に対してどのようにアプローチするか？
　➡B2C型
Q4：見込み客はどのような経路で現れるか？

➡ オンライン型
Q5：見込み客に対してどのような集客施策があるか？
➡ メディア型（Web広告，SNS広告等）& 発信型（メールマガジン等）

以上を踏まえて，各問いの答えに応じて紹介した構造を組み合わせていくと，B2C SaaSの収益構造・KPIツリーがカンタンに設計できる。

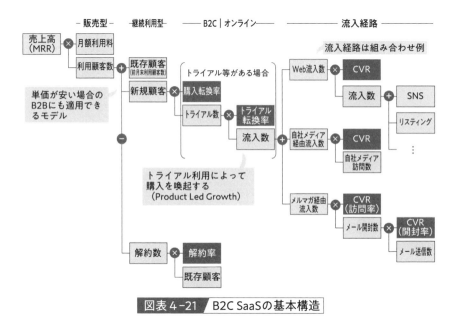

図表4-21　B2C SaaSの基本構造

だいぶ慣れてきただろうか。今回，追加要素としては，トライアル利用を設定したことである。もちろん機能区分を設計することでフリーミアムを組み込んでもよい。また今回はB2C SaaSであるが，B2B SaaSであっても単価が安い場合は適用できるであろう。

（3）B2B SaaSの場合

次はB2B SaaSを考える。基本的には法人向けに，月額利用料を払うものだ。

（2）のB2C SaaSで触れたように，月額利用料が安い場合は，B2C SaaSのような流れも考えられる。しかしながら利用料が10,000円を超えるあたりから，最低限の商談やプロダクトデモが必要になるのではなかろうか。

さて，実際に見ていこう。

Q1：収益モデルは何か？
　　➡販売型

Q2：顧客とはどのような関係性か？
　　➡継続利用型

Q3：見込み客に対してどのようにアプローチするか？
　　➡B2B型

Q4：見込み客はどのような経路で現れるか？
　　➡オンライン型

Q5：見込み客に対してどのような集客施策があるか？
　　➡メディア型（Web広告，SNS広告等），発信型（メールマガジン等）＆イベント型（展示会等）

以上を踏まえて，各問いの答えに応じて紹介した構造を組み合わせていくと，B2B SaaSの収益構造・KPIツリーがカンタンに設計できる（**図表4-22**）。

いかがだろうか？　B2C SaaSに対して商談プロセスが組み込まれたプロセスをイメージすればよい。

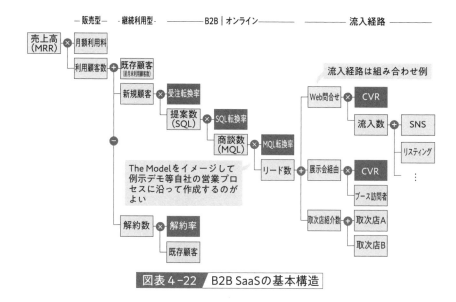

図表4-22 B2B SaaSの基本構造

(4) プラットフォームの場合

次はなんらかのプラットフォームビジネスを考える。つまりは何かしらのコンテンツや商品を有する供給者側とそれを求める消費者側をマッチングさせ，取引が成立したときに発生する金額から手数料[21]を乗算して，自社の売上とするモデルである。

さて，実際に見ていこう。

Q1：収益モデルは何か？
　➡手数料型
Q2：顧客とはどのような関係性か？
　➡売り切り型（滞留利用型（会員）と考えることも）
Q3：見込み客に対してどのようにアプローチするか？
　➡B2C型
Q4：見込み客はどのような経路で現れるか？

21　テイクレート（Take Rate）という。

→オンライン型
Q5：見込み客に対してどんな集客施策があるか？
　　→メディア型＆発信型

　以上を踏まえて，各問いの答えに応じて紹介した構造を組み合わせていくと，プラットフォームビジネスの収益構造・KPIツリーがカンタンに設計できる。

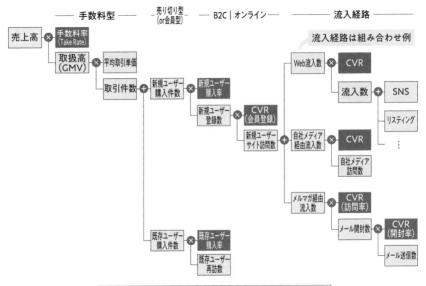

図表4-23　プラットフォームの基本構造

　プラットフォームビジネスといっても，売上高が手数料率と取扱高[22]で売上高が求められる。

　さて，プラットフォームビジネスについては一つ留意するべきポイントがある。今回ご紹介したKPIツリーは，実際事業を運営する上では基本骨子といえども不完全と言わざるをえない。上記は，プラットフォーム上で「購買する消

22　Gross Merchandising Value（Volume）の略でGMVという。

費者側」の目線でしか表現できていないからだ。プラットフォームでは消費者も大事だが，消費者が購入する商品やコンテンツを提供する供給側も重要となる。つまりプラットフォーム，特に2サイドプラットフォームは消費者側だけでなく，供給者側もケアする必要がある。

　魅力的な商品・コンテンツがなければ，消費者がプラットフォームに訪れない。一方，消費者が購入してくれることが見込めなければ供給者側が集まらない。この，いわばエゴとエゴのシーソーゲームをバランスさせていくことが，2サイドプラットフォームには求められるのである。

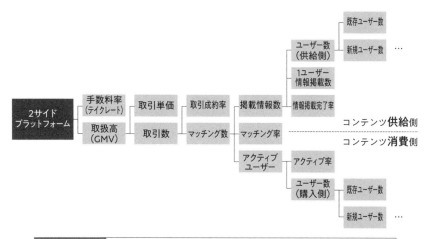

図表4-24　供給側と消費側両方をみる2サイドプラットフォーム

（5）ECプラットフォームの場合

　さて，ECプラットフォームを見ていこう。ただのECではなく，プラットフォームである。これは楽天市場などをイメージしていただければわかりやすい。ノーヒントで考えていただきたい。

　さて，実際に見ていこう。

Q1：収益モデルは何か？

➡手数料型
Ｑ２：顧客とはどのような関係性か？
　　　➡売り切り型（滞留利用型と考えることも）
Ｑ３：見込み客に対してどのようにアプローチするか？
　　　➡B2C型
Ｑ４：見込み客はどのような経路で現れるか？
　　　　➡オンライン型
Ｑ５：見込み客に対してどんな集客施策があるか？
　　　→メディア型＆発信型

　なんだ，さっきのプラットフォームと一緒じゃないか。

　そう，ここまでは同じである。しかし，ECプラットフォームでは，続きがある。ECプラットフォームでは，プラットフォームとしての手数料収入に加え，出店している店舗の「利用料」も売上高になる。これは，まさしくB2B SaaSである。

Ｑ１：収益モデルは何か？
　　　➡販売型
Ｑ２：顧客とはどのような関係性か？
　　　➡継続利用型
Ｑ３：見込み客に対してどのようにアプローチするか？
　　　➡B2B型
Ｑ４：見込み客はどのような経路で現れるか？
　　　➡オンライン型
Ｑ５：見込み客に対してどのような集客施策があるか？
　　　➡メディア型（Web広告，SNS広告等），発信型（メールマガジン等）＆イ
　　　　ベント型（展示会等）

　以上を踏まえて，各問いの答えに応じて紹介した構造を組み合わせていく。プラットフォームとB2B SaaSを組み合わせたKPIツリーが設計できる。便宜的にB2B SaaSは前述のものと重複するので紙面の都合で割愛した。

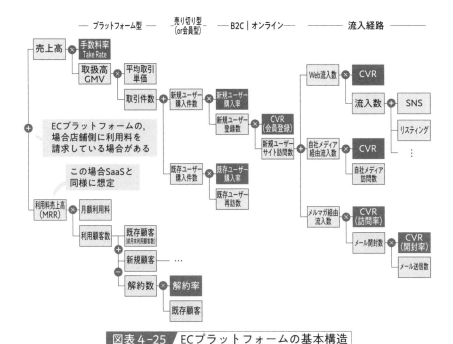

図表4-25　ECプラットフォームの基本構造

（6）小売店の場合

さて，いささかIT領域に偏りすぎたきらいがある。小売店の場合も見ていこう。ノーヒントで考えていただきたい。

Q1：収益モデルは何か？
　➡販売型
Q2：顧客とはどのような関係性か？
　➡売り切り型
Q3：見込み客に対してどのようにアプローチするか？
　➡B2C型
Q4：見込み客はどのような経路で現れるか？
　➡オフライン型（商圏制約型）

Q5：見込み客に対してどんな集客施策があるか？
　➡メディア型 or 発信型

いかがだろうか。以上を踏まえると以下のような基本構造が設計できるであろう。

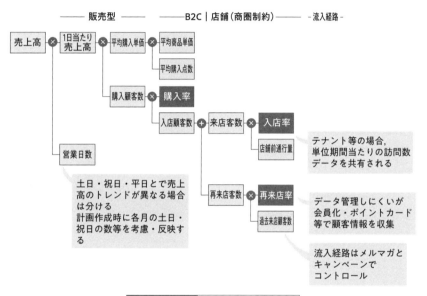

図表4-26　小売店の基本構造

　小売店の場合は，平日・土日・祝日で訪問客の出入りに変化があるため，場合分けが必要かもしれない。そうなると，定数として各月の営業日数の中の平日・土日・祝日の数をカウントしておく必要があろう。

第4章　トップラインを考える　　151

Ⅶ　KPI

（1）事業責任者の本当の仕事

　収益構造・KPIツリーによるビジネスモデルの構造化についてご理解いただけたであろうか。紹介した基本骨子，構造化方法がわかれば，新たなビジネスモデルであっても収益構造を明らかにすることができるだろう[23]。

　しかし，「しっかりした収益構造分解」にあまりこだわる必要はない。ほとんどのビジネスは，いくつかの典型的な収益構造，そのパーツの組み合わせである。このステップに沿えば，一定応用できる状態で収益構造も分解できるだろう。そして新たに収益構造を創造することは，別に事業責任者・経営者の仕事ではないのである。

　私は，事業責任者・経営者にとって本当に大切な仕事は，収益構造を構造化していくことではなく，構造化したKPIツリーに基づき，「何がKPI（＝Key Performance Indicator）なのかを見極めること」だと考えている。

　自社が行う事業にとって，その瞬間のKPIが何か。これは，KPIが事業ステージによって変わっていくことを示唆する。

　SaaS・サブスクリプションビジネスであれば，最初は「新規契約アカウント数」がKPIとなる。

　一定の期間，ビジネスが進んできたときには，解約を止めるために，解約率をKPIとして設定する。解約率が落ち着いてきたら，ARPU（Averaged Revenue Per User，1顧客当たりの平均収益）としてアップセルをどこまで伸ばせるか考える。

　どのタイミングでKPIが変わるかの判断を含めて，KPIの見極めこそが事業責任者・経営者の重要な仕事なのだ。

23　もしそれでも無理なら遠慮なく筆者に問い合わせ頂きたい。

(2) KPIとKGI

基本的な概念ではあるが，念のために整理しておく。

何かしらの事業目標GOALとそのGOALを達成するための要素をCSF（Critical Success Factor）もしくはKSF（Key Success Factor）という。これはいわば定性的な側面を表す。これをそれぞれ定量的に表したものがKGI，そしてKPIとなる[24]。

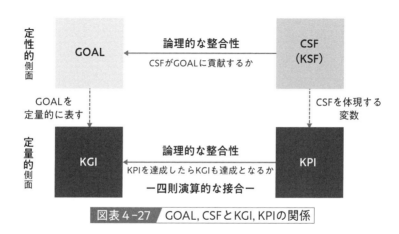

図表4-27 GOAL, CSFとKGI, KPIの関係

 KGI Key Goal Indicator（重要目標達成指標）
最終的な目標数値（売上高や利益額など）

 KPI Key Performance Indicator（重要業績評価指標）
事業の目標（KGI）に対して，重要なプロセス・アクションに対する定量的指標CSFを定量化したもの。

 CSF Critical Success Factor（重要成功要因）＊KSF (Key Success Factor)ともいう。
事業目標達成に向けて，重要となるプロセス。CSFを定量指標に落としたものがKPI。

図表4-28 KGI／KPI／CSFの概要

---

24 中尾隆一郎『最高の結果を出すKPIマネジメント』（フォレスト出版，2018年6月）

またこのKPI設定の要件は次の3つに集約される[25]。

整合性：その設定しているKPIのロジックは正しいか。KPIが達成するとKGIも達成するといえるか。

安定性：KPIとして定めた指標に対して，実績値を安定的に取得・収集することができるか。

単純性：現場メンバーを含めて，チーム全員が理解しやすく，共通認識ができるほどシンプルか。

BOX

「なぜ日本の企業はKPI設定が弱いのか？」という問いに対して

　以前，著名な経営学者の方に「なぜ日本の企業ってKPIの設定が弱いのか？」と質問を受けました。私は「日本の企業がKPIに弱いのは，そもそもその前提であるKPIツリー，収益の構造化ができていないからです」とお答えしました。

　参考文献として提示している中尾氏の著作でも触れられていますが，ダメなKPI設定の典型例として「目の前の重要そうな指標に飛びついて，KPIとしてしまうこと」が挙げられています。

　その指標はたしかに重要かもしれませんが，前提としてKPIツリーができていないと，そもそも設定したKPIの目標が達成したときにどれだけKGI（売上高や利益）が上がるか論理的に計算できません。また構造化ができていないと，例えばKPIを商談件数としたとして，商談件数が増えることで「受注率が下がることもある」ことを想定できないわけです。そうやって，KPI管理に対して間違った姿勢で取り組み，間違った結果を導き，「KPI管理は使えない」としてしまう。私が関わった年商が数兆円規模の会社でも，「KPIなんて知らない」，「KPIツリーなんか考えてない」という営業部長やマーケティング部長がいました。日本企業にはなんて伸びしろがあるのだろう，と筆者は思うわけです。

25　中尾隆一郎『最高の結果を出すKPIマネジメント』（フォレスト出版，2018年6月）

戦略と情熱でトップラインを描く

　最終的に売上高については，事業の責任者である経営者が「どこまでこのビジネスを伸ばしたいか」に依拠する。いろいろ分解すると，どうしても「購入率，コンバージョンレートは●％程度」「解約率は●％」といった業界や業種毎の一定の相場を劇的に変える方法を見つけることは至難の業である。ある程度，そこを制約条件として受け止める必要はあるだろう。

　大切なのは，その制約条件の下，「どんな価値のプロダクトを，どれくらいのお客様に届けたいか」という戦略である。想いの部分が売上計画を考える上での発射台となる。各種制約条件に基づいて，どこを伸ばせば戦略を実現しうるか，それを実現するには何が必要になるか（多くの場合，集客投資や組織体制構築であるが）を考え続けなければならない。

表計算ソフトでの表現方法

　さて，売上高設計について，理論はイメージできたのではないだろうか。ここからは実際に表計算ソフトで表現するときにどう実現していくか，ヒントと具体的な手順を解説する。

（1）基本ポリシー

　月次で作成することを想定する。世の中は広く，私が足元にも及ばないExcelマスターがいる。よりよいテクニックがあればそちらを参照していただきたい。私がExcelで作成するときは以下に気をつけている。

- できるだけ難しい関数を使わない。
- 作成者以外が見ても，計算ロジックを辿りやすくなっている。

第4章　トップラインを考える　　155

「できるだけ難しい関数は使わない」が，以下の関数は活用するので，不明なものがあれば各自検索して基礎についてはExcelの参考サイトを確認してほしい。

- SUM関数（合計する）
- SUMIF関数（条件に一致したセルを合計する）
- IF関数（条件分岐）
- ROUND関数（四捨五入する，派生でROUNDUP関数，ROUNDDOWN関数がある）
- MAX関数（指定した数の中で一番大きい数字を表示する）
- MIN関数（指定した数の中で一番小さい数字を表示する）
- VLOOKUP関数 / HLOOKUP関数
- IFERROR関数（計算エラーが発生する場合の回避処置）

この程度で[26]，あとは四則演算で攻略していきたい。

（2）年月設定

前章で説明した設定シートで，「開始年月」を変数としているならば，参照させてからINPUTシート，OUTPUTシートの行頭に次のように年月・年度を入れておくとよい。

序数(月)	1	2	3	4	5	6	7	8	9	10	11
年	2024	2024	2024	2024	2024	2024	2024	2024	2024	2025	2025
月	4	5	6	7	8	9	10	11	12	1	2
年度	FY05	FY05	FY05	FY05	FY05	FY05	FY05	FY05	FY05	FY05	FY05
年月	2024.4	2024.5	2024.6	2024.7	2024.8	2024.9	2024.10	2024.11	2024.12	2025.1	2025.2
Cash Alert	1,675,300	1,250,600	925,900	601,200	276,500	-48,200	-372,900	-697,600	-1,022,300	-1,347,000	-1,671,700

26　この程度…というが，VLOOKUPとHLOOKUPだけは難しいかもしれない。また財務モデルを作ってきてこられた方はINDEX関数とMATCH関数，そしてその組み合わせがないのが物足りないかもしれないが，INDEX・MATCH・MATCHは初見には相当厳しい。

156

　設定は，主に以下の通りである。

月の設定：開始月に＋１していく。前のセルが12になったら１に戻す（IF関数の利用）。

　関数例）「=IF（前のセル=12，１，前のセル＋１）」

　＊前のセルが12の場合１となり，そうでない場合は前のセルに＋１する。

年の設定：月が１の場合，年数を１増やす（IF関数の利用）。

年月：上記で設定した年と月を「.」でつなぐ。

　関数例）「=年のセル&"."&月のセル」[27]

年度：月が新年度の開始月になったら前の年度に＋１する。

　155頁の図表の通り，Cash Alert（BSの現預金残の数字を表示するようにしておく）など，数字を１-２行追加しておくのもよい。どうあっても縦長になるが，行を固定しておくことで，シートを下にスクロールしたときに「現預金が足りていなかったりしないか？」と見にいく必要がない[28]。

（3）変数設定

　変数を設定する場合は，変数名と単位，そして値を記載するのがよい。値については第３章で語った通り，青字（編集するようであれば薄い黄色の背景色）をつけておくとわかりやすい。

27　CONCAT関数というものも使えるが，関数を覚えてもらうことが趣旨ではないので，&を使う方法を提示した。

28　さらに条件付き書式でキャッシュがマイナスになったら赤字・赤背景になる，空いてるセルに「Cashがマイナスになっている月があります」と表示させるなどの工夫もあるが，このあたりは他書に譲りたい。

第 4 章　トップラインを考える

#	変数名	単位	値
1	販売単価	円/個	1,000
2	月次販売数	個/月	50
3			
4			
5			
6			
7			
8			
9			
10			

筆者の好みであるが単位はやや薄いグレーにして区別している。

（4）変数と計算エリアのつなぎ込み

変数を設定して，いよいよ売上高を計算するときのTipsについて解説する。

こういう変数設定エリアから参照して売上高を計算する場合，売上高のセルに変数エリアから直接参照する人がいる（下表参照）。

それだと，計算ロジックを追いにくいし，あとで編集しにくいので，私としては，売上高の下に参照する変数を一度持ってくることをおすすめしている（下表参照）。

売上高	販売単価*月次販売数	2024.4	2024.5	2024.6	2024.7	2024.8	2024.9	2024.10
		50,000	50,000	50,000	50,000	50,000	50,000	50,000
販売単価	変数参照	1,000	1,000	1,000	1,000	1,000	1,000	1,000
月次販売数	変数参照	50	50	50	50	50	50	50

こうすれば，「売上高は，販売単価と月次の販売数を乗算したものだ」ということが一目瞭然である。取り扱う変数の数が増えてきたときにもこのようにしておくと計算が追える。

さらに私の場合，上表の2列目のように計算ロジックを記載する場合もある。

（5）継続利用型

　継続利用型，例えばサブスクリプションモデルなどでは，当月末の数字を得るために，前月末の数字と当月の変化を加味して計算する。これを一つのセルで完結してはダメだ。計算ロジックが追いにくいし，後で編集[29]をしにくいというデメリットがある。例えばサブスクリプションビジネスのユーザー数の場合，次のように4行で表す。

月初ユーザー数	前月末ユーザー数		0	100	195	285	371
月次ユーザー増数	変数参照		100	100	100	100	100
解約数	月初ユーザー数×解約率（四捨五入）		0	-5	-10	-14	-19
月末ユーザー数	月初+増数+解約数（-）	0	100	195	285	371	452

1行目／月初ユーザー数：その月の始まりのユーザー数。前月末のユーザー数を参照。

2行目／月次ユーザー増数：変数などで設定した，1ヶ月に増えるユーザー数を参照。

3行目／解約数：月初ユーザー数に解約率を掛けた数を計算（減るのでマイナス符号をつける）[30]。

4行目／月末ユーザー数：上記を合計（SUM関数）。

　このように「当月の動きを月初と月末でサンドする」ことで，推移と月内の動きを見やすくすることができる。この方法は，以下のような「月初と当月の動きで月末が決まる」ものに幅広く対応できる。

- サブスクリプションビジネスのユーザー数

- 売掛金・在庫・買掛金

29　例えばサブスクリプションビジネスの場合は月末のユーザー数を求めるのだが，新規ユーザー数の増え方が複数ある場合，毎回セルを編集しなければならない。本書のやり方であれば行を追加して参照するという単純な作業にできる。セルの数式を直接編集しようとするとどうしても計算ミスが起きるものだ。

30　さらに解約数の場合，解約率を掛けるため，どうしても「小数点」が出る。ユーザー数ということで基本的には整数で考えるとするならばROUND関数を使って四捨五入をするなどの処理が必要となる。

第4章　トップラインを考える　　159

- 設備投資（減価償却を考慮する）
- 借入金，資本金
- その他の資産や負債

（6）変数設定応用編

単価や解約率など経年による変更も計画上想定したい。そのときの方法を解説する。まず変数設定エリアにおいて，各年度での入力エリアを準備する。

#	変数名	単位	FY05	FY06	FY07	FY08	FY09
1	月額利用料	円/社・月	3,000	3,000	5,000	5,000	5,000
2	月次ユーザー増数	社/月	100	100	80	80	80
3	解約率	％	5.0%	5.0%	3.0%	3.0%	3.0%
4							
5							
6							
7							
8							
9							
10							

次に計算エリアとなる。ここでは「HLOOKUP関数」を利用する。HLOOKUP関数とVLOOKUP関数は，表の中で指定した場所にある値を持ってくるための関数であり，次のような構成になっている。

HLOOKUP（参照値，参照値を探す範囲，参照先範囲の中で探す行数，FALSE[31]）計算では，まず参照値として年度を参照する。上表では「FY05」と記載されているセルである。このFY05を指定されたエリアで探す。

HLOOKUPは指定されたエリアで参照値がある値を横に探していくと，1列目に「FY05」がある。次に，そのFY05がある列の何行目の値を持ってくるのかを指定する。

今回は月次利用料で，月次利用料は上から2番目の行になっている。変数にIDを振り，ID＋1番目の行を参照するような計算式を組むように私はしている。以上によってFY05で設定している月額利用料を持ってくることができる。

31　FALSEの場合は「完全一致」を指す。

HLOOKUP関数やVLOOKUP関数はよく使う。これを機に使えるようになっていただきたい。

(7) 開始フラグ

スタートアップでは，プロダクトのローンチ時期によって大きくその後の動きが変わる[32]。主要なプロダクトの開始時期自体を変数として置いておく。

欄外に開始フラグ行を設定し，事業開始年・月が事業計画と一致した時にユーザー数などのカウントが始まる形にする。フラグの立て方は，「月日が一致したら"1"を入れる，それ以外は"0"」とする[33]。

実際に関数を組むならば，以下のような考え方がよい。

関数例）「=IF（当月の年月=事業開始年の入力セル&"."&事業開始月の入力セル，1，フラグ列の1つ前のセル）[34]」

＊ただし年月を．（ドット）で接続している場合

---

[32] このあたりは筆者としても苦い思い出がある。
[33] TRUE / FALSEという判定でもよいが，ExcelではTRUE=1，FALSE=0とカウントされる一方，Google Spreadsheetの方では認識しないこともあるのでわかりやすく 0 / 1 のフラグにした。TRUE / FALSEの方がかっこいいが…。
[34] 一度1となったあとはずっと1（フラグが立ち続ける）となるようにするため。

第4章 トップラインを考える

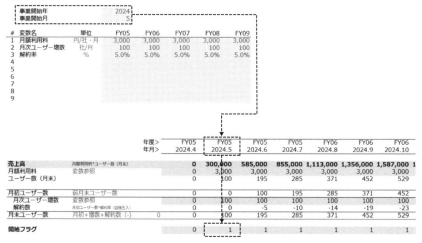

第4章のまとめ

- 売上高を考える場合，施策につながるかどうかで考える。
- 売上高の基本構造は単価×個数であり，個数を分解していくことで施策につなげることができる。
- 売上高の成長をより解像度高く設計するために収益構造／KPIツリーに構造化していく。
- KPIツリーを作る手順があり，パーツの組み合わせでほとんどのビジネスのKPIツリーを作ることができる。
- さまざまな制約条件の下，戦略と情熱で売上計画を考える。

| コラム | CFO時代にメンバーに伝えていたこと |

　私は，起業するまで日本で1社，シンガポールで1社，合計2社でCFOとして経営に携わってきました。特にシンガポールでCFOを担っていたときに，言っていたことがあります。

　トップライン（売上高）はストラテジーとパッション。
　ボトムライン（利益）はファクトとロジック。

　売上高の成長自体は，経営者（チーム）が描く戦略，これを実現しようとする情熱が重要となります。
　一方，利益を考える上では，「コスト」を考えます。このコストは「売上高」の従属変数，つまり必要な売上規模によって一定決まってくるものです。売上に対してどのようなコストが発生するかはファクトとロジックで導き出せるようになります。またそうしていかなければなりません。

　そのため，目指すトップラインに対して，コストは方程式にできるかどうかで考えていく必要があります。次章は，そのコストをどう方程式にしていくかを考えていきましょう。

補論　市場成長の考え方

　やや本書の範囲を超えるが，トップラインをどう伸ばしていくか，つまり成長シナリオの考え方について概要を触れておく。
　大手企業で取り組む新規事業で，「事業規模の壁」を越えられないケースが顕著である。いわゆる「当社の事業規模から考えたら，この新規事業の売上規模は小さいのではないか？」というあるあるである。

（1）市場規模の考え方

これを考えていく上では，市場規模全体を把握しておくとよい。いわゆるTAM・SAM・SOMである。

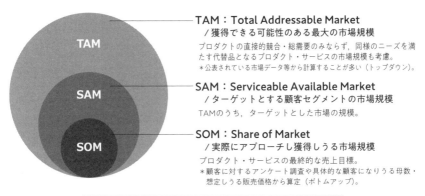

図表4-29　市場規模を示すTAM／SAM／SOM

TAM，SAM，SOM，わかったようなわからないような…ではあるが，SAMとSOMは，自社の事業領域の市場を表し，特にSOMは自社のターゲットとする市場を指す。したがって，一定年数経過後をイメージした「理論的な自社の売上最大規模」となる。

そしてSAMはさらに自社の事業領域においてターゲット以外を含めた全体の市場規模を指す。

SAM，SOMはフェルミ推定[35]により導くのが常套手段である。なお，SOMとSAMを考える上で参考になる考え方を後述する。

35　実際に調査することは難しい量をいくつかの手がかりに基づいて論理的に推算し，概算する方法を指す。物理学者のエンリコ・フェルミに由来する。フェルミ氏が概算が得意だったことと，実際に，フェルミ氏が自身の学生に「アメリカのシカゴには何人（なんにん）のピアノの調律師がいるか？」という出題をしたことが逸話として残されている。
　フェルミ推定については，細谷功著『地頭力を鍛える』（東洋経済新報社，2007年12月）もしくは，高松智史著『ロジカルシンキングを超える戦略思考 フェルミ推定の技術』（ソシム，2021年8月）など良書が多数ある。

一方，TAMは各種調査機関が公開している情報でよい。また前章で説明した通り，類似企業の「事業計画と成長可能性」資料を参考にしてもよい。

なお，外部の投資家が，とりわけ注視しているのがSAMとSOMである。目安としてはSAMが500億円以上，SOMが100億円以上とする場合が多いようである[36]（もちろん，投資家によって見解が分かれるので，あくまで参考値である）。

（2）成長シナリオ

市場規模を踏まえて，成長シナリオを考えたい。自身の事業をどう伸ばしていくかについては大きく2つがある。①顧客を広げる，もしくは②単価を上げるかだ。

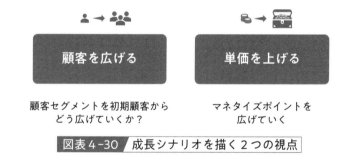

図表4-30　成長シナリオを描く2つの視点

なお，単価を上げるには，単純に「商品単価を上げる」より，おカネのもらい方を増やすと考えた方がよいであろう。

---

[36] ALL STAR SAAS FUND 前田ヒロ『理想的なシリーズAのSaaSスタートアップ』（https://hiromaeda.com/2019/08/04/seriesasaas/）より抜粋：「狙っている市場で，ARR100億円以上の企業を作ることができるのか。この答えは，ボトムアップで（対象顧客数×ARPA）で算出した方が分かりやすい。可能であればSOM（今のプロダクトで狙える顧客セグメントの市場規模），SAM（2～3年の期間で狙いたい顧客セグメントの市場規模），そしてTAM（最終的に獲得したい最大の市場規模）に分けられていると良い。SOMが100億円以上，SAMが500億円以上，そしてTAMが1000億円以上が理想と言える。」

（3）顧客を広げる

顧客を広げるには，仮説でも，初期から構想を描いておく必要がある。
具体的には次のような手順を取る。

① **顧客セグメンテーションを行う**

対象となる市場にどのような顧客が存在しうるかを分類する。また各顧客の課
題仮説を考える。

② **初期ターゲットの仮説を立てる**

自社ができることも含めて，初期ターゲットを定める。

③ **隣接市場への展開可能性を考える**

初期ターゲットへの販売が行われ，プロダクト価値の検証ができたとして，そ
れによって次に開拓する隣接市場を考える。

④ **プロダクトロードマップとリンクさせる**

初期ターゲットから顧客展開を踏まえた上でプロダクトのロードマップと整合
性を取る。

⑤ **販売方法・競争優位性仮説を考える**

顧客・プロダクトロードマップに基づいて，各フェーズで考えうる販売方法と
獲得しうる／必要となりうる競争優位性を考える。

リーンスタートアップ等のコンセプトが普及したことにより，初期ターゲッ
ト顧客への解像度が高く，初期ターゲットには「刺さる」プロダクト開発がで
きるケースを目にすることが比較的多い。ただ，そのケースではそこから発展
しない，その次の市場が見えない／さらなる成長が描けないという課題に直面
しがちだ。上記でいう③〜⑤ができていないことが多い。

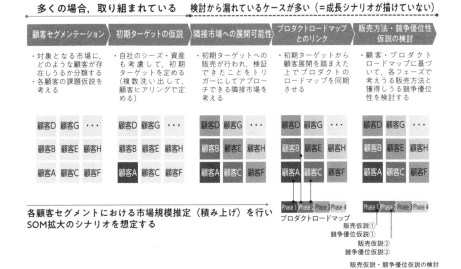

図表4-31　最初の顧客から拡大・成長を考えるプロセス

（4）単価を上げる

単価を上げる方法は，大きくは3つある。

① 文字通り単価を上げる。
② マネタイズ方法を追加・拡張する。
③ ビジネスモデルを変える。

①についてはプライシングの話なので詳述は他書に譲りたい。②については，まずマネタイズ方法をおさらいする。

マネタイズとは，「誰から，どのように，いくらのおカネ（収益）を得るのか」を指す[37]。一事業につき，必ずしも一つのマネタイズ方法しか使えない，

37　秦充洋『事業開発一気通貫』（日経BP，2022年8月）

第4章　トップラインを考える　　167

というわけではない。

お金の払い手	マネタイズモデル		概要	例
商品・プロダクトのユーザー	販売モデル	製造小売モデル	商品を製造し自社で直接顧客に販売することで収益を得る	直販店を持つアパレルメーカー等
		小売モデル	他社の商品を仕入れて顧客に販売することで収益を得る	スーパー，コンビニ，書店等
		製造卸売モデル	商品を製造し，小売業者に販売することで収益を得る	直販店を持たないメーカー
		卸売モデル	他社商品を仕入れて，小売業者に販売することによって収益を得る	商社，貿易会社
		役務提供モデル	専門性のある人材が役務を提供することで収益を得る	コンサルティング，法律・会計事務所
	利用課金モデル	継続課金モデル	月間・年間等一定期間に応じて課金することで収益を得る	SaaSなど
		従量課金モデル	商品・サービスの利用量に応じて課金することで収益を得る	SaaS追加機能，水道光熱費・通話料
		賽銭モデル	プロダクトへの支払額を顧客が決める	値段あとぎめ
		フラット料金モデル	サービス料金を一括支払を受け，顧客が必要なだけサービスを利用する	食べ放題，通い放題
		フリーミアムモデル	一定期間/基本料金無料で利用でき，継続利用/追加機能の課金で収益を得る	さまざまなITツール
		オープンソースモデル	開発したプロダクトを公共資産とし，サポート等で収益を得る	オープンソース開発
		ライセンスモデル	自社の知的財産を使用許諾し，使用料で収益を得る	大学・研究機関，ディズニー
		レンタルモデル	車等の物的資産を貸し出すことで収益を得る	レンタカー
	手数料モデル		需要側と供給側をマッチングがなされたときに手数料として収益を得る	プラットフォーム，不動産仲介，人材
	利息モデル		資金の貸付時に付与する利息によって収益を得る	銀行など金融機関
広告主	広告モデル		運営する媒体プロダクトに広告掲載を行い収益を得る	メディア，Webメディア，SNS
市場	投資モデル		株式・不動産に投資し，配当・キャピタルゲインによって収益を得る	投資ファンド，VC
国/自治体	補助金/助成金モデル		一定条件を満たして，国/自治体から補助金・助成金によって収益を得る	介護・保育

図表4-32　主要なマネタイズモデル

SaaSであれば，従量課金を追加したり，初期費用等によるサービス提供を付加したりする等も考えられる。現在の事業を軸に適用できるマネタイズポイントをどのように増やしていくかが重要となる。

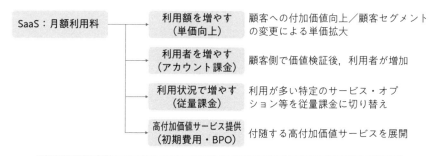

図表4-33　SaaSタイプの場合のマネタイズポイント拡張パターン

　前記③の「ビジネスモデルを変える」は，マネタイズ方法を越えて，「誰からおカネを貰うか」，提供価値と提供先を変え多様化させることだ[38]。

　例えばtoC・消費者向けに販売してきたデータや利用データなど消費者に関して集積したデータを，必要とする法人に販売することも可能となる。このような視点で，どう単価を上げるかを考えるとよい[39]。

---

[38] 従来のプロダクト・サービスの進化による価値創造に加えて，マネタイズ方法を多様化させる利益イノベーションが重要となる。（川上昌直『収益多様化の戦略』（東洋経済新報社，2021年12月）

[39] こういった議論は，「発散」が必要となる。起業家の仮説構築力，もっとカジュアルな呼び名にするならば「妄想力」が試される。
　こういう発散についてはチームでブレインストーミングをするのもよいが，自分ひとりで考えるならばトレーニングや散歩・ランニング，もっというと入浴中に考えるのもよい。意外によいアイデアが浮かぶものである。煮詰まったときはあえて弛緩するのも必要であろう。

第5章

コストは方程式

売上は戦略と情熱。
利益はファクトとロジック。

筆者（CFO時代に現場へ伝えていたこと）

第5章では以下を解説する。

- 新しい事業のコストを考えるときにヌケモレをなくすには？
- 事業成長に対してコストとどう向き合うか？
- 費用を実際にどのように設計していくか？
- 費用を設計するときのトリガーにはどんなものがあるか？

さて，前章で売上計画についての考え方をお伝えしたが，今度はコストについて考えよう。

Ⅰ　この事業にかかるコストは何か？

新規事業やスタートアップの場合，どんなコストや投資が必要かわからないという声もあるだろう。

以前ユーザー向けに実施した事業計画アンケート[1]においても，コストの計画を考える上での悩みとして以下が挙げられていた。

- 対象とする事業に要するコストが何かわからない。
- コストの相場感がわからない。

もし，新しい事業に取り組んでいるならば，一度読む手を止めて，3分程度，

1　過去筆者の経営するスタートアップでユーザー向けに事業計画に関するアンケートを行った。このときの結果はレポートとして3回に分けて公開している。
　1）【事業者調査レポート 事業計画作成時に悩むポイント】事業計画を「作り込む程度がわからない」という結果に！（https://prtimes.jp/main/html/rd/p/000000005.000052448.html）
　2）【事業者調査レポート 事業計画作成時に悩むポイント】企業の成長段階ごとに，人件費・組織づくりの課題は変遷（https://prtimes.jp/main/html/rd/p/000000008.000052448.html）
　3）【事業者調査レポート 事業計画作成時に悩むポイント】全体の7割がオフィス移転費を考慮しないと回答（https://prtimes.jp/main/html/rd/p/000000009.000052448.html）

第5章　コストは方程式　　171

「今取り組んでいる事業にどんなコストや費用がかかりそうか」考えてみてほしい。

　どうだろうか。3分では，「これで十分網羅しているのだろうか」という不安感は拭えないはずだ。私は，「コストを網羅的に検討しよう」という気はない。本章では，事業計画でコストを考える上で，以下をポイントとする。

- 細かなコストはさておき，事業上重要なコストの抽出方法を理解する。
- 重要なコストの事業計画における設計方法を理解する。

Ⅱ　重要なコストの洗い出し方

結論：事業のバリューチェーン，業務プロセス観点と5W1H+αで洗い出す。

　冒頭の3分WORKに取り組んだ際，単純に思い浮かべるだけだと，見落としがないか不安になるだろう。網羅性を重視して，財務諸表のPL：損益計算書を眺めてみる方がいるかもしれない。売上原価（製造原価）と販売費及び一般管理費を見ると次のように並んでいるのではないだろうか。

売上原価	販売費及び一般管理費	
製造原価	● 支払給与	● 通信費
● 材料費	● 役員報酬	● 支払手数料
● 労務費	● 賞与	● 支払報酬
● 経費	● 雑給	● 業務委託料
	● 法定福利費	● 地代家賃
	● 福利厚生費	● 水道光熱費
	● 採用費	● 旅費交通費
	● 教育訓練費	● 消耗品費
	● 広告宣伝費	● 接待交際費
	● 研究開発費	● 減価償却費
		…

実際に事業計画を作成するとき，科目を見て費用がどれくらい発生するかイメージできるだろうか。

事業計画を作成する際，上記のような会計上の項目，いわゆる「勘定科目」として最終的に表現される。実際には，勘定科目となる手前に細かい費用が存在する。それらをグループとしてまとめたものが勘定科目である。したがって，**事業計画では，何が費用としていくら発生するかについて解像度を高く考える必要**がある。

勘定科目を眺めても，熟練の経理・財務担当者でなければイメージはなかなか難しい。事業担当者であれば，事業上実際に発生する費用から紐解くアプローチが進めやすいであろう。

このとき，思い出していただきたいことがある。コストは何かしらの業務，もっとシンプルにいうと行動に紐づいて発生する，という当たり前の事実である。

したがって，費用をきちんと洗い出すには，事業上必要となる業務・行動を洗い出すことが第一歩だ。そのために，対象とする事業のバリューチェーン，もっと簡単にいうと，**業務プロセスの観点で整理**する。

まず，バリューチェーン，すなわち売るものを用意し，お客様に届けるまでのプロセスを大きな観点で整理する。事業を推進することは，お客様に商品を届けて対価を受け取ることが必須要件となる。そのためには大きくは「商品／製品企画」➡「仕入れ（もしくは＋製造）」➡「流通・マーケティング」➡「販売」，必要に応じて「アフターフォロー（継続課金モデル等であればカスタマーサクセス）」という流れになる。

さらに細かく分けよう。商品・製品企画では市場調査や事業計画（！），生産方法の確認等も必要である。仕入れには仕入先の確保等が必要だし，製造も入れば製造工程でさらに細分化する必要がある。流通・マーケティングでは商

品・製品の認知を拡大していく。さらにモノであれば配送手配等物流も必要である。実際に販売では自社で直営店舗が必要になるかもしれない。もしくは小売店に販売していく場合は，小売店に対しての販促支援なども必要であろう。

　自社の大きなバリューチェーンをまず理解した上で，細かな業務レベルまで描いてみよう。そこには業務や行動が見えてくる。その後業務ごとに5W1H（誰が／何を／いつ／どこで／なぜ／どのように）で考える（ありがちだが）。

　5W1Hで整理した後で＋αもう一点，業務推進においてついて回る「Control（管理）」を入れる。その業務の管理方法についても抽出しておきたい。

　まず，一般的には以下のように整理できる。各自の事業毎にバリューチェーンを整理するのがおすすめである。

	企画 》	材料調達 》	生産 》	流通 》	販売 》	顧客サポート
主な業務	・商品企画	・材料仕入	・材料加工 ・製品生産	・物流手配 ・積荷	・接客（営業） ・販売	・顧客サポート
担当	・企画担当	・購買担当	・生産担当	【外注】 運送会社	・店舗スタッフ	・コールスタッフ…
場所	・オフィス	・オフィス	・工場	・倉庫	・店舗	・オフィス
方法	・外部連携	・購買システム	・生産管理システム ・製造設備	・積荷用車両	・販売管理 ・在庫管理 ・勤怠管理	・通話ツール
	⋮	⋮	⋮	⋮	⋮	⋮

図表5-1　バリューチェーンに沿ってコストを洗い出す整理例

　これに加えて，企業としてのコーポレート側の業務も主なものを洗い出す。

経理・財務	・経理業務（日常取引の経理処理，経費精算） ・出納業務（入出金管理，売掛金・買掛金の管理） ・資産管理（棚卸資産，固定資産） ・決算業務（決算書の作成） ・納税対応（法人税，源泉税，他）

人事	・労務（入社・退社手続き対応，給与計算，各種保険，年末調整） ・人事評価（評価基準，プロセス設計，運用管理） ・採用（人材採用計画，採用プロセス設計・実施） ・人材開発（教育研修の企画・実行）
法務（一部総務と重複）	・契約書作成・レビュー ・社内規程整備 ・文書・契約書管理 ・紛争対応 ・コンプライアンス
総務	・各種会議体（株主総会・取締役会）運営 ・社内イベントの企画・運営 ・備品・施設管理 ・福利厚生の企画・運営

　その他，事業規模によっては内部監査室や情報システム部門，広報部門，IR部門，経営企画部門なども想定される。それぞれの部門ごとでどういう業務を行うかという観点で整理すれば，コーポレート側でも重要なコストの漏れはなくなる。

BOX

「その他コスト」でまとめない

　事業計画を作成していると，「その他のコスト」という項目をよく見かけます。「ざっくり売上高に対して5％で置いてます」はわかりますが，その費用が結局，売上成長に伴って5％のまま推移していくのか，売上成長とは関係なく，現時点の売上高の5％であって，金額的に固定で変わらないのかがわかりません。

　その他のコストとしてまとめて置きたくなる気持ちはわかります。内訳について説明できる必要があるでしょう。アウトプットとして予測PLに含まれる販売費及び一般管理費において，主要なコスト（人件費

第5章 コストは方程式 **175**

> や広告宣伝費，地代家賃の他，事業特有で必要となるコスト）を除くと
> 「その他コスト」としてまとめることで，一覧性が高まります。ただ，
> その内容について投資家の方や銀行の担当者の方に聞かれたときに説明
> できるようにしたいですね。

Ⅲ 誤解しがちな変動費

本節の結論から語りたい。

結論：事業計画のコスト設計では戦略コストに着目する

「管理会計」という分野でコストについて出てくるのが，**変動費と固定費**である。

変動費	販売量・生産量によって変化する費用 **「売上に連動する」コスト** 例）原価（材料費等），手数料，デリバリーコスト，広告宣伝費等
固定費	売上の増減にかかわらず一定発生する費用 **「売上に連動しない」コスト** 管理人件費，地代家賃等

図表 5-2 変動費と固定費

販売量・生産量によって変化する，つまり売上に連動するコストを**変動費**[2]という。原価が最もわかりやすい。また販売にかかる手数料や，ECの場合であれば配送料等も変動費だし，広告宣伝費も売上と紐づくという点では変動費だ。

それに対し，売上の増減にかかわらず一定量発生する費用，つまり売上に連

---

2 櫻井通晴『管理会計 第7版』（同文舘出版，2019年3月）

動しないコストを固定費という。わかりやすいのはオフィスの賃料（地代家賃）である。

厳密にはさらに準変動費，準固定費[3]という考え方もあるが，まずはシンプルに考えていく。

さて，管理会計の教科書であれば，ここから「損益分岐点分析」の章が始まるのが常である。非常に重要な考え方ではあるが，そこは他書に譲り，この変動費・固定費について少し深掘りする。

変動費は，実務観点では2つに分けられる。売上高に連動するコストは，売上高の計画を中心に置くと，売上高成長のインプットとなるコストと，売上高成長に従属するコスト（売上が増えると結果増えるコスト）がある。前者は成長投資であり，後者が純然たる変動費である。前者は，売上高を伸ばすためのコストなので，戦略コスト[4]という考え方ができる。

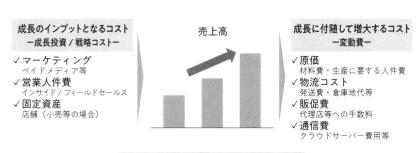

図表5-3　変動費の実務的解釈

変動費のこの2種類は分ける必要がある。ここの分類を誤ると事業成長を阻

3　準変動費：水道光熱費のように，売上高がゼロでも一定費用として発生し，売上高の増加とともに増加する費用。
　　準固定費：一定までの売上高では固定的であるが，売上高の増減で階段状に増減する費用。
　　詳細は前掲注2，櫻井通晴『管理会計 第7版』を参照のこと。
4　戦略コストという考え方自体は，筆者がファイナンス分野の師の一人として仰いでいる石野雄一氏からの受け売りである。

害しかねない[5]。

 戦略コスト

戦略コストに対してさらに理解を深めたい。

（1）戦略コストへのスタンス

　事業運営を考えると，コストは「減らすのがよい」のが常である。固定費については，当然「減らす」方法を模索するのがよい。

　では，変動費はどうか。売上高成長に付随して増大するコスト，原価や物流コストなどは，「減らす」方法を模索するのがよい。

　一方で，成長のインプットとなる戦略コストについてはどうか。

　戦略コストを減らすと，将来の成長可能性を損なうことになる。マーケティング費用についても，営業人員についても，または（勘定科目としては固定資産となるが）設備投資なども将来の成長のボトルネックとなる。戦略コストに向かうときには「いかにコストを減らすか」というコストダウンスタンスをとってはならない。「いかに投資対効果を上げるか[6]」という投資対効果（ROI）スタンスをとるべきなのだ。

5　Vinay Couto, Paul Leinwand, and Sundar Subramanian, "Cost Cutting That Makes You Stronger"（Harvard Business Review, July-August 2023）にて，次のように語られている。
"*When so much in the world feels beyond our control, costs are to a large extent controllable. But cutting them to drive short-term savings is a mistake. When companies take a one-off approach to cost cutting, they often sacrifice some of their most important investments.*"（筆者抄訳：不確実性が高まるとどうしてもコスト削減に傾きがちだが，短期的なコスト削減は誤りであり，従前の重要な投資を犠牲にすることがある。）

6　Vinay Couto, Paul Leinwand, and Sundar Subramanian, "Cost Cutting That Makes You Stronger"（Harvard Business Review, July-August 2023）にて，成長に向けたコスト戦略の最初のステップとして次のように記載がある。"Treat every dollar spent as an investment in creating the value that you give your customers"（筆者抄訳：1ドル1ドルを顧客に提供する価値を創出するための投資として扱う）と語っているがまさに筆者がいわんとしている点である。

収益に連動するコスト 〜従来の“変動費”〜		組織を運営するのに 必要なコスト 〜従来の固定費〜
成長に必要なコスト ー成長のインプットー	成長に伴って増えるコスト ー成長の結果ー	固定的に発生する キャッシュインパクトが 大きいコスト
例) ✓マーケティング ✓人件費 　➤営業人件費 　➤エンジニア人件費 　➤付随コスト（採用費等） ✓設備（厳密には資産だが） **戦略コスト**	例) ✓原価（材料費・労務費他） ✓物流コスト ✓通信費（サーバー代）　　等	例) ✓人件費 　➤管理人件費 ✓家賃（その他付随） ✓専門家（弁護士・会計士等） 　報酬 ✓上場準備費用　等
いかに効果をあげるか？ （投資対効果スタンス）	いかに減らすか？ （コストダウンスタンス）	

図表 5-4　各コストに対するスタンス

　このスタンスを間違えると，直近では利益を創出できても，中長期的に頭打ちになるだろう。管理部長タイプ，なりたてのCFOなどはここを間違えやすい。「どんなコストも悪」ということで，なんでもコストを抑えてしまう。

　大きな不況下，想定外の外部環境の変化などで一時的に手元資金を残すため，戦略コストを絞るオプションがある。成長する企業は，その状況下で投資額自体は抑えつつ，「このくらいの投資の場合，この不況下でもどれくらい効果がありえるか」という試みを行う。それにより，通常時の投資対効果と非常時の投資対効果について，自社として知見が蓄積できる。

（2）「勝利の方程式」を目指す

　前章の売上高の説明でも触れたが，マーケティングなど戦略コストは，成長の実現に不可欠である。

　集客投資，つまりマーケティングへの投資額は自社でコントロールできる。そして，結果としてどれくらいの顧客数の増加を見込むかを考える。

　ただ，投資効率，顧客一人当たりの獲得コスト（＝CAC：Customer Acquisition Cost，後述）が最初のうちはわからない。投資額をこのCACで除

算すると獲得できる顧客数が算出されるが，最初はこのCACを一定の仮説（業界平均など）に基づいて「置き」（仮説）で考えるしかない。そして実際にやってみて，自社・当該事業におけるCACを算出していく。

方程式で考えると次の図のようになる。獲得単価，つまりCACが定数となり，この定数を求めることが重要だ。結果である顧客獲得数（ユーザー増加数）を増やすには，投資額を調整すればよいとわかる。

図表5-5　集客投資の方程式

このように，戦略コストについて，自社がコントロールできる変数をどう変動させていくか。自社事業に関する要素の「**方程式化**」である。

営業であれば，一人当たりの獲得社数と営業人員を掛けたものが顧客増である。一人当たりの獲得社数を伸ばしていくことも大切であるが，業態や商材によって，一定の水準に収斂していくであろう。そうすると，一人当たりの獲得社数を仕組み，マニュアル等で一定にできるよう組織を作った上で，営業人員数を変数とし，営業人員と採用にアクセルを踏むことになる。この定数aをさまざまな施策群において定めることによって，各施策の方程式が出来上がる。

図表5-6　コストに関する様々な方程式化

この方程式化ができると、事業としての「再現性」が高まり、「勝利の方程式」となるのだ。

事業計画で、数字で考え、変数を見極めていき、定数aが何かを見える化する。この定数を求めていくことが仮説検証そのものであり、これにより自社の「勝利の方程式」が導ける。**事業計画を活用し、この勝利の方程式をいかに多く持てるかが重要**である。

戦略コストの方程式化

戦略コストは、ソフトウェア開発費以外であれば、方程式化のパターンがある。戦略コスト4種類（マーケティング、開発費、人件費（営業人件費、教育訓練費）、減価償却費（＝設備投資））を見ていこう。

費用項目	内容	事業計画における設定
数式化 マーケティング（広告宣伝費）	・新規ユーザー獲得のために必要な広告宣伝費	・［獲得したい新規ユーザー数］×［1ユーザーの獲得コスト（CACやCPI等）］ ・［集客投資予算］／［1ユーザーの獲得コスト］で［獲得する新規ユーザー数］を逆算
（研究）開発費	・プロダクト開発のためのエンジニア人件費 ・中長期的な成長のためのコスト（主に人件費）	・開発に必要な工数から算出（CTO・リードエンジニアと討議） ・研究開発費は売上などの収益項目の●％を予算化等
数式化 人件費 営業人員	・新規ユーザー獲得のための営業人員	・［新規ユーザー数］／［一人当たりの獲得ユーザー数］
教育費用	・メンバー全体の生産性向上を狙うコスト	・［一人当たり教育費の年間予算設定］×人数
数式化 減価償却費（設備投資）	・戦略に依存／投資継続・停滞それぞれでの影響を加味	・必要な設備を算定 　製造業の場合、「生産能力」が販売数の制限になることを留意 ・【小売等の場合】 　店舗拡大との関連付けが必要

図表5-7　戦略コストの方程式化

（1）マーケティング

マーケティングを考える場合，3つのパターンが考えられる。

① 売上高に対する割合を設定する。
② 目標とする顧客獲得数から集客投資額を算出する。
③ 集客投資予算から顧客獲得数を算出する。

①が最もざっくりとした計算方法である。事業成長を考えると，これでは不十分である。集客コストを一定程度考える上では使えるが，仮説検証では使いにくい。また，「成長インプットとしてのマーケティング」という考えからすると，逆（売上に従属するコストの考え方に近い）のアプローチである。

②と③はいずれも顧客獲得単価，顧客一人（社）当たりの獲得コスト，すなわちCACを定数として考えるアプローチである。変数を前者は集客投資予算を変数として顧客獲得数を試算する方法，後者は目標とする顧客獲得数を変数としてマーケティングコスト（広告宣伝費）を試算する方法となる。

初期的には，集客投資予算を設定して，さまざまなマーケティング施策を試みて，最適な組み合わせをして，効率のよいCACを導いていく。

自社事業におけるCACがある程度定められていけば，獲得したい顧客数から考えて，必要な集客投資額を導ける。したがって，CACにおける仮説検証と，一定程度の検証後の必要資金の試算に適用できる考え方を用いて，集客投資を設計するべきである（第4章で言う「集客経路」は，このマーケティング投資に該当する）。CAC全体と個別の施策毎の両方の視点が重要である[7]。

---

7 通常の考え方では，CACはマーケティングコスト・広告宣伝費のみならず，営業人件費等も含めて考えることが一般的である。ここでは簡便化のため，マーケティングコストのみを対象とした。

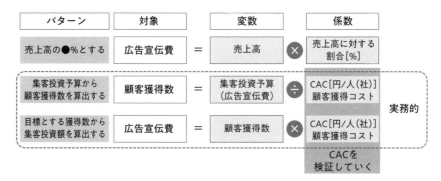

図表 5-8 集客投資の方程式化イメージ

(2) 開発費

　開発費の方程式化は実は難しい。売上高成長と紐づけて設計するのは特に困難となる。アプローチとしては3つの手法が考えられる。
　① 個別で設定
　② 売上高・利益などから割当額を算出
　③ 開発メンバーの人員数から算出

　①は，開発の外部委託などを想定する。この場合は外部委託先に見積もりを得ることで開発費を算出できる。
　②は，ソフトウェアに限らず，ハードでも開発予算を売上高や利益に対して一定割合で設定して考える方法である。研究開発予算という考え方を示している。
　③が初期的には多いアプローチであろう。開発に係る人員数もしくは業務委託の開発担当者で想定額を算出する方法である。
　なお，売上高が発生するソフトウェアが対象となる場合，ソフトウェア開発に係る人件費や業務委託費について，会計的にソフトウェア資産（＝無形固定資産）として認識して処理するケースがある。また資産に計上したくても，赤

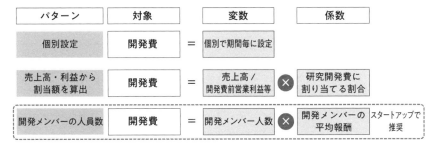

図表5-9　開発費（ソフトウェア）の方程式化イメージ

字スタートアップではそもそも資産計上できないケースもある。詳細は研究開発費等に係る会計基準・実務指針を参照するか，自社の会計・税務顧問と相談するのがよい。

とはいえ，ソフトウェア資産として考えた上で，売上原価とするならば，表計算ソフトにおけるシミュレーションロジックも極めて複雑になる。初期的には人件費として捉えれば十分である（より詳細な内容は第7章「【発展】BS・CFも考える」をご参照願いたい）。

正直なところ，売上高のインプットとしてうまく連動した形での開発費設計は難易度が高い。私も答えを導き出しきれていない。

一つの考え方であるが，ソフトウェア設計を外部委託で開発する場合，次のようなパターンになる傾向がある。もちろん開発内容にもよるため，難易度が高ければ要件定義・開発期間が伸びたり，開発チームを手厚くしたりする必要があるかもしれない。

図表5-10　初期システム開発の流れ

要件定義には，初期的にはプロダクトマネージャー・プロジェクトマネージャーの位置づけにある人材とUI・UXデザイナーが必要である。画面設計を含めて実施し，開発に進む。開発段階では，最小でもフロントエンド，サーバーサイド，それぞれ1-2名が必要となるであろう。

初期的なプロダクトでも，要件定義からテストまでに合計10人月程度は要するだろう。社内メンバーで実施するか，外部で実施するかによってコストも変わってくる。

（3）人件費（営業）

人件費，特に営業人員については，売上高の成長のインプットになりうる。この考え方を突き詰めたものがThe Modelであろう。

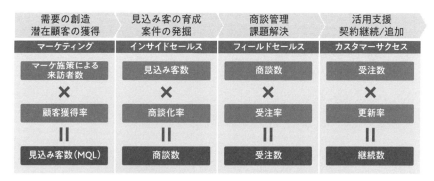

図表5-11　The Modelによる営業プロセス[8]

ここから考えると,以下がわかる。
- インサイドセールスは「見込み客数」に左右される。
- フィールドセールスは「商談数」に左右される。
- カスタマーサクセスは「受注数(＝カスタマー数)」に左右される。

営業人員の設計は,営業人員数を個別で設定し,新規ユーザー数(顧客獲得数)と一人当たりの獲得数で考える。

カスタマーサクセス・サポートといった役割の人員については,人員数を個別で設定し,累積ユーザー数(累積顧客数)と一人当たりの対応社数で考える。

営業人員については,さらに細かく見てもよい。The Modelで示したパラメーターである見込み客数と商談数で見る方法である。

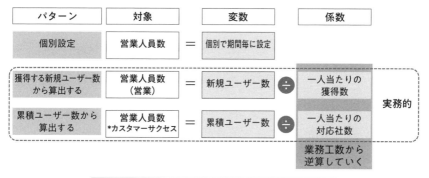

図表5-12　営業人件費の方程式化イメージ

8　福田康隆『ザ・モデル――THE MODEL』(翔泳社,2019年1月)に基づき筆者作成。マーケティングから営業,カスタマーサクセスに至るまでの情報を可視化・数値化し,営業効率の最大化を狙う営業プロセスモデルを指す。
インサイドセールス:マーケティングが獲得した見込み客(リード)を育成し,案件発掘・商談化を担う。
フィールドセールス:インサイドセールスによって商談化された案件に対して,営業活動を行い,最終的な受注・成約までを担う。
カスタマーサクセス:自社サービスを顧客が活用することを支援し,利用継続,追加受注を担う。
(各プロセスの説明は,Salesforce『The Model(ザ・モデル)とは？用語と営業プロセスをSalesforceが解説』(https://www.salesforce.com/jp/resources/articles/sales/the-model/#02-2)より。

インサイドセールス人員の詳細な考え方

見込み客数から，「一人当たり対応見込み客数」を考えればいい。人員一人当たり，1ヶ月の稼働時間は，8時間×20営業日で160日なので，工数が1時間であれば160件となる。商談時間が1時間，商談前の準備が0.5時間，商談後のフィールドセールスへの申し送り等の準備などで0.5時間とすれば，2時間となる。そうすると対応できる件数は80件となる。ただこれは全ての時間をインサイドセールス業務に回せたときの考え方であり，実際には社内の打ち合わせや資料準備・改善などが想定されるので対応できる件数はもっと少ない。いずれにしても業務対応に可能な工数・時間から現実的な対応件数を想定し，目指す全見込み客対応件数に対して，適切なインサイドセールス人員の配置が必要となる。

フィールドセールス人員の詳細な考え方

商談数から，「一人当たりの商談対応件数」を考える。インサイドセールスの場合と同様，1商談に対する工数から導く。

これは業務に依存する。B2Bビジネスであれば，一つの商談にかける時間が長い。提案書や説明資料についても商談相手に対してカスタマイズする必要もある。10時間，20時間を要するかもしれない。1商談当たり20時間かかるとすれば，1ヶ月の稼働可能時間160時間から考えれば8商談となる。

こういった観点からフィールドセールスの人員数を逆算していく。

カスタマーサクセス人員の詳細な考え方

累積顧客数から1顧客当たりの対応工数で素直に考える。

厳密には，契約当月は顧客が迅速に自社プロダクトに慣れ親しめるような取り組み（オンボーディング）が必要なので工数が追加で発生する。それは一旦無視してもよい（気になる場合は，オンボーディング専門チームを組成することを想定して，通常のカスタマーサクセスメンバーと分けてもよい）。

月間の稼働可能時間160時間を前提に，1社当たり何時間の対応が必要か，

から1人当たりの対応件数を導く。あとは累積顧客数を対応件数で除算すれば，計算上必要なカスタマーサクセス人数がわかる。

（4）営業人員のシミュレーションイメージ

実際に営業人員をシミュレーションしてみる。

① 目標とする売上高と，商品・サービス単価から，月当たりの必要な新規顧客（契約）数を逆算する。

例）1,000,000円の単価で月に必要な新規契約数は10社とする。

② 営業プロセスを分解し，新規契約に至るまでの成約率など，商談の間の遷移率・コンバージョンレートを設定する。

例）商談が成約（新規顧客）に至るまで次のようなプロセスを踏むと考える。
新規成約←提案商談←詳細デモ←ヒアリング＆ショートデモ

③ 逆算した新規契約数①と各遷移率②から，各プロセスでの必要商談数を逆算する。

例）上記のプロセス間での遷移率を想定して逆算する。

　a）【新規成約←提案商談】の遷移率が10％のとき提案商談対象は50社必要。

　b）【提案商談←詳細デモ】の遷移率が10％のとき詳細デモ対象は250社必要。

　c）【詳細デモ←ヒアリング＆ショートデモ】の遷移率が20％のときヒアリング＆ショートデモ対象は1,250社必要。商談回数でいうと，1,550商談。

④ 各プロセスの1商談当たり必要時間（実商談時間＋準備時間＋フォロー時間）を算出，合計し総商談時間を算出する。

例）おおよそ各商談で実商談時間1時間，準備時間30分，フォロー時間30分，合計2時間がかかっていると考える。

　a）50社×2時間＝100時間

　b）250社×2時間＝500時間

　c）1,250社×2時間＝2,500時間

> 総商談時間：3,100時間となる。
> ☞この事例では，全ての段階での商談時間を一定にしているが，実際には中間のプロセスで一定提案内容のカスタマイズが発生することも想定できるため，商談時間も検討が必要。

⑤ 一人当たりの月間稼働時間（7 - 8時間×営業日）と商談時間を除算して，理論的な必要人員数を算出する。

> **例）** 平均的には1日の稼働時間は8時間程度と考えられるが，社内会議等の発生も考慮して，実質稼働時間を5時間と想定。また月当たりの営業日を20日とすると1営業メンバー当たりの稼働時間は5時間×20日＝100時間となる。
> 単純計算で3,100時間（計）÷100時間/人＝31人
> つまり31人の営業メンバーが必要となる。

⑥ 目標や，異常値などに気をつけ，各プロセスを細分化しながらチューニングする。

（5）営業人員のシミュレーションの留意点

顧客獲得数や累積顧客数と完全に同期したシミュレーションは現実と乖離する可能性がある。実際には，「採用」というプロセスがあったり，採用自体も難しく管理するプロセスが必要だったりするからだ。さらに，採用してすぐに定数に定めた商談対応件数や見込み客対応数をこなせるはずがなく，タイムラグが生じる。そこまで加味したシミュレーションは非常に困難な数式となるだろう。

細かい議論は横に置いて，シミュレーションすることによって，売上シミュレーションモデルに人員を連動させることができる。

サブスクリプション，SaaSビジネスでは，営業人員の人件費を売上原価として認識するケースもあるが，表計算ソフトでのシミュレーションでは難しい。一旦人件費として考えてもよい。

（6）営業人件費の算出

各人員数を導き出したら，営業人員への投資は以下の式で導ける。

営業人件費（円/月）＝営業人員数（人）×月額給与（円/人・月）

改めて設定しなければならない変数が，「月額給与」である。次のように考えるのがよい。

① （すでに雇用実績がある場合）現在の給与から導く。
② （雇用実績がまだない場合）求人サイトで営業メンバーの給与レンジを調べる。
※想定する役職をある程度挙げた上で，まとめて整理してもよい。

（7）設備投資（固定資産と減価償却費)

ソフトウェア開発にも近いが，設備投資型のビジネスでは，設備投資が成長のインプットとなる。ソフトウェア開発よりはましだが，初期には売上連動型で設計することは難しい。

① 個別設定
② 設備投資により想定しうる売上増に注目した方法

①は個別で考える方法であるため，売上高の成長は個別に考える必要があるだろう。

②は設備投資と売上高増を何かしらの形で連携する方法である。この方法では設備投資の数（基数・件数）をパラメータにしてシミュレーションする。ただし，設備投資額と付随するコスト，それにより増大すると見込まれる売上高を設定する必要がある。

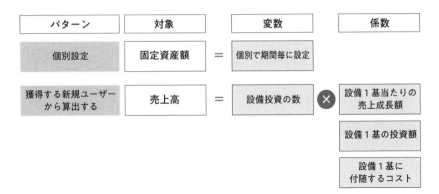

図表5-13 設備投資の方程式化イメージ

　小売ビジネスの事業シミュレーションで具体的に見ていこう。小売ビジネスでは，各店舗での売上高もパラメータとして考慮するべきだが，出店数が売上高成長の重要な要素になる。私が実施したパターンだと，既存店舗の種類を小型店舗，中型店舗，大型店舗と分け，見込まれる見込売上高をそれぞれ仮定（ここでの売上高設計は小売りビジネスとして収益構造を別途分解）する。

　加えて，各店舗の初期投資，主に敷金や内装工事費，賃料を想定する。シミュレーションなので，過去の傾向を踏襲する形で十分である（敷金はBSにおける試算，内装工事費についてはBSにおける有形固定資産として，有形固

図表5-14 店舗タイプによるシミュレーション

定資産での認識に加え，PLにおける減価償却を考慮する。さらに家賃はPLにおける地代家賃として認識する)。

PL，BS，CFと横断的に考慮し，それを小中大それぞれの出店数シミュレーションと紐づければ，多彩なシミュレーションが可能である。ただし，このPL，BS，CFと連動したこのシミュレーションは非常に難しいということは，留意してほしい。詳細は第7章を参照していただきたい。

 変動費の方程式化

さて，戦略コストについては方程式化を試みてきた。他の変動費についてはどうだろうか。代表的なものは売上原価，物流コスト，販売促進費，通信費となる。

(1) 売上原価

売上原価，特に仕入れなどや製造原価を考える場合に考慮する必要がある。

初期的には「**原価率**」を設定して概算するアプローチが簡便である。しかし，製造業などでは特に製造原価は重要な部分であるため，事業計画シミュレーションでも重要な位置づけとなる。

売上原価では，原価改善率を想定することで，原価改善活動を計画上見込むことができる。

製造原価では，直接原価計算の考え方が適用できる。**材料費**と**労務費**を想定して，**歩留まり率**などをパラメータとすることで製造原価の改善率をシミュレーションすることが可能である。

売上原価を考慮する場合は，運転資金の論点も重要となる。これについては，第7章において言及したい。

(2) 物流コスト

ECや通販ビジネスなどの場合は，物流コストを考慮する必要がある。この

場合，商品の配送に要する運搬費であるが，過去実績があるならば販売点数毎の平均値を出す方法がある。もし，過去実績が乏しく，手がかりがない場合は，大手の運送会社のWebサイト，特に投資家向け・IR資料などを確認すれば，1荷物当たりの配送料が提示されているケースがある。これを拠り所に1商品当たりの配送料を設定し，販売数に乗算することによって一定シミュレーションが可能となる。

その他，倉庫の地代家賃も想定する必要がある。これは所持する在庫などに依存する。成長に伴って増大するか，成長規模によって詳細検討する必要がある。

（3）販売促進費

多くは代理店手数料等が当てはまるであろう。自社商品・サービスの販売に代理店・パートナーセールスを活用する場合，販売手数料を支払う必要がある。多くは売上高に対する割合で設定するであろう。実務的には，計画する売上高のうちどの程度の割合が代理店・パートナーセールスを通じて実現するか，その上で何％の手数料を支払うかで計算する。

（4）通信費（クラウドサーバー）

自社で提供するプロダクトが，Web上で稼働するプロダクトで，Amazon Web ServiceやGoogle Cloudなどのクラウドサーバーを利用する場合，通信費も考慮する必要がある。

これについては，厳密にはエンジニアと協議の上で試算することを推奨する。

特に，B2Cの場合，取引・アクセスの大きさからスタートアップでも月額百万円以上に及ぶこともあるため，入念なシミュレーションが必要である。特に非エンジニア系の方が事業計画を作成し見積もりを行う場合，信頼できるエンジニア・開発知見のある方に試算を依頼するのが得策であろう。

なお，この通信費についても売上原価に入れることがある。

売上原価	一般的に2パターン 1．原価率設定で計算が一般的｜原価率改善 or 物価上昇による原価率悪化を別途変数として設定する場合あり 2．製造業の場合，材料費・労務費・製造間接費と歩留まり率等を変数により詳細に計算する場合もあり
物流コスト	2種類の物流コストが想定 1．発送費（商品の配達に要する運搬費）：【商品販売数】×【単位発送費】｜ECや通販ビジネスの場合 2．倉庫の地代家賃：過去の傾向から一定で設定。成長に伴って増大するかは成長規模によって検討
販売促進費	代理店手数料等を想定。売上の●% ＊ただし全体売上のうち，何%が代理店経由かの設定も必要
通信費	AWS等のサーバー費用 1．AWSの料金計算ツール利用（非テック系には難しい…） 2．過去の実績からユーザー数の推移と連動して簡易計算 ＊ただし，動画を扱う/B2Cでトラクションが大きい場合は入念なシミュレーションが必要

図表5-15　変動費の方程式化イメージ

Ⅶ　その他のコストの方程式化

戦略コスト及び変動費を中心にコストの方程式化を試みてきた。

ではそれ以外のコストは方程式化できないのか，というと結論としては「できる」と考えている。

（1）人件費

前述の人件費（営業）のパートでも触れたが，基本的な考え方としては以下が基本となる。

人件費（円/月）＝役職Aの人数×役職Aの月収
　　　　　　　　＋役職Bの人数×役職Bの月収＋…

前提となる考え方

　初期段階では，先の営業人員も含めて，平均給与×総人数としてざっくりと算出して，人件費を簡易的に想定する方法もある。事業に関する検討が進むと，営業人員がどの程度必要か見えてくるであろう。開発人員も同様となる。そうすると，コーポレートについても一定程度検討していくことができる。コーポレート部門の人材は「会社の基盤」といってもよい。しかし，事業立ち上げ時期においては，管理体制を構築するより，端的に言うと「目先の売上」を重視することになるだろうし，またそれが正しい。投資対効果検証段階では，コーポレート体制構築は優先順位を下げざるを得ず，最低限は各種専門職・士業事務所へアウトソースするのが現実的である。

　経理・法務・人事（特に労務），さらに総務，経営企画・財務，IRなど徐々に整えていくスタンスでも十分であろう[9]。

　全体人数に対してどの程度のコーポレートスタッフの割合が適正かは現時点では明快な答えを筆者も持ち得ない。例えば経理スタッフについては，月に処理する帳票に依存するため，その点を踏まえて人数設計をする必要があるだろう。

成長フェーズで重要になる採用担当

　新規事業，スタートアップにおいて，成長フェーズになった時期では，マーケティング投資に加えて，営業人員や開発人員の拡充を含めて組織体制を構築するフェーズとなる。このときに，大切になるのは自社の採用担当メンバーである。

　創業初期はリファラル，つまり知人もしくは知人の伝手をたどって初期メンバーを募ることになる。

　初期的にはこういった採用がよいが，成長フェーズとなるとリファラルでは人材獲得が追いつかないため，採用媒体を活用した採用プロセスを組み立てる

9　スタートアップであればシリーズA以降，つまり一定プロダクトなりで収益が立ち，体制を整えていくストーリーを事業計画で描く必要がある。

こととなる。

　ここで，事業計画という観点から重視するのは採用担当メンバーの人員数と採用費の2点となる。

　事業計画のコストとして大きく影響があるのが採用費となるが，業容次第では実際のオペレーションを考慮して現実的かどうか。

　採用人数については，採用担当メンバーとの議論が必要であるが，経営サイドとしては相応の工数がかかることを理解しておきたい。採用担当メンバーは，そもそもの求人要件の定義，求職者の層に合わせた複数の求人媒体の運用，ダイレクトリクルーティングメディアにおけるスカウトと応募者との調整もある。

　採用費については，もう少しわかりやすい。求人媒体にはいろいろなパターンがある。

a）**成功報酬型**：求人情報の掲載には料金発生はないが，採用成約時に，採用人員の想定年収の何％という報酬設計。

b）**求人媒体型**：求人情報の掲載期間に合わせて定額。

c）**ハイブリッド型**：求人情報掲載に最低額のコストが発生することに加え，採用成約時に成功報酬が発生するもの。

　上記を踏まえて，事業計画上は一定概算で「採用費が発生することを見込む」ことが肝要となる。

　検討初期においては，事業計画上は増員数に対して，成功報酬型か，求人媒体型，ハイブリッド型を意識して採用単価（一人当たりの採用費で見込む方法）で，試算することが有効である。

図表5-16　採用費の検討パターン

　ちなみに，大企業における新規事業を子会社として独立させた場合であれば，初期的には出向者での対応となることが想定される。しかし一定程度事業が軌道に乗った際には新規事業として独立した企業として，独自に採用に踏み切ることになるだろう。

（2）給与以外の要素

　給与以外では，人件費として次の賞与，通勤費，教育費・諸手当，法定福利費，福利厚生費項目についてある程度考慮しておく必要がある。

賞与

　各人員単位で設定する必要はなく，PL・CF上で認識することができればよい。これには2つの方法がある。

固定設定：固定額で給与の何ヶ月分か試算し賞与の枠として設定する方法。

業績連動設定：営業損益の＋（プラス）分に対して一定割合を賞与枠として確保する方法。

　スタートアップなどの場合は後者の業績連動型で設定しておくことが必要となる。

通勤費・教育費・諸手当

　通勤費，教育費，その他の諸手当については，一人当たりの年次予算を設定して，人員数に連動するような設定をしておけばよい。

法定福利費・福利厚生費

　福利厚生費は，厳密には法定福利費と法定外福利費の2つに分けることができる。

　法定福利費は，主に，健康保険・介護保険，厚生年金保険，雇用保険・労災保険，子ども・子育て拠出金によって細分化される。法定外福利費は，法定福利費以外に自社従業員のために導入される費用である。

　法定福利費はおおよそ給与に対して何％程度か割合が定まっているため，事業計画上は，まとめて16.5％[10]という形で設定し，認識する給与に対して乗算して設定する。

　一方で，法定外福利費については，一人当たりにどれくらいかけるかという金額枠に対して，従業員人数を乗算することによって求められる。

　法定外福利費の相場感については，国内であれば一般社団法人日本経済団体連合会（いわゆる経団連）が調査結果報告書を公表している。

　本書執筆時点での最新の調査結果「第64回 福利厚生費調査結果報告（2019年度）」によると，おおよそ24,125円/人・月となっている。

（3）ケアしておきたい地代家賃

　さて，ここで次のようなケースで考えていただきたい。

　これはとあるイケイケスタートアップの話…

- 投資家の方々との長い交渉を経て大型の資金調達に成功！
- 100名規模になり，創業当初に格安で借りたオフィスをだましだまし使っていたが，手狭になった。
- 思い切って，六本木一丁目のとあるビルに移転を決心した。
- なお，経営者は「一時期コロナの関係でオンライン・リモートベースで進めてきたが，社員とオフラインで一緒に働きたい…」と考えている。

10　地域にもよるが直近では，企業負担が健康保険5.0％，厚生年金保険9.15％，介護保険0.9％，雇用保険0.8％，労災保険0.3％，子ども子育て拠出金0.34％，合計16.47％となっている。

●さて，ざっといくらかかるだろうか？

　まずオフィス賃料（地代家賃）を考える必要がある。これは，単価（広さに対して）と広さ（社員数に対して）で考える。まずメンバー数は100人。地域によって異なるが，東京都で一人当たりの広さは2‐3坪/人くらいが相場感となる。3坪/人を基準とすると，3坪/人×100人＝300坪がおおよそのオフィス面積となる。

　さて…単価はどうなるだろうか？　東京都全体の平均は時期にもよるが，おおよそ20,000円/坪・月程度となる。一方で，300坪くらいの広さを確保しようとすると，そもそも一等地のオフィスビルにしかない場合も多い。このような一定の広さの物件は，一等地（千代田区や港区の有名な駅周辺）であることから賃料単価が大きくなる傾向にある。このケースでは六本木一丁目であり，おおよそ50,000‐60,000円/坪・月で考えたい。確保するオフィス面積は300坪であるため，50,000円/坪・月で見ても賃料1,500万円/月とわかる。

　この時点で，すでに想定より賃料が高い，という印象を持った読者がいるかもしれない。しかしこれは序章に過ぎないのだ。

　個人でマンションを借りることを思い出してほしい。「敷金」というものがなかっただろうか。オフィスにも当然，この敷金というものがある。

　そして東京でオフィスを借りる場合，敷金は賃料の何ヶ月分かというと，6‐12ヶ月分が相場となる。仮に12ヶ月とすると1ヶ月の賃料が1,500万円であったことを思い出せば，12ヶ月×1,500万円，敷金だけで1.8億円程度の支出となる。

　オフィスを快適に利用するために，内装工事が必要となる。坪単価で15-20万円の内装工事費が業界の相場である。300坪であるため，20万円×300坪＝6,000万円の支出となる。

　さらにオフィス家具，移転費用，不動産仲介会社への仲介料…気が遠くなる。

図表5-17　オフィス移転時に考えるべき支出

　特に敷金や内装工事費は，PLの項目ではなく，BS項目なので，詳細に事業計画を作っている場合でも「BSまでは作っていない」という場合，見落としてしまう。

　大型の資金調達もして，人も増員し，これから成長軌道に乗せようとしたときに，このような想定を超える出費があったとしたらどうだろうか。払えるかもしれないが，本来はマーケティングや追加の採用費用として確保していた資金であろう。オフィス関連の支出に溶かしてしまい，成長投資が最小化されてしまい，最悪の場合，成長が鈍化してしまう。

　しかし安心してほしい。まず「**オフィス移転にはPLでは現れない出費が発生しうる**」ということを知っているだけでよい。この一連の流れを頭の片隅に置いておけば，甘んじて払うのではなく，対策を打つことができよう。

　例えば，居抜き等でそもそも内装工事費を安く済ますことができる場合がある。敷金については，そもそも少なくて済む場合もあれば，実は敷金専門のファイナンスサービスが存在する。知っていれば対策を打てる。

（4）その他コスト

　その他のコストはITツールや外部専門家，特に会計・法律・労務の顧問・支援サービスを考慮に入れておきたい。

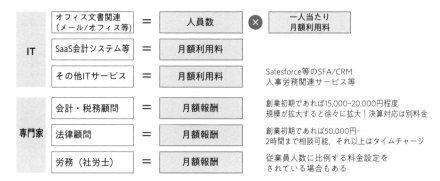

図表5-18 その他コストの考え方

（5）税金

さらに法人税や消費税なども考慮する必要がある。特に法人税・消費税は納付のタイミングに気をつけたい。これについては第7章で解説を付け加えたい。

参考：上場費用

事業計画内で，上場等も織り込んでいる場合は，当然ではあるが上場コストについてもある程度触れて加味しておきたい（**図表5-19**）。

第5章　コストは方程式　201

支払先	内容	直前期	申請期	備考
東京証券取引所	上場審査料	-	200万円	申請日の翌月末支払
	新規上場料	-	100万円	上場日の翌月末支払
	公募or売出に係る料金	-	1,900万円	計算式あり／左記概算
	年間上場料	-	132万円	時価総額で変動
	Tdnet利用料	-	12万円	2回にわけて支払
主幹事証券	コンサルティングフィー	-	-	証券会社による（PL費用ではない）
信託銀行	株式事務代行	60万円	400万円	公募増資事務費用
監査法人	会計監査費用	800-1,000万円	800-1,000万円	J-SOX関連費用を除く概算額
印刷会社	印刷費用	-	500万円	Ⅰの部／各種説明資料／届出書／目論見書
IR関連	IR費用	-	500万円	IR・投資家対応に必要な雑費
その他	登録免許税	-	7,900万円	公募資本金の額×7/1,000
	広告料	-	1,000万円	新聞等での上場挨拶広告
	渡航費（海外IM）	-	300万円	必要に応じて
	旧臨時報告書方式関連	-	700万円	弁護士費用等
概算合計（税別）		900-1,100万円	およそ1.5億円	

*時価総額1,000億円，公募200億円，売出100億円，OA（第三者割当増資型）45億円で想定

図表5-19　上場費用の目安

費用のトリガー

　最後に費用設計時のトリガーについて整理しておこう。
　費用は前述の通り，何かしらの業務・行動に紐づく。したがって，コストには何かしらの対象と連動するため，この連動しうるものが何かを整理しておくと事業計画を設計しやすい。
　例えば顧客数や販売数と連動するものが前述の通り広告宣伝費や原価に当たる。ただし，繰り返しになるが顧客数・販売数を増加させるための投資が広告宣伝費であり，結果増えてしまう費用が原価となる。
　一方，営業人員やカスタマーサクセス等の人員に係る人件費も同様である。

営業人員であれば顧客を獲得するための商談件数等を意識したい。カスタマーサクセスであればその業務によって新規顧客なのか，既存顧客のフォローなのかで連動対象が異なる。

多店舗展開をしているような小売業・飲食業であれば，設備投資が必要となるが，この設備投資に連動して，家賃や給与（店舗スタッフ），さらに設備投資が必要となる。

管理部門の人材は，営業や開発メンバーの数に対して最終的には最適な比率が求められるであろうが，これは企業によってまちまちであろう。

そのほか，各種ITツールの利用料などは，メンバー数が増えると連動する。メールやコラボレーションツールなどのITツールは人員と連動して考えることになる。ITツール以外では，事業計画上，例えば通勤費等や通勤費に代わる何らかの手当なども想定される[11]。例えば営業人員と連動して，「一人当たりの接待交際費の予算」を設定する場合があろう。単純に費用として想定されるものだけでなく，接待交際費や教育訓練費など「枠」として予算化して事業計画上考慮するものもある。

また前述の通り，人数規模が一定を超えるというイベントをトリガーとして引っ越しなどが発生するであろう。他には上場などを見据えて，監査法人や，ガバナンスやIPOに強い法律事務所と新規で契約することを事業計画で考慮することもあるだろう。

ここまで考慮するかどうか，ではあるが水道光熱費などはオフィスが広くなればある程度増えることを想定してもよい。

---

11 筆者も，「インフルエンザの予防接種費用」や「健康診断費用」を事業計画内で含める場合がある。

	トリガー	連動対象	例
顧客数・販売数	売ろうとする	顧客数・顧客関連指標	広告宣伝費・販売費（マーケティング費用・営業費用）
生産数	売れた（売れる見込み）	販売数	製造原価，売上原価，通信費（サーバー費用）
営業関連人員数	売ろうとする	顧客数・顧客関連指標	支払給与（営業人件費）
設備投資・開発（人員）	売ろうとする	ー意志を持って設計	支払給与（開発人件費）固定資産（設備／ソフトウェア）
管理部門他人員数	管理部門他人員数	営業関連人員・開発人員	支払給与（管理人件費）
その他コスト①	人が増える	人員数（対象が全部／一部のときもある）	その他人件費（法定福利費），消耗品費，通信費（各種ツール代）
その他コスト②	イベント・意思決定	ー意志を持って設計	地代家賃（非連続な人員連動），法律顧問等
その他コスト③	イベント	その他の要素（オフィスの広さ等）	水道光熱費

図表5-20　さまざまな費用とトリガーによる整理

　このようにさまざまな費用に対して，何がトリガーとなりうるか含めて考慮・設計していくことで，収益の連動とともに費用も考慮される事業計画となる。

Ⅸ　表計算ソフトでの表現方法

　重要なポイントについては，第4章である程度カバーできているのでカバーしきれなかったTipsを紹介したい。なお，設備投資についてはBS，CF関係となるので第7章で解説する。

　人員計画部分で，参照値として以下を取りまとめておく。

全メンバー数／全メンバー数（正社員）／役員数／全メンバー数（役員除く）／営業人員数／開発人員数／コーポレート人員数

人数が増えると費用が増えるパターンがある場合，上記のどの人数に紐づくのかを考えなければならない場合がある。

　例えば，接待交際費や出張旅費は営業メンバーにのみ予算が割り当てられることが考えられる。ITツールも開発メンバーしか使わない場合もあるかもしれない。

　表計算ソフトで表現する場合も一人当たりの額，もしくは予算に対して参照する人数を乗算して算出する方法がよいであろう。次の表は，人員に連動するコストの設定のイメージだ。

#	変数名	単位	FY05	FY06	FY07	FY08	FY09
1	旅費交通費予算	円/人・月	20,000	20,000	20,000	20,000	20,000
2							
3							

			FY05	FY06	FY07	FY08	FY09
旅費交通費			120,000	120,000	120,000	120,000	120,000
一人当たり旅費交通費予算			20,000	20,000	20,000	20,000	20,000
参考値：全メンバー数			6	6	6	6	6

第5章のまとめ

- 新しい事業において，コストを抽出する際にはまず事業におけるバリューチェーンを紐解くとよく，バリューチェーン内のプロセス毎のアクション，業務がわかれば，これに付随して担当者（人件費）と実施するアクションに紐づく費用が見えてくる。
- 変動費と固定費という考え方があるが気をつけたいのは特に変動費である。変動費は実務的には，売上成長を牽引するコスト（本書では戦略コストと呼んだ）と売上成長の結果増えるコスト（通常の変動費）の2つに分けられる。
- 変動費及び固定費はコストダウンの対象として見てよいが，戦略コストについては「投資対効果」で見なければならない。
- 主な戦略コストはマーケティング，開発費，営業サイド人件費，設備投資が挙げられる。
- マーケティングについては，顧客獲得コストで見ていく。ただし第4章の集客経路で触れた通り，各施策ベースで費用を積み上げていく視点も重要となる。

第5章　コストは方程式　205

- 開発費については，明快な方程式はないが，開発人件費で見定めていく。
- 営業人件費は，ケアする顧客・顧客との面談から見ていく。
- 設備投資では，売上を伸ばすのにどう影響しているかで考えるのがよい。
- 営業人員以外の人件費では，コーポレートメンバーをどう増やしていくかが重要となる。
- 意外にオフィス移転は現金支出としては大きくなりがちであり，見落としがちであるので事業計画を考える中で考慮しておきたい。
- 細かな費用について，売上や人員など，なにかが増えたときに増えるものと一定のイベントが発生したときに増える費用があるため，「この費用が増えるトリガーはなにか」で整理しておきたい。

コラム　グローバルデカコーンが見ているたった一つのKPI

　ある日，グローバルでデカコーン[12]となったスタートアップの日本支社長を務めた，研究室の先輩からお土産話を聞く機会がありました。

　もちろん著者の専門である事業計画についての話にもなります。グローバル企業に務め，外資系コンサルティングファームだけでなく，国内のコンサルティングファームで社長まで務められた方ではあるのですが，興奮気味に，語ってくださったのが次の内容となります。

　「自分が所属していたグローバルのデカコーン，事業計画は確かに存在していて，しかもかなり精緻に作られていた。グローバルに展開しているので，変数の数でいうと無数にある。その中で本社のCOOと議論したときにCOOがこう言い切ったんだよ。『（事業計画で）みている変数は一つだけ』と」

　この話を読んで読者の皆様は，まずどう思われるでしょうか？

12　企業価値100億ドル以上の企業のことを言う。

99％の方が「その一つって何？」という質問をされます。

実際に，その方によると「営業人員の採用数」ということでした。

ここまで聞いたら，「ふむふむ営業人員の採用数が大事なんだな，勉強になるなぁ」とか「うちは営業型じゃないから関係ないや」という結論に至る方が100％です。

この話で本当に得るべき示唆は「無数にある変数のうち見ている変数は一つと言い切れるまで他の変数を科学できている（再現性を持てている・仕組み化できている）こと」です。

採用数だけはまだ一定程度ブレるが，例えば新規採用した営業人員のトレーニング，戦力化までの期間は仕組み化できている。さらにマーケティングなど見込み客獲得方法も再現性を担保できている。さらに一定戦力化した営業人員が取り組めば各営業プロセスでの，移行率，コンバージョンレートもコントロールできている，ということです。だからあとは商談に対応する人さえいれば売上高目標を達成できる，という状態を構築しているということです。

いろいろなところでこの話をしているのですが，「うちもそうです」という方はやはりグローバル企業にお勤めの方でした。

第 6 章

資金について考える

Cash is king

ファイナンスの格言—出所不詳—

第6章は以下を解説する。

- 経営アジェンダにおける資金調達の位置づけは？
- 資金調達の方法にはどんなものがあるか？

スタートアップの場合：

- 投資家と銀行とでどのような目線の違いがあるか？
- スタートアップが考えられるデット・ファイナンス手法にはどのようなものがあるか？
- 投資家は，どのような目線でスタートアップを評価しているか？
- 投資家は事業計画のどこを見ているのか？

大手企業における新規事業の場合：

- 大手企業の新規事業でまず押さえるべきポイントは何か？
- 決裁・社内の意思決定に向けて何をすべきか？

いよいよ最後のトピックとして，資金について考えたい。途中からは，「スタートアップ・企業」と「企業内の新規事業」に分けて考えていく。

I　経営アジェンダにおける資金調達

初めて事業計画を作るきっかけは**資金調達**であることが多いだろう。私自身も，ベンチャーキャピタル在籍時，投資先が資金調達に取り組む際の支援として事業計画を作成した。借入で調達するにしても，投資家に増資を引き受けてもらうにしても，事業計画の提出がマストとなる。

言うまでもなく，資金そして資金繰りは重要だ。起業家・経営者の頭を常に悩ませる。私もスタートアップを経営しているので，そのことを思い巡らせない日は未だかつてない。会社を運営している以上，資金について考えなくてよい日は来ないだろう。

そんな日が続けば，「資金調達」が経営において重要なアジェンダになる。なってしまう。

そんなときこそ，立ち止まって「経営」「事業」とは何かを考えたい。

起業家なり経営者には「どんな世の中にしたいか？」という問いがあり，自分なりの答えを持っている。これを周囲に伝えるために表現したものが，会社として掲げる「ビジョン」である。

ビジョンを実現するために，「社会にどんな価値を提供するか」を考える。その価値を体現するモノがプロダクト（商品・サービス）やビジネスモデルである。

さて，そのプロダクトを世に出すにはどうしたらよいか。

仕入れるのか，新しく開発するのか。仕入れる場合，どこから調達するか。開発する場合，どう作るか。

さらに，そのプロダクトを実現できたら，どのように世に伝え，届けるか。マーケティングや営業についても考える。そして，それらを実現するための必要な組織体制を考えなければならない。

最終的には，「それにはいくら必要か？」に行き着く。計算できたら，その金額が自社の稼ぎで賄えるのか。賄えない，もしくは賄えるけど見据える成長に追いつけないのであれば，「外から資金調達をしよう」となるわけである。

こう考えると，**「資金調達」は経営における最後のアジェンダ**だ。あらゆることを考えた上で，必要な資金がわかり，それが不足しているから，「（外部からの）資金調達」をするのである。

決して逆ではない。

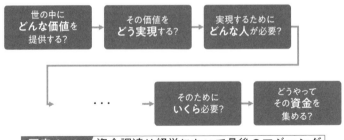

図表6-1　資金調達は経営において最後のアジェンダ

II　資金を考える上での大切なポイント

事業計画における資金を考える上で大切なポイントについて触れる。

① いつ，いくら必要か？
② どう集めるか？

当たり前じゃないかと怒らないでほしい。大切なのは順番である。

事業の前提となる部分に対して解像度を高めなければ，いつ，いくら必要かは読めない。何に使うかまで語れる必要がある。

そこまで語れて，ようやく「どう集めるか」という段階になる。当然ながら，集める際には，逆の立場として「資金の出し手」について考える必要がある。彼らが「何を考えているか」を理解するのである。

スタートアップであれば，銀行などの金融機関に加え，ベンチャーキャピタル等の投資家について理解を深めたい。

社内で新規事業を立ち上げる場合は，決裁プロセスを経て事業資金を確保することになるため，社内の投資意思決定方法・意思決定者について理解を深めたい。

第6章　資金について考える　211

　第1章で，事業計画は「コミュニケーション・ツール」だと語った。事業計画は，資金の出し手とのコミュニケーションにおいて重要な役割を果たす。

Ⅲ　資金調達の方法

　さて，経営について真剣に考えた末の最終手段として，資金調達を考えると前述した。思い出してほしいのが貸借対照表（BS）の右側である。ここは「お金の集め方」を示している。

　一つ目は，負債として認識する資金調達方法である「デット・ファイナンス」，単純にいうと「借入（かりいれ）」である。

　もう一つは純資産として認識する資金調達方法「エクイティ・ファイナンス」，単純にいうと「増資（ぞうし）」となる。

　それぞれの特徴を整理してみよう。

有利子負債／デット・ファイナンス：金融機関，主に銀行から資金を「融資」してもらう。自社の視点で言えば「借り入れる」。「借入」ということで，一般的には金利をつけて返済しなければならない資金である。

株主資本／エクイティ・ファイナンス：シンプルにいうと，自社が発行する株式を投資家に買ってもらうことによって資金を出してもらう調達方法である。一般的には返済は不要であるが，多くの場合，その株式には「議決権」，つまり会社の重要な意思決定に対する投票権が付与されている。

　資金の出し手が期待しているリターンの違いが重要だ。

　デット・ファイナンスではいわゆる「利息」がリターンに当たる（もちろん，元本の返済は必須である）。貸出先である自社のリスクを考慮して，利率が決まる。一方，エクイティ・ファイナンスの場合は，いわゆる「配当（インカムゲイン）」と投資した株式の値上がりを表す「キャピタルゲイン」がリターンである。

ファイナンス手法には，さらに「**メザニン・ファイナンス**」というものがある。スタートアップでよく使われる優先株による増資，転換社債等がこれに当たる。本書では，簡単な紹介に留める。巻末のブックガイド等をご参照頂きたい。

	資金提供元	性質	リターン
デット 有利子負債	銀行／信用金庫／信用組合（民間／政府系）	一定期間での 一括／分割での 返済が必要	金利
エクイティ 株主資本	個人投資家／ ベンチャーキャピタル／ 事業会社	一定期間内での返済は不要 経営権の一部を渡す	株価の向上（売却益） 配当
その他 補助金・ 助成金	政府・政府系機関	必要な費用の一部を負担 返済不要 （要件・提出書類が多い）	特になし （事業成長の果てに納税？）

図表6-2　**主な資金調達方法**

デット・エクイティ以外の資金調達手法として一つ付け加えるとすれば，政府による支援，いわゆる補助金・助成金となる。

BOX 資本コスト

　資金の出し手が期待するリターンは，自社の視点で見ると「コスト」として認識できます。経営資源である「ヒト，モノ，カネ」はそれぞれ調達するにはコストを払っていますが，その原資となる「カネ」も，集めるためにはコストを払っていることになります。これがいわゆる「**資本コスト**」という考え方です。

　コーポレートガバナンス・コードでもこの資本コストを意識した経営の重要性が謳われ，2021年に発表されたコーポレートガバナンス・コード2.0においても，改めて経営における重要性が再度強調されました。

> なお，日本でも経営論で著名なPeter F. Drucker博士は1995年のHarvard Business Reviewでこのように語っています。
>
> "Until a business returns a profit that is greater than its cost of capital, it does not create wealth; it destroys it.[1]"
> （事業はその資本コストを上回る利益を上げない限り，価値を創造しているのではなく，破壊しているのだ。）
>
> スタートアップでも，将来的に上場を目指すとなれば，この考え方を早くから意識しておきたいですね。

 スタートアップの資金の考え方

（1）銀行と投資家の目線の違い

　銀行であれ投資家であれ，資金を拠出する際に事業計画を審査・精査する。ただ，審査の軸，評価する目線はそれぞれ異なる。前述の通り求めるリターンの考え方の違いが異なるからである。

　端的にいうと，エクイティ・ファイナンスにおいて投資家が見るのは「トップライン（売上高）の成長性[2]」である。それに対し，デット・ファイナンスにおいて銀行・金融機関が見るのは「**ボトムライン（利益）**」である。

　投資家へのリターンは，配当とキャピタルゲインである。このうちリターン

1　Peter F. Drucker, "The Information Executives Truly Need"（Harvard Business Review, 1995）（筆者による訳）
2　スタートアップに投資する投資家の目線はあくまでトップラインの成長性であるが，重視する項目・追加する項目は，市況の影響を受ける。

として大きいのは圧倒的にキャピタルゲインである。

　ではそのキャピタルゲインは何によって決まるか。

　その対象となる会社の将来の株価上昇への「期待」「成長性」に他ならない。目の前では赤字であっても，対象会社が展開する事業が先行投資によって市場で優位な地位を築いて利益を上げていくこともある。したがって投資家は，事業計画のトップラインである売上高を一番に見るのだ。

　一方で，銀行などの金融機関が融資する際は，ボトムラインとしての利益を見る。銀行は利息でのリターンも期待するものの，「融資した資金が返済されること」が最低条件である。

　そして，返済の元手（返済原資）が「利益」である。それゆえ，事業計画の利益の推移を最初にチェックして返済可能性を見る。

（2）デット・ファイナンス

　銀行から融資を引き出す際に，事業計画が必須なのは以下の２パターンとなる。

①　事業成長に向けて融資を受けようとするケース
②　事業再生に向けて融資を受けようとするケース

　②は企業再生・事業再生を主題とする他書に譲り，ここでは①に焦点を置く[3]。

▌いくら借りられるか？

　いくら借りられるかという目安は，次の式を考えればよい。

─────────────

3　さらに詳細な議論は，千保理他『ベンチャー企業が融資を受けるための法務と実務』（第一法規，2019年8月）を参照のこと。

借入可能額の目安＝償却前営業利益×借入期間

　前述の通り，銀行・金融機関は「ボトムライン（利益）」を見る。利益とは，「償却前営業利益」である。EBITDAと考えていただいてもいい。

　償却前営業利益やEBITDAがよくわからなければ，次のように理解してほしい。

償却前営業利益＝営業利益＋償却費用

　償却費用は，営業利益の手前，「売上原価」に入っていたり，「販売費及び一般管理費」に含まれていたりする。代表的なのが「**減価償却費**」だ。

　この減価償却費を営業利益に足す。「償却費を引く前の営業利益」ということで，「償却前営業利益」である。

　EBITDAもほぼ同じで，Earnings Before Interest, Depreciation and Amortizationの略である。

　減価償却費は，第2章でも説明した通り設備投資やソフトウェア資産などの先行投資，つまり「先に現金として拠出している」ものを「その資産が価値を出し続ける期間に費用として按分していく」という考え方に基づく。

　他の費用と異なり，実際に現金が出ていっているわけではない。「**非現金支出費用**」なのである。

　営業利益に，この非現金支出費用を足し戻せば，「**営業キャッシュ・フロー**」を簡易的に算出できる。営業キャッシュ・フローは本業から生まれたキャッシュ・フローなので，これが借入金の「返済原資」となる。

　直近の決算書を見て，通期で営業利益が450万円，減価償却費が50万円とする。

償却前営業利益＝450万円＋50万円＝500万円

借入期間は，5〜10年で設定されるが，取引実績がまだない場合は5年で考えられることが多い。つまり，500万円×5年＝2,500万円が借入可能な金額の目安となる。

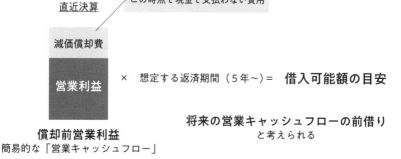

図表6-3　償却前営業利益と借入可能額

（3）借入金のいろいろ

借入金と一口にいっても，企業のステージごとにプレイヤーが変わる。

創業期は，日本政策金融公庫のいわゆる「**創業融資**」である。

事業の進捗があり一定の資金が必要となったときに利用されるのが「**制度融資**」である。さらに規模を大きくし，企業基盤が確立すれば，民間の金融機関主導の「融資」となる（俗に「**プロパー融資**」とも言われる）。

以下，（4）（5）で概要を紹介する。

第6章 資金について考える　217

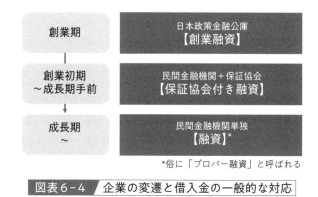

図表6-4　企業の変遷と借入金の一般的な対応

（4）創業融資

　従来，創業融資，正確には，日本政策金融公庫によって提供される融資メニューであった「新創業融資制度」が変更され，日本政策金融公庫が提供する融資制度を創業時に有利な条件で適用できるようになった[4]。

　今後も，融資条件等は変更もありうるので，正確にはWebサイトを確認することを推奨するが，概ね，次のような条件となる。

- 融資額：最大7,200万円
- 融資対象：創業後2期以内，新たに事業を始める方・事業を開始して間もない方

　なお，「新創業融資制度」が施行されていた時期は，自己資金要件が存在した。自己資金要件について補足すると，要は「事業開始に必要な資金のうち，最低10分の1は資本金として拠出していること」である。例えば，必要資金が1,000万円とした場合，10分の1に当たる100万円は自分で用意する必要がある

---

[4] 従来の新創業融資制度は，日本政策金融公庫の幅広い融資を有利な条件で利用できるよう2024年4月に改訂された。詳しくは日本政策金融公庫の「創業時に利用できる主な融資制度」（https://www.jfc.go.jp/n/finance/sougyou/riyou/sougyouji/）をご参照のこと。

ということである。ただし，これも多くのパターンでは，10分の1以上は求められて，実務的には30%程度の自己資金を投じている方が，融資審査でも通りやすい実情があった。

　上記の通り，制度自体が変更されたことによって，この自己資金要件は撤廃されたが，実務としてどのように運用されていくかは注視したい。

　融資審査のプロセスは通常の融資に比べてシンプルである。決定までのリードタイムも短い。さらに，申込書類も所定の借入申込書，創業計画書だけで少ない。詳細な事業計画を作成している場合は，融資審査上加点要素となる。

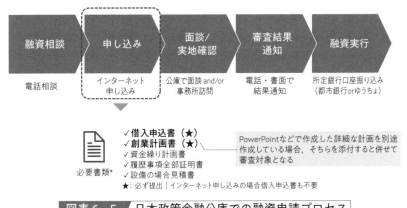

図表6-5　日本政策金融公庫での融資申請プロセス

　創業計画書では，創業の経緯や創業者の略歴等を記載する。ただし，「取り組もうとしている事業は，創業者の過去の経歴から見て実現可能性が高いか」が重要なポイントである。

第6章 資金について考える　219

図表6-6　創業計画書での記載ポイント[5]

（5）制度融資

　制度融資，信用保証協会保証付融資は，自社が登記する都道府県・市町村区の制度に依拠する。各市町村区の経済支援課等に確認しよう。

参考：銀行融資審査の際に求められる資料

　銀行や金融機関による融資の審査においては，通常次のような資料の提出が求められる。準備しておくと融資審査を円滑に進めることができるので，銀行との面談が決定したら可能な限り用意しておこう。

- 履歴事項全部証明書
- 決算書（事業概況説明書含む）
- 直近の試算表
- 資金繰り表（実績6ヶ月＋予定6ヶ月）

---

[5]　創業計画書のフォーマットはPDF・Excelで以下の日本政策金融公庫Webサイトでダウンロード可能（https://www.jfc.go.jp/n/service/dl_kokumin.html）

- 銀行取引一覧表
- 事業計画書
- 納税証明書
- 印鑑証明書（法人＋創業者個人）

自治体の資金を源泉に民間金融機関が融資を行い，信用保証協会がその融資を保証する

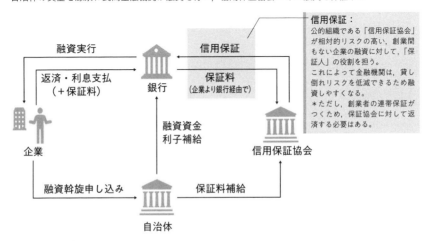

図表6-7　自治体が管轄する地域の企業を対象にした融資制度

BOX

よくあるタイプミス

　借入金，つまり有利子負債による資金調達をデット・ファイナンス (Debt Finance) と言います。「デッド・ファイナンス」とタイプミスをしている方が会計士等の一定の専門家でもたまにいらっしゃいます。デッドと濁音になると「Dead」Financeとなってしまうので気をつけたいものです。

エクイティ・ファイナンス

　エクイティ・ファイナンスについては，書籍・専門書が多数ある。本書では，事業計画に焦点を置いて解説する。

(1) 投資家の目線

　ベンチャーキャピタル[6]等のプロの投資家は，起業家の事業説明，ピッチ（プレゼンテーション）を聞く際，以下の3つを注視している。

投資家が見ているポイント[7]：
- Why this?（なぜこのプロダクトなのか？）
- Why now?（なぜ今まで解決されなかったのか？　なぜ今だと言えるのか？）
- Why you?（なぜあなた／この経営陣ならできるのか？）

Why this?

　この問いについては，まずそもそも顧客は誰で，顧客がどんな課題や負を抱えているかがスタートだ。その上で，提供する（しようとする）プロダクト・サービスがどう解決するのか。その解決方法は適切なのか。顧客が対価を支払

---

[6] スタートアップにとって，エクイティ・ファイナンスにおける初期の資金の出し手としては，エンジェル投資家とベンチャーキャピタルが存在する。エンジェル投資家は，創業・シード期のスタートアップに投資する，スタートアップの現役もしくは元経営者が中心で，次世代の起業家を応援するという位置づけで出資するケースが多い。一方，ベンチャーキャピタル（Venture Capital：VC）は自社が組成するファンドに投資家（ファンドへの資金の出し手をLimited Partner：LPという）から資金を集め，そのファンドを通じてスタートアップに投資し，上場もしくはM&Aにおける株式の値上がり益（キャピタルゲイン）で収益を得る事業体である。対象とするスタートアップの規模，市場領域，テーマはVCによって異なる。（伊藤紀行『スタートアップ　起業の実践論』（技術評論社，2023年4月））

[7] 筆者がベンチャーキャピタル・投資家に「起業家の何を見ているか」ヒアリングした際の答えを集約するとこの3点であった。実際に日本で優れた実績を誇るCoral CapitalもWebサイトで上記3ポイントを記載している。（https://coralcap.co/faq/#collapse344021）

うに値する課題であり，また対価を支払うに値する価値を自身のプロダクトが提供しうるのか。その対価の獲得方法はどのようなものか，つまりビジネスモデルについて語る必要がある。

以上をまとめると，Why this?に対して，以下を明らかにする必要がある。

- 顧客は誰か？
- 顧客はどんな課題に悩まされているのか？
- その課題を自社のサービスはどのように解決・克服するのか？
- その解決・克服に対して顧客は対価を払うに値するか？
- その対価の獲得方法は，成長を牽引するものか？（ビジネスモデル）

Why now?

「なぜ今まで解決されなかったのか」，既存のソリューションの課題について語りたい。また「時機・時流[8]」も踏まえると説得力を増す。それによって顕在化しうる「市場規模・市場成長性」も論点となる。

まとめると，Why now?という問いに対して，以下を明らかにする必要がある。

- なぜ今まで解決されなかったのか？
- 従来のソリューションは何が課題なのか？
- 本事業を浸透させる上での前提条件は何で，クリアしているのか？
- 以上を踏まえて，市場性（規模・成長性）は魅力的であると言えるか？

Why you？

最後は結局「何故あなた（たち）ならできるのか？」を証明しなければならない。創業者の経歴や経験だけでは，答えにはならない。

8　例えば筆者の展開する事業計画・予実管理のクラウドプロダクトも，初期構想時の2010年時には，「クラウド」という言葉も浸透しておらず，会計ソフト等もクラウドで実現されているとはいえなかった。しかし筆者が創業し，当該プロダクトの開発を始めた2018年には，クラウド会計ソフトが浸透してきており，管理会計要素へのクラウド化の素地ができた状態であった。

Why this?で語ったソリューション・プロダクトの実現に向けた「企業」と
してのケイパビリティが求められる。必ずしもCEOがその専門家である必要
はない。経営チームの中に必要な職務能力，知見をもったメンバーがいるか，
が問われる。

IT，SaaSであれば，開発責任者となりうるメンバーがいるか。B2Cならば，
B2Cのマーケティングに強いメンバーがいるか。核融合のスタートアップであ
れば核融合の研究者がメンバーにいるか。

Why now?で語った市場性について，それを顕在化できるメンバーがいるか。
少なくとも市場攻略のための戦略や施策の仮説を持ち，遂行していけるメン
バーがいるか。前段のWhy this?，Why now?で語った論点に対して，実現に
向けて，実行していける経営チームとなっていることが求められる。

世の中には，「技術もわかる，マーケティングもわかる，ファイナンスもわ
かる，営業もできる」というスーパービジネスパーソンも存在する。しかし，
たとえ創業者がそうであったとしてもそれを投資家はそこまで評価しない。一
人の時間は1日当たり24時間であるからだ。そのため，たとえ自分がある程度
できたとしても，自分以上にできるメンバーを巻き込み経営チームとして招い
て，お互いの背中を任せる。

そういう経営チームができているか，投資家は見ている。

筆者の尊敬するベンチャーキャピタリストは，このチームを「グッとくる
チーム」と表現していた。

スタートアップにしろ，新規事業にしろ，新しいことを始めるには困難が付
きまとう。すでに一般的になった「Hard Things」[9]という表現では薄っぺらい。
どんなに働いても結果が見えない，夜も眠れない日々が続くときもある。人と
しての最終手段を選択肢に思い浮かべるような瞬間さえある。

スキル面だけでなく，そのような困難・荒波を「このチームなら乗り越えて

---

9 ベン・ホロウィッツ『HARD THINGS』（日経BP，2015年4月）

224

いけそうか」が重要となる[10]。

（2）ベンチャーキャピタルの投資検討プロセス

　投資家，とりわけ主要プレイヤーであるベンチャーキャピタル（VC）は，検討を実際どのように進めるのだろうか。

　図表6-8「VCの投資検討プロセス」にある通り，①初期検討→②投資委員会（一次討議）→③マネジメント・プレゼンテーション→④投資委員会（最終決定）→⑤会計・法務デューデリジェンスとなる。またここには記載はないが，投資契約書に関する交渉期間も存在する。

　この検討プロセス自体は一般的である。ベンチャーキャピタル各社で微妙に異なるプロセスもある。マネジメント・プレゼンテーションの前に，例えば自社のプロダクトを利用する既存顧客へのインタビューを要請されることもあるだろう。

　また投資委員会の実施タイミングも各社で異なる。実施タイミング次第で投資意思決定時期がずれ込むこともある。したがって，同図に示す通り，投資検討から意思決定まで3ヶ月程度見込みたい。「来月資金が枯渇しそうだ！」というときにベンチャーキャピタルに投資検討を打診しても間に合わないのである。

10　紹介したWhy this?，Why now?，Why you? も，評価の対象となるスタートアップ企業の事業ステージによって評価の重点が異なる。事業ステージ毎で重視される視点については，田所雅之『「起業参謀」の戦略書』（ダイヤモンド社，2004年1月）に詳しい。

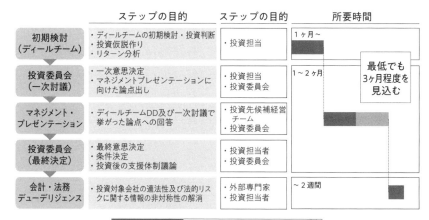

図表6-8 VCの投資検討プロセス[11]

(3) 事業計画の評価

　さて、ベンチャーキャピタルが「事業計画をどう評価するのか」について考える。前述の3つのポイント（Why this?, Why now?, Why you?）は、実際に事業計画の評価にもつながる。

　ベンチャーキャピタルは、投資検討に際して初期より投資仮説を構築する。その観点は3つのポイントにもリンクする。

　本書で語る狭義の事業計画（＝収益計画）に限らず、事業計画においては、経営チーム（Link to Why you）、市場機会（Link to Why now）、ビジネスモデル（Link to Why this）がポイントとなる。また、上記ポイントが定量的にどうつながり、結果としてベンチャーキャピタルに打診する「調達目標金額」がどこに割り振られるかの説明が必要となる。

　経営チームは、現状のチームに留まらない。成長の過程で、どのようなケイパビリティを有するメンバーを拡充していくのかまで仮説を立てておくべきで

11　グロービス・キャピタル・パートナーズ『ベンチャーキャピタルの実務』（東洋経済新報社、2022年11月）に基づき、筆者作成。

ある。

　市場機会に対しては，前述のWhy now?で語った論点に加え，対象市場におけるKSF（第4章参照）まで考慮する。

　ビジネスモデルに対しては，Why this?で語った論点を主とする。その一方でProduct Market Fit（PMF）に対しての仮説・実績への示唆も必要となる[12]。この論点では，さらに何が**成長のための要素**（＝グロースドライバー）かについて仮説を提示する必要がある。裏を返して言えば，この問いの答えこそが，資金調達の目的であり，主たる資金の投入先となるためだ。

　投資家は，投資した資金が何に使われるかを見る。そしてそれによって，どこまで成長できるか判断する。

　まさしく，第5章の「戦略コスト」だ。成長を最も牽引する戦略コストは何で，その戦略コストにいくら投じれば，どれほどの成長，多くは売上高の成長となるのかを知りたいのだ。

経営チーム
- 経営チーム
  - 起業家のビジョンや経験，市場フィット
  - チームの補完性
- 今後の組織進化仮説
  - 事業拡大に向けたチーム組成
  - 必要人材仮説

市場機会
- 解決する課題・顧客ターゲット
  - 誰の何の課題を解決するかの解像度の高さ
- 市場規模
  - 顕在・潜在的な規模姓・成長性
  - Why now?の変曲点
- 業界構造とKSF
  - 業界構造への洞察と進化仮説
  - KSFの見極め・構築

ビジネスモデル
- PMF
  - 特定ユーザーにとってプロダクトが必須かつ収益化できる状態か
- スケーラビリティ
  - 中長期的に再現性をもって規模化できるか
- グロースドライバー
  - 規模化に向け，調達した資金をどこに投じるか
- 競争優位性
  - 自社の優位性の特定と今後の強化・構築仮説

図表6-9　VCの投資仮説構築の観点[13]

---

[12] 栗原康太『新規事業を成功させるPMF（プロダクトマーケットフィット）の教科書』（翔泳社，2022年10月）．
[13] グロービス・キャピタル・パートナーズ『ベンチャーキャピタルの実務』（東洋経済新報社，2022年11月）に基づき，筆者作成．

第6章 資金について考える　227

　それは，成長だけでなく，競合他社，類似プレイヤーからの参入に対する優位性にもなるからである。

　なお，スタートアップの競争優位性は，著名な投資家であるウォーレン・バフェット氏の「moat（モート）」[14]という概念を基礎に語られる。moatとして具体的に挙げられるのは，ブランド，ネットワーク効果，スイッチングコスト等である[15]。これは，大きく2つに分けることができる。

プロダクト・モート：プロダクトやプロダクトの特性を生かしたビジネスモデルによって築くことができるモート（テクノロジー優位性／ユーザビリティ／スイッチングコスト／ネットワーク効果）。

ストラテジック・モート：経営，戦略によって築くことができるモート（ブランド／第一想起／規模の経済／オペレーションエクセレンス／免許・許認可・特許や知的財産／レギュラトリー・規制戦略（ロビイング活動））。

　個別の論点は，それだけで一冊になるほどである。キーワードを提示するに留める。

　重要なことは，最初から競争優位性を具備している必要はない。競争優位性となりうる要素をどのように織り込み，設計していくことができるかである。

　本書で語ってきた，事業計画策定のプロセスと後章で語る予実管理・PDCAサイクルの議論を徹底し，経営上の仮説を立案，検証プロセスを仕組み化すれば，経営の「オペレーション・エクセレンス」を構築できる。

14　moatはもともと，「堀」という意味で事業を城に喩えて，この城を守る堀としての競争優位性が必要であると説かれた。初出は，同氏が経営するバークシャー・ハサウェイ社の1995年株主総会時の質疑とされている。（https://buffett.cnbc.com/1995-berkshire-hathaway-annual-meeting/）

15　原健一郎『Moat（モート）：スタートアップの競争戦略概論』（2020年4月，https://note.com/kenichiro_hara/n/n6fcd82c06252）

（4）スタートアップバリュエーションの考え方

　スタートアップのバリュエーション（＝企業価値評価）[16]では，以下の**マルチプル法**が主に適用される。以下に手順を記載する。

① 　まず自社と類似する上場企業を複数ピックアップする。「類似」の観点は以下のように考える。

　　ａ．同業種：もし同業種で上場企業があれば利用する。

　　ｂ．同ビジネスモデル：同領域のプロダクトでなくても，自社がB2B SaaSであれば，商材の異なるB2B SaaSの新興企業等をピックアップする。

② 　ピックアップした類似企業について，Yahoo！ファイナンス等の株価（可能ならば上場時の株価も）と発行済株式数，財務指標をピックアップする。

　　財務指標例：売上高，当期純利益など

③ 　上記企業それぞれの係数（「マルチプル」という）を算出する。

　　算出方法：【時価総額（株価×発行済株式数）】÷【選んだ財務指標】

　　ａ．PSR（売上高倍率）＝時価総額 ÷ 同社の売上高

　　ｂ．PER＝時価総額 ÷ 同社の当期純利益

④ 　複数社に同様の計算をして，平均値／中央値を算出する。

⑤ 　自社の事業計画（数字）の「選んだ財務指標」にマルチプルを乗算することで株価を試算する。

16　スタートアップの企業価値評価については，池谷誠『スタートアップ・バリュエーション──起業家・投資家間交渉の基礎となる価値評価理論と技法』（中央経済社，2023年4月）で網羅的に解説がなされている。

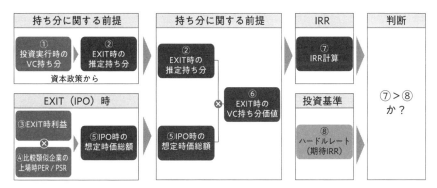

図表6-10　VCの投資評価メソッド[17]

以上を踏まえた算定結果を表すシートを作成する場合もある。

レイターステージ以降のスタートアップであれば，次のような類似企業比較分析シート，通称Compsシートを作成するケースがある。

証券コード	社名	直近期 時価総額	売上高	EBITDA	純利益	マルチプル 売上高(PSR)	EBITDA	PER
成熟企業		時価総額	売上高	EBITDA	純利益	売上高(PSR)	EBITDA	PER
####	㈱XXXXXX	1,765,700	2,266,808	130,937	75,148	0.78 x	13.49 x	23.50
####	㈱XXXXXX	330,600	311,544	26,139	18,182	1.06 x	12.65 x	18.18
####	㈱XXXXXX	75,100	35,501	5,227	1,839	2.12 x	14.37 x	40.84
####	㈱XXXXXX	36,200	14,266	2,781	1,816	2.54 x	13.02 x	19.93
####	㈱XXXXXX	162,500	13,417	1,732	1,012	12.11 x	93.82 x	160.57
	平均値					**3.72 x**	**29.47 x**	**52.60**
	中央値					**2.12 x**	**13.49 x**	**23.50**
類似新興企業		時価総額	売上高	EBITDA	純利益	売上高(PSR)	EBITDA	PER
####	㈱XXXXXX	172,800	7,156	-2,446	-2,572	24.15 x	-70.65 x	-
####	㈱XXXXXX	277,600	4,516	-2,830	-2,778	61.47 x	-98.09 x	-
####	㈱XXXXXX	285,400	11,608	1,174	799	24.59 x	243.10 x	357.20
####	㈱XXXXXX	183,100	13,362	757	-94	13.70 x	241.88 x	-
####	㈱XXXXXX	104,700	12,521	-1,236	-1,620	8.36 x	-84.71 x	-
	平均値					**26.45 x**	**46.31 x**	**357.20**
	中央値					**24.15 x**	**-70.65 x**	**357.20**
類似新興企業［上場時］		時価総額	売上高	EBITDA	純利益	売上高(PSR)	EBITDA	PER
####	㈱XXXXXX	28,333	1,542	-871	-889	18.37 x	-32.52 x	-
####	㈱XXXXXX	93,279	4,579	-2,749	-2,692	20.37 x	-33.93 x	-
####	㈱XXXXXX	12,167	3,411	566	355	3.57 x	21.48 x	34.29
####	㈱XXXXXX	134,695	7,318	-2,943	-3,295	18.41 x	-45.77 x	-
####	㈱XXXXXX	17,782	1,584	-35	-182	11.23 x	-506.68 x	-
	平均値					**14.39 x**	**-119.48 x**	**34.29**
	中央値					**18.37 x**	**-33.93 x**	**34.29**

上場後の株式価値_PER ベース			
上場後の純利益	千円	XXXXXXX	<FY2026
PER	倍	25.00	
株式価値	**千円**	**XXXXXXXX**	

上場後の株式価値_PSR ベース			
上場後の売上高	千円	XXXXXXXXX	<FY2026
PSR	倍	12.00	
株式価値	**千円**	**XXXXXXXXXX**	

VCの投資リターン			
投資額	千円	X0,000	
保有シェア	%	10.00%	
上場以前希薄化	%	20.00%	
上場時持ち分		8.33%	
		PER ベース	PSR ベース
保有株式価値	千円	XXXXXXX	XXXXXXX
IPO Discount	%	20.00%	
売却額	**千円**	**YYYYYYY**	**YYYYYYY**
投資倍率	**倍**	**110 x**	**100 x**

図表6-11　類似企業比較分析シート（イメージ）

17　山中礼二『VCファンディングの基礎』（2014年8月，https://www.slideshare.net/ReijiYamanaka/vcslideshare14-0820）に基づき筆者作成。昨今の事情に基づきPSRを追記。

大手企業における新規事業での資金の考え方

(1) 大前提として押さえること

　大企業においても，新規事業を開始するには資金が必要になる。そのためには，当然ながら，社内の意思決定プロセスを乗り越えていく必要がある。

　まずは自社がどのような意思決定プロセスを踏むのかを押さえ，スケジュールを立てる。

　上長や投資を管轄する部門（財務や経営企画・事業企画等の部門）や，新規事業にかかわらず過去に意思決定に関する上申を経験した社内のメンバーに大きく次を確認する。

主たる意思決定機関・会議体（明文化されたルール）	・決裁に係る金額の範囲 ・会議体の開催頻度・主な参加者 ・会議体の運営方法（資料等の事前準備等） ・投資基準
意思決定の実務（必ずしも明文化されていると言えない暗黙のルール）	・会議体の傾向と対策 ・主な討議回数 ・よく指摘されるポイント

(2) 新規事業の投資基準

　社内の投資基準は形式的に外せない。ガバナンスを確立している企業であれば，事業上の意思決定において，戦略上の意義等の定性的評価に加えて，事業計画に基づく定量的な投資基準が設けられている。

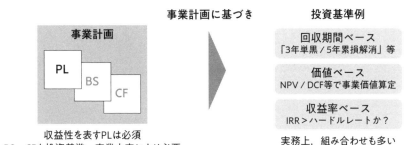

図表6-12　事業計画と投資基準

回収期間ベース，価値ベース，収益率ベースがあり，実務では組み合わされることも多い。

（3）回収期間

古くから利用されてきた投資基準である。「初期投資に対して，どれくらいの期間で改修できるのか」を考える。「3年単黒，5年累損解消」という企業が一般的に多い。

正確に言うと，以下を示す。
- 3年以内に単月の（営業）利益が黒字化すること。
- 5年以内に初期投資も含めて累積損失が0となること。

計算がしやすく，また作成する計画もPLのみと簡単なので，採用する日本企業は多い。

ただし，将来の収益に対する時間的考え方を加味しないため，ファイナンス観点では弱い。投資基準としてはあくまで概算用ともいえる。

（4）価値ベース

投資対象の将来の収益，厳密にはキャッシュ・フローの時間的価値も踏まえて投資意思決定する。コーポレート・ファイナンスの考え方に基づき，時間的

価値の計算方法が提示されている。

　具体的には，将来の収益を時間的な考え方に基づき修正（割り引く，という）して算出した現在価値（Present Value：PV）を投資額と比較して考える，**正味現在価値法（Net Present Value：NPV法）**が利用される。

　コーポレート・ガバナンスに対する意識が強まっている中，投資基準としてNPV法や後述のIRR法を使うケースが増えている。NPV法[18]は，単純な予測PLで算出される利益だけでなく，予測BS，少なくとも予測CFの要素を考慮する。そのため作成難易度が高い。加えて，現在価値に割り引くときの割引率，資本コストの算出，また組織としての算出ポリシーが必要となる。

18　NPV，IRRが使われるのは何故か。コーポレート・ガバナンスのガイドラインとして，2015年にコーポレートガバナンス・コード（金融庁，東京証券取引所）が公表された。その後，2018年の1回目の改訂が行われた際に，「自社の資本コストを的確に把握」というように，事業の収益性の判断において明確に「資本コスト」の重要性が謳われた。2020年には経済産業省が中心となってまとめられた「事業再編実務指針」においては，「資本コストを上回る資本収益性」で事業ポートフォリオを管理するよう提言が行われ，これを受ける形でコーポレートガバナンス・コードの2回目の改訂が2021年に行われ，事業ポートフォリオ管理においても資本コストを意識することが訴えられた。
　NPV法では算出に利用する変数である割引率として，資本コストが適用される。IRR法では資本コストを基礎としたハードルレートとの比較によって投資判断が行われる。
　コーポレートガバナンスの意識の高まりの根底には，本章冒頭BOX（213頁）で引用したドラッカー氏の引用の通り，「資本コスト」に基づく収益性評価を重視する考え方が当然必要となる。日本企業でも重要な財務指標としてROEやROICを設定し，特にROICを重視する「ROIC経営」を標榜する企業が増えてきたこともこれが背景にある。こまかな議論は他書に譲るが，ROICと資本コストは比較しうるということで，資本コストを上回るROICとなっているかが重要となる。したがって，ROICを重要指標として掲げるならば，投資判断においても資本コストを適用したNPV法やIRR法を利用しなければ本末転倒である。
　「ROIC経営」を謳いながら，相変わらず社内では「3年単黒，5年累損解消」といった旧来の投資評価指標を適用しているようでは，中身の伴わない，流行語に飛びついただけのハリボテのROIC経営と言えよう。
・東京証券取引所『コーポレートガバナンス・コード』（2018年6月改訂版）（https://www.jpx.co.jp/rules-participants/public-comment/detail/d1/nlsgeu0000031fnd-att/20180601.pdf）
・東京証券取引所『コーポレートガバナンス・コード』（2021年6月改訂版）（https://www.jpx.co.jp/news/1020/nlsgeu000005ln9r-att/nlsgeu000005lne9.pdf）
・経済産業省『事業再編実務指針』（2020年7月）（https://www.meti.go.jp/policy/economy/keiei_innovation/keizaihousei/pdf/20200731003-1.pdf）

(5) 収益率ベース

収益率は，投資対象となるプロジェクトの期待収益率の高さで投資意思決定する。将来のキャッシュ・フローをベースに算出される**内部収益率**（Internal Rate of Return：IRR）を，各社で設定するハードルレートと比較する。そして，ハードルレートより大きければ投資，小さければ投資しないと判断する。前出のNPV法と同様だ。

ただし，IRR法を適用するには，予測BS，予測CFまで作成する必要である上，資本コストをベースにしたハードルレートの設定が必要となる。これもNPV法同様だ。

以上を踏まえると回収期間ベースでは，予測PLのみでよい。価値ベース，収益率ベースでの検討では，BSとCFも必要になる[19]。

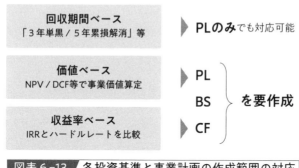

図表6-13　各投資基準と事業計画の作成範囲の対応

19　NPVやIRRについては，ファイナンス理論の説明に及ぶ。本書読者のため，別途ダウンロードコンテンツとして用意したので，必要な方は，「はじめに」で示したURLに訪問いただきたい。

（6）決裁に向けて

　さて，決裁にはどう臨むのか。

　結局は「会社ごとに違う[20]」ので，勝利の方程式は各社で異なる。社内の意思決定に関するプロセスを理解するほかない。

　もちろん，プロセスだけでなく，「役員の〇〇さんは経費について細かな指摘がある」という情報も重要だ。それならば，〇〇さんに予め説明しておく等の対策を講じられる。

　こういう言い方をすると「結局，根回しか」と落胆されるかもしれない。しかし，意思決定側からすると，企業の今後の成長に責任を背負って，意思決定の場に着席している。自身が納得，理解できていないものの責任を背負うことはできないだろう。**意思決定に関与する社内関係者を早期に「巻き込む」**[21]こ意識が大事なのだ。

Ⅶ　事業計画の見せ方

　さて，スタートアップと大企業の新規事業共通の話に戻す。

　共通しているのは，投資家も社内の意思決定者も「あなたの事業計画検討だけが仕事ではない」ということだ。それぞれ複数のアジェンダを抱えているだろう。

　もちろん意思決定の場で，バックアップしてくれるサポーターは存在するかもしれない。

20　これは会社として設定している投資基準の違いだけに留まらず，社内でのパワーバランスにもよる。発言権という意味で，管理畑が強い会社もいれば，営業が強い会社もある。その中では，「本質的ではない」と思うような議論や指摘もあるだろうが，決裁を仰ぐ上では，ある程度「郷に入っては郷に従え」で進めることも重要だ。

21　ピョートル・フェリクス・グジバチ著『がんばらない働き方』（青春出版社，2019年1月）によると「ポジティブな根回し」という。意思決定者の価値観や判断基準を早期に知ることで起案者側が準備できるだけでなく，意思決定者側もその起案に対して「心の準備」ができるという。

しかし，意思決定側が抱えているアジェンダは多いのだ。投資家であれば他のスタートアップへの投資検討も並行していて当然だ。大手企業の意思決定機関も，他の新規事業，そして既存事業の検討も抱えている。したがって，相手からすれば，身を削ってまとめた事業計画は，「アジェンダの一つ」に過ぎない。

だから軽んじられるというわけではない。その一つのアジェンダにさえ，責任を負うのが意思決定チームなのだ。

だからこそ，意思決定がしやすいように準備をしなければならない。

広義の事業計画（概要，戦略等も含む，多くはプレゼンテーション・スライド形式でまとめられたもの）と狭義の事業計画（収益計画）の両方を提出する。

広義の事業計画をどう構成すると見やすいかなどの書籍は巷にあふれているので割愛する。狭義の事業計画，すなわち収益計画の方にポイントを絞って解説する。

（1）収益計画の見せ方

事業計画には添付資料として次のようなシートを添付していると思う。

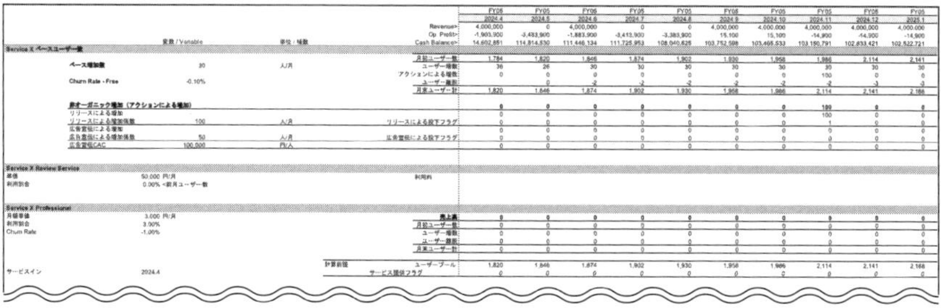

				FY05	FY05	FY05	FY05	FY05	FY05	FY05	FY05	FY05	FY05
				2024.4	2024.5	2024.6	2024.7	2024.8	2024.9	2024.10	2024.11	2024.12	2025.1
			Revenue>	4,000,000	0	4,000,000	0	0	4,000,000	4,000,000	4,000,000	4,000,000	4,000,000
			Op Profit>	-1,903,900	-3,483,900	-1,883,900	-3,413,900	-3,383,900	15,100	15,100	-14,900	-14,900	-14,900
	変数 / Variable	単位 / 補数	Cash Balance>	14,602,851	114,814,530	111,446,134	111,725,953	108,040,625	103,752,598	103,468,533	103,150,791	102,833,421	102,522,721
Service X ベースユーザー数													
			月初ユーザー数	1,784	1,820	1,846	1,874	1,902	1,930	1,958	1,986	2,114	2,141
ベース増加数	30	人/月	ユーザー増数	36	26	30	30	30	30	30	30	30	30
			アクションによる増数	0	0	0	0	0	0	0	100	0	0
Churn Rate - Free	-0.10%		ユーザー離脱		0	-2	-2	-2	-2	-2	-2	-3	-3
			月末ユーザー計	1,820	1,846	1,874	1,902	1,930	1,958	1,986	2,114	2,141	2,168
非オーガニック増加（アクションによる増加）				0	0	0	0	0	0	0	100	0	0
リリースによる増加				0	0	0	0	0	0	0	100	0	0
リリースによる増加係数	100	人/月	リリースによる投下フラグ	0	0	0	0	0	0	0	1	0	0
広告宣伝による増加				0	0	0	0	0	0	0	0	0	0
広告宣伝による増加係数	50	人/月	広告宣伝による投下フラグ	0	0	0	0	0	0	0	0	0	0
広告宣伝CAC	100,000	円/人		0	0	0	0	0	0	0	0	0	0
Service X Review Service													
単価	50,000	円/月	利用料										
利用割合	0.00%	<前月ユーザー数											
Service X Professional													
月額単価	3,000	円/月	売上高	0	0	0	0	0	0	0	0	0	0
利用割合	3.00%		月初ユーザー数	0	0	0	0	0	0	0	0	0	0
Churn Rate	-1.00%		ユーザー増数	0	0	0	0	0	0	0	0	0	0
			ユーザー離脱	0	0	0	0	0	0	0	0	0	0
			月末ユーザー計	0	0	0	0	0	0	0	0	0	0
		計算前提	ユーザープール	1,820	1,846	1,874	1,902	1,930	1,958	1,986	2,114	2,141	2,168
サービスイン	2024.4		サービス提供フラグ	0	0	0	0	0	0	0	0	0	0

図表6-14　添付資料イメージ

1画面で表示しているが，実際には縦に何百行〜何千行もの計算があったり，別シートで何十シートもあったりする。いわば事業計画そのものである。

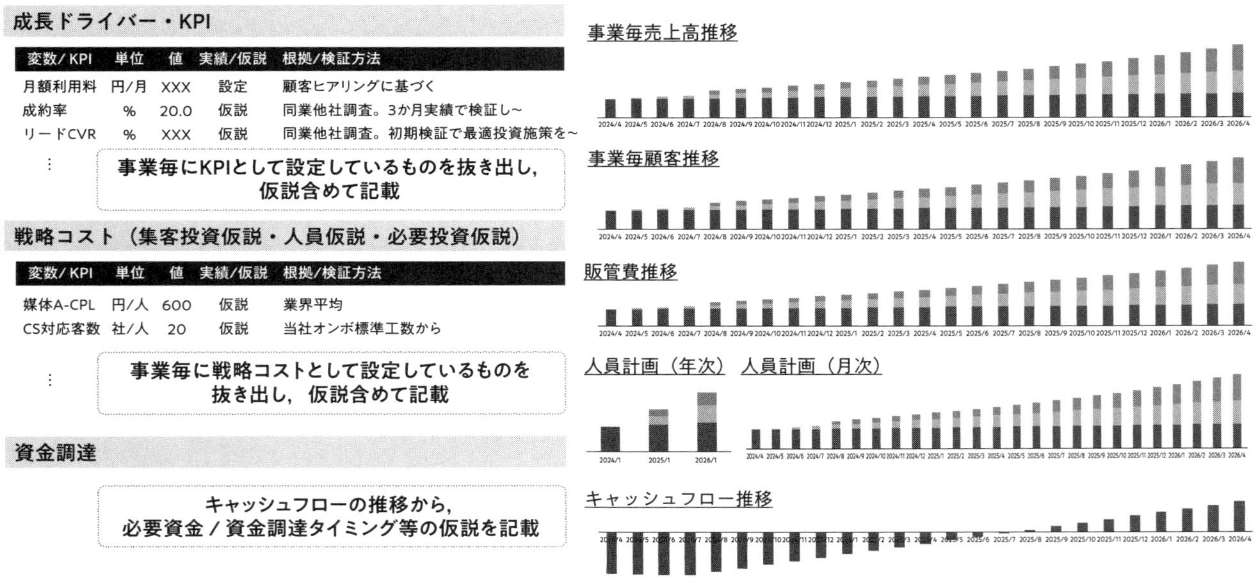

成長ドライバー・KPI

変数/KPI	単位	値	実績/仮説	根拠/検証方法
月額利用料	円/月	XXX	設定	顧客ヒアリングに基づく
成約率	%	20.0	仮説	同業他社調査。3か月実績で検証し〜
リードCVR	%	XXX	仮説	同業他社調査で最適投資施策を〜
…				

事業毎にKPIとして設定しているものを抜き出し、仮説合めて記載

戦略コスト（集客投資仮説・人員仮説・必要投資仮説）

変数/KPI	単位	値	実績/仮説	根拠/検証方法
媒体A-CPL	円/人	600	仮説	業界平均
CS対応客数	社/人	20	仮説	当社オペ標準工数から
…				

事業毎に戦略コストとして設定しているものを抜き出し、仮説合めて記載

資金調達

キャッシュフローの推移から、必要資金/資金調達タイミング等の仮説を記載

事業毎売上高推移

事業毎顧客推移

販管費推移

人員計画（年次） 人員計画（月次）

キャッシュフロー推移

図表6-15　サマリーシートイメージ

そしてその要約として，PLとしてまとめたものを3〜5ヶ年分（月次もしくは年次）を提示する。

これではどこを見ればよいかわからず意思決定ができない。3〜5ヶ年分の売上高といつ黒字化するかがわかる程度だ。

優れた意思決定者は，リスクを取るが，「取るべきリスクは何か」を見極める。数年分の年次PLと細かな計画を見せられて，「さぁ意思決定してください」というのは合理的ではない。

ここで提案したいのは，「**サマリーシート**」だ。

（2）サマリーシート

収益構造の分解や戦略コストについて解説してきた。**重要となる要素，つまりKPIを抜き出したシート**を作る。サマリーシートのイメージは**図表6-15**の通りだ。

もちろん，この通り作成すれば，投資される／決裁が通るということではない。事業計画は無数のパラメータとそのアウトプット（としてのPL等の財務諸表）の集積なので，作成するのも大変であるが，きちんと内容を確認することも大変である。

「何が重要か」，事業計画における「論点を明確にする」ことが必要であり，その役割を担うのがサマリーシートだ。

ここではKPI，そしてKPIとなりうる指標や，戦略コストになりうるコストについて記載する。そして可能であれば，重要となる指標によって，売上高や顧客数がどうなるか，推移を視覚的に認識・理解できるよう，グラフ等も併記しておくとよい。

（3）成長ドライバー・コストについて記載するべき項目

　対象となる主要な変数，つまりKPIとその候補を大まかに抜き出してくる。そしてその単位，事業計画内で設定している値，実績／仮説の識別，値に対する根拠を記載する。

変数／KPI	単位	値	実績／仮説	根拠／検証方法
月額利用料	円/月	XXX	設定	顧客ヒアリングに基づく
成約率	%	20.0	仮説	同業他社調査。3ヶ月実績で検証し～
リードCVR	%	XXX	仮説	同業他社調査。初期検証で最適投資施策を～

図表6-16　成長ドライバーの記載例

　前章で言及した通り，KPIは事業ステージによって異なる。そのためステージ毎でKPIの候補となる変数を3，4抜き出す。そしてそれぞれの変数に対して単位を記載する。絶対値なのか率なのか，年次の値なのか月次の値なのかが区別できないので，忘れずに記載しよう。

　値は，事業計画上採用しているものを記載する。本書では便宜的に1変数にしているが，単価等は年次が進むと，価格を変動させるケースもあるため，そのような記載であってもよい。

　また，表計算ソフトは，主要変数を特定して事業計画側とこちら側で参照させてもよい。どちらを参照元にするかは検討進捗次第である。

　最終段階では，主要変数のみに焦点を当て，売上高の推移やキャッシュフローの推移に対する変化を確認し，サマリーシートを参照元にしてもよい。

　大切なのは「実績／仮説」の識別である。変数が実績値なのか，仮説として置いている値なのか，もしくは戦略的に置いている「設定値」なのか。

　過去，投資家にヒアリングしたとき，起業家の作成する事業計画について「この変数が，実績なのか検証すべき仮説なのかがわからない」という意見が

あった。

　識別では，価格やリリース時期等自社で設定した**設定値**なのか，未検証で何かしらの根拠に基づいて置いた**仮説値**なのか，一定の事業推進の過程で検証されてきた**実績値**なのかを明記しよう。そして最後にその根拠を記載する。

　設定値に対しては，どのような根拠でその設定値を採用するに至ったか。仮説値に対しては，その仮説の根拠と検証方法はどのようなものか。実績値に対しては，どれくらいの検証を経た値なのか。それぞれ明記する。

　これにより，審査側と論点が共有でき，議論が深まる。

（4）視覚化しておくとよい項目

　結果として事業がどうなるのか。変数のアウトプットとなる財務指標などの目的変数を記載しておくとよい。

　図表6-15の右側に示すように全体・事業別売上高，そして各変数によって作用される事業毎の顧客数の推移である。コストについては，コスト全体，主要なコスト，戦略コストの推移，人員計画，対売上高比や対顧客比等の推移があってもよい。スタートアップであれば，さらにバーンレートがあるとよい。

　また，営業利益やEBITDA等，キャッシュフローの推移などの事業全体の指標，スタートアップであれば現預金残高の推移もあるとよいだろう。

　計画において，自分が「視覚的に見えた方がよい」と思える項目を盛り込むこともポイントである。

　筆者は，時間的に余裕がある場合，別シートに関連するような全てのデータのテーブルを用意し，ドロップダウンリストで項目を選ぶことで，見たい変数を選べるようにするという工夫もしていた。

（5）スタートアップの場合の補足

　スタートアップの場合，表計算シートを投資家側に共有するケースが多い。表計算でシミュレーションしたい投資家が多いからだ。

サマリーシートがあると，投資家の審査でプラスになる。30人程度の投資家へのインタビューを通じて共通していたのが，「（提出された表計算の）どこをどういじればいいかわからない」という悩みだ。苦労して変数を見つけていじってみても何もわからず，さらに，とある月だけは数値の直接入力であったりする。

もちろん，きちんと整理された表計算シートがあるからといって投資実行を受けられるわけではない。ただ，「事業計画はコミュニケーション・ツールだ」と考えれば，メッセージの受け手が見やすいように一工夫することも頭の片隅においておきたい。

（6）留意点

細かな議論を除き，論点を明確にすれば意思決定を主導することができる。

気をつけなければならないのは，詳細を省いた時点で，「その他の部分に**致命的な計算エラー等がない**」ことだ。スプレッドシート上で変数をいろいろ変化させて，推移を確認する等を行い整合性のチェックするのはマストだ[22]。

 表計算ソフトでの表現方法

（1）デット・ファイナンス／借入金の設計

借入金の設計においては，①借入時期，②借入額，③返済期間[23]，④返済額，⑤金利[24]が変数として必要となる。返済額は借入額／返済期間が基本ではあるが，割り切れない場合がある。銀行側が設定する金額もあるので，キリのいい数字を考慮することが多い。

---

[22] この意味において筆者が現在取り組んでいるようにツールを使うことで前提となる詳細な計算の正確性を担保することも一つの方法である。
[23] 今回は分割返済を前提としているが，一括返済を考慮してもよい。
[24] 保証協会付き融資の場合，信用保証料も必要となるが，そこまで考慮して検討しなくても一旦はよいのではないかと筆者は想定している。

第6章　資金について考える　　241

#	変数名	単位	変数	
1	借入時期	年	2024	
2		月	5	
3	借入額	円	10,000,000	
4	返済期間	ヶ月	60	
5	返済額	円/月	167,000	＜借入額／返済期間
6	金利（年利）	%	2.0%	

借入金の場合は次のように財務三表で動きがある。

---

① **借入実行時**

　CF：借入実行なので財務キャッシュ・フローにプラスで反映

　BS：借入実行なので負債側にプラスで反映される

② **返済時**

　PL：残高×金利/12[25]を支払利息として考慮（営業外費用）

　BS：返済額が借入金残高からマイナスで反映

　CF：財務キャッシュ・フローで金利支払い分と返済がマイナスで反映

財務三表接続

借入実行（CF）		0	10,000,000	0	0	0
返済（CF）		0	0	-167,000	-167,000	-167,000
長期借入金（BS）		0	10,000,000	9,833,000	9,666,000	9,499,000
支払利息（PL）		0	0	-16,667	-16,388	-16,110
借入実行フラグ		0	1	0	0	0
月初借入金残高		0	0	10,000,000	9,833,000	9,666,000
長期借入実行		0	10,000,000	0	0	0
返済		0	0	-167,000	-167,000	-167,000
月末借入金残高	0	0	10,000,000	9,833,000	9,666,000	9,499,000
支払利息		0	0	16,667	16,388	16,110

表計算ソフトで表現する際は以下のように検討してほしい。

- まず借入金は月初と月末で月中の変化（借入実行／返済）をサンドイッチする。

- 欄外に支払利息行を設ける。

- 借入実行フラグを入れて，借入実行時期と一致する年月で1を表示するようにする。

- このとき借入実行が反映されるようにする。（借入額×フラグでよい）

25　金利は年利で設定されている。月次で考えるときは12ヶ月で割る。

- 返済額については以下の前提を満たすこと。

  ➡借入実行翌月から返済開始[26]。

  ➡返済終了時に半端な額が残っていたらそちらを返済額として採用する。

　以上を踏まえるとMIN関数で返済額と月初の残高を比較して小さい方を採用するようにする。

関数例）「＝－MIN（月初借入金残高, 返済額）」

　以上を各借入金で準備するのがよい。

（2）エクイティ・ファイナンス／増資の設計

　増資エクイティによる資金調達の設計においては，①増資時期，②増資額が変数として必要となる。増資の場合は，どのタイミングでいくら必要か，できる限り隣接して考えた方がよいため，INPUTエリアもそのように設計する。

#	ステージ区分	参照年月	増資額	増資年	増資月
	text		円	年	月
1	エンジェル	2024.6	5,000,000	2024	6
2	シード	2025.9	10,000,000	2025	9
3	プレシリーズA	.			
4	シリーズA	.			
5	シリーズB	.			
6					
	増資時資本剰余金組入率	％	50.0%		

26　さらにコロナ対策融資などで考慮された「据置期間」なども検討してもよい。

増資の場合は財務三表で借入実行時に次のような動きがあることを考慮する。

CF：増資実行なので財務CFにプラスで反映。
BS：増資実行なので純資産で資本金及び資本剰余金でプラスに反映される。

財務三表接続

増資実行（CF）		0	0	5,000,000	0	0	0	0
資本金（BS）		10,000,000	10,000,000	12,500,000	12,500,000	12,500,000	12,500,000	12,500,000
資本剰余金（BS）		10,000,000	10,000,000	12,500,000	12,500,000	12,500,000	12,500,000	12,500,000
増資実行		0	0	5,000,000	0	0	0	0
資本金								
月初**資本金**		10,000,000	10,000,000	10,000,000	12,500,000	12,500,000	12,500,000	12,500,000
増資による増加分		0	0	2,500,000	0	0	0	0
その他								
月末**資本金**	10,000,000	10,000,000	10,000,000	12,500,000	12,500,000	12,500,000	12,500,000	
資本金								
月初**資本金**		10,000,000	10,000,000	10,000,000	12,500,000	12,500,000	12,500,000	12,500,000
増資による増加分		0	0	2,500,000	0	0	0	0
その他								
月末**資本金**	10,000,000	10,000,000	10,000,000	12,500,000	12,500,000	12,500,000	12,500,000	

表計算ソフトで表現する際は以下のように検討してほしい。

- 開始時の資本金・資本剰余金額は反映しておく。
- 増資実行はINPUTエリアから参照してくるようにするが，参照にはVLOOKUPを利用する。
  - ➡VLOOKUP関数の構造
    VLOOKUP（参照値，参照エリア，ｎ列目，FALSE）参照エリアから参照値を見つけ，一致したらｎ列目の数字を表示させる。
  - ➡増資実行計算行にて，各年月を参照値としてVLOOKUP関数を組み立てる。
  - ➡各年月を参照値，インプットエリアの参照年月で一致する値があるかVLOOKUPで探す。
  - ➡参照値に該当する月があれば，２列目の増資額を参照するように，列数として２を指定する。
  - ➡完全一致でFALSEを入れる。
  - ➡このままだと参照値がないセルにはエラーが表示されるのでIFERROR関数でERROR回避を行う。

第6章のまとめ

- 経営において，資金調達は最後のアジェンダである。
- スタートアップ向け
  - ➡ 銀行・金融機関によるデット・ファイナンス，投資家によるエクイティ・ファイナンス，各プレイヤーで事業計画を審査する目線が異なる。
  - ➡ デット・ファイナンスでは返済可能性，エクイティ・ファイナンスでは将来の成長可能性がそれぞれ重視される。デット・ファイナンスには創業融資，制度融資，プロパー融資が存在し，事業ステージによって使い分ける。
  - ➡ エクイティ・ファイナンスでは，Why this?，Why now?，Why you?の観点で成長性を審査する。
- 社内新規事業向け
  - ➡ 前提となる意思決定プロセスによって，事業計画も作成の範囲が異なる。
  - ➡ 投資基準は大きく回収期間ベース，価値ベース，収益率ベースのパターンがあるが，実務では組み合わせて適用される。
  - ➡ 最終的には，意思決定プロセスを進める上での根回しも大事になる。
- 共通した事業計画の工夫
  - ➡ サマリーシートを作成し，論点を絞る。
  - ➡ サマリーシートでは，重要な変数とそのアウトプットとなる売上高等の推移をグラフとして可視化するとよい。
  - ➡ 要な変数では，変数の値に加え，仮説・実績の識別，仮説や実績として採用した数値に対する根拠，検証方法を明記する。

第7章

【発展】BS・CFの設計

人の足を止めるのは

　絶望ではなく "諦観"（あきらめ）

人の足を進めるのは

　希望ではなく "意志"

皆川亮二『ARMS』[1]（漫画家）

1　起業して以来，筆者の心の支えとなっ
ている言葉のひとつ。

事業計画についてどこまで作成するか。

第3章で語った部分もあるが，最終的には事業計画のアウトプットは予測財務諸表としてまとめることである。PLまで作成することが多いが，財務諸表にはBS，CFもある。

どこまで作る必要があるだろうか。

本章では，BS，CFまで作成する意味，特に事業計画においてBS，CFまで注視するべきパターンについて紹介したい。

BS，CFまで作成すると何がいいのか。

第2章，第3章で語った通り，キャッシュ・フロー計算書を作成すれば，次について理解が深まる。

- PLをベースに営業キャッシュ・フローの状態。
- 営業キャッシュ・フローと投資キャッシュ・フローのバランス。
- 現預金の残高を踏まえた財務キャッシュ・フローに対するスタンス。

CFと同様，BSでは2つのポイントを大切にしたい。

- どのように資金を集めるかのバランスを見る。
- 集めた資金をどのように配分していくか見る。
- PLの利益（税引後当期純利益）の積み上がりが純資産にどう積み増されていくかがわかる。

Ⅰ 最初の鬼門は運転資本

まずは運転資本を考える。運転資本は，売上高・売上原価に基づき，BSとCF両方に影響する。基本的なところから見ていこう。

（1）基本的な考え方

第2章では運転資本の基本的な考え方を紹介した。これを具体的に事業計画

内で表現しよう。

（2）年次の事業計画で考える場合

　財務モデルの解説書では，「売掛金＝売上高×○％」「在庫＝売上原価×△％」「買掛金＝売上原価×□％」と書かれていたりする（極端に簡易的な計算では，全て売上高×●％で計算する場合もある）。これはまるっきり間違いというわけではない。

　売掛金は「まだ入金されていない売上高」なので，販売取引の条件次第である。翌月末払いであれば，1ヶ月の売上分が翌月末に支払われる。そのため基本的に売上の入金が何ヶ月後か，つまり売上債権回転期間分の月次売上分が売掛金として滞留していると考えられる。

　年間120百万円の売上高の会社が，原則として「翌月末払い」（つまり売上債権回転期間1ヶ月）ならば，以下のように計算する。

売掛金＝120百万円÷12ヶ月（一度月次の売上高に戻す）×1ヶ月分
　　　＝10百万円

「年間の月次売上の推移」を無視している簡易的な計算だが，企業価値評価目的で作られる財務モデルではこの考え方が適用されることが多い[2]。

　在庫，買掛金については，売上原価に対して考えていけばいい。つまり，上記の売掛金の計算で作った年次売上高の部分を年次売上原価として，それぞれ在庫回転期間（何ヶ月分の在庫を持つか），仕入債務回転期間（何ヶ月後に支払うことになっているのか）を考える。

　例えば，年次売上原価が60百万円のとき，在庫回転期間は1.5ヶ月分，買掛

2　財務モデルの場合は投資銀行等が対象事業の評価をすることが目的なので，むしろ恣意性を入れるのではなく，過去の傾向等から計算した方がよい。一方，事業に向き合う事業サイドとして財務モデルではなく事業計画を作る場合は，例えばここで紹介している売上債権回転期間等の変数も「改善対象」として考えられる。そのため，時間が許す限りはシミュレーション上は上記のような計算を行いたい。本章末コラムをご参照のこと。

金は翌月末払いの場合は以下のようになる。

在庫　＝60百万円÷12ヶ月（一度月次の売上原価に戻す）×1.5ヶ月分
　　　＝7.5百万円
買掛金＝60百万円÷12ヶ月（一度月次の売上原価に戻す）×1ヶ月分
　　　＝5百万円

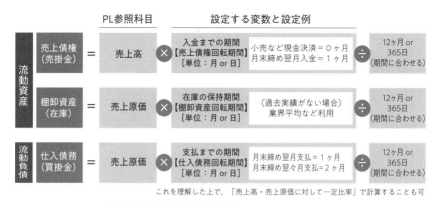

図表7-1　年次の運転資本算出ロジック

ここで紹介した考え方に基づいて，一定比率を売上高・売上原価に乗算する流れでもよい。

（3）月次の事業計画で考える場合

月次には，やや面倒な部分がある。計算したい対必要な変数（自分で設定する変数と参照する他の計算結果）をまずは整理しておく。

言わずもがな，計算して算出したいのは，各月の以下である。
- 売上債権（売掛金）の残高（円）
- 棚卸資産（在庫）の残高（円）
- 仕入債務（買掛金）の残高（円）

第7章 【発展】BS・CFの設計　249

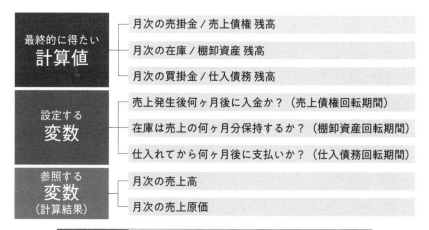

図表7-2　月次で運転資本を計算する上での変数の整理

そして設定する変数は，それぞれ以下の通りである。
売上債権回転期間（ヶ月）：売上が発生して何ヶ月後に入金されるか？
棚卸資産回転期間（ヶ月）：在庫を売上の何ヶ月分保持するか？
仕入債務回転期間（ヶ月）：在庫を仕入れてから何ヶ月後に支払うか？

それぞれ参照する変数は以下の通りとなる。
売上高：当月の売上高と売上債権回転期間から，売上債権の残高を算出する。
売上原価：当月の売上原価と棚卸資産回転期間から棚卸資産を算出し，その上で在庫の補充分を新規仕入として仕入債務回転期間と合わせて仕入債務の残高を算出する。
それぞれイメージしやすいように下記で解説する。

(4) 売上債権（売掛金）

売上債権は，当月の売上高をベースに考える。売上債権回転期間が1ヶ月の場合と2ヶ月の場合，2パターンを表す。
売上債権回転期間が1ヶ月の場合は，1ヶ月目の売上高の入金時期が翌月と

なるため当月分の売上高が売上債権となる。翌月になると，最初の売上高が入金されるため，残高からは引かれ，2ヶ月目の売上高分が新たに売上債権として加わり，これが残高となる。

一方，売上債権回転期間が2ヶ月の場合は，入金が2ヶ月後になるので，1ヶ月目は1ヶ月目の売上高が売上債権の残高となるが，2ヶ月目にはまだ入金されないため売上債権としては差し引かれず，2ヶ月目の売上高が新しく売上債権となるので，1ヶ月目の売上債権と2ヶ月目の売上債権の合計が残高となる。3ヶ月目にようやく1ヶ月目の売上高が入金されるので，差し引かれるが，3ヶ月目の売上高が積み重なる。

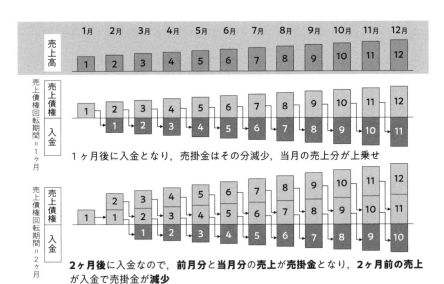

図表7-3　売上高・売上債権・入金の関係

（5）棚卸資産（在庫）及び仕入債務（買掛金）

棚卸資産と仕入債務はセットで考える。プロセスとしては以下の通りである。
① 棚卸資産回転期間＝在庫保持水準と考える。

② 棚卸資産回転期間と当月の売上原価から当月の棚卸資産の残高を算出する。
③ 当月の棚卸資産の残高は，保持すべき在庫分であることを念頭に，当月月初の残高から販売による減少分（＝当月の売上原価）を引いた残高と，②で算出した棚卸資産残高の差を算出する。
④ ③が，「当月の売上分を差し引いた後，棚卸資産として保持しなければならない残高に対する不足分」であるため，これを新規に仕入れるものとする。
⑤ 仕入分がわかったら，これが仕入債務の残高に反映される。
⑥ 仕入債務の残高に対して，仕入債務回転期間を考慮して，出金による減少を算出し，仕入債務の残高を算出する。

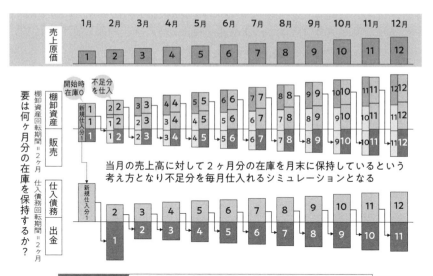

図表7-4 売上原価・棚卸資産・仕入債務・出金の関係

シンプルに解説するため，当月の売上高・売上原価を基準として棚卸資産の水準を求めた。在庫については，「翌月の販売への備え」として「翌月の発生する売上原価」から当月の在庫水準を算出するのがよい場合もあろう。特に季節性が高いビジネスは，翌月の在庫を見ながら考える。

Ⅱ　年払いなどの表現

(1) SaaSで適用される「年払い」

SaaS系のプロダクトを提供していると，料金プランの一種として，「1年契約」なども設計できる。

通常の月額利用料であれば，PLの売上高（MRR：Monthly Recurring Revenue）と，キャッシュインがほぼ一致する。PL≒キャッシュ・フローとして考えても，初期ステージであれば差し支えない。

一方で，料金プランとして1年契約＋初期に1年分の月額利用料を前払い（一定ディスカウント）の場合，PLとキャッシュ・フローが一致しないため気をつけなければならない。

前払いされるので早めに安定する上，成長している（お客様が増えている）場合には，キャッシュが潤沢になる。第2章でも言及した通り，最近ではRevenue Based Finance（RBF）の活用も増えているが，通常の月額利用料でもRBFを活用することによって資金を得ることもできる。顧客からの前払いを設計するのも1つの手段である。

1年前払いなどを実施する場合は，キャッシュ・フローをより意識したい。アグレッシブな起業家・事業責任者であれば，「早めの資金確保」，しかも「営業収入としての現金」であることから制約なく使えるように錯覚してしまうケースがある。成長している限りはよいが，何かしらの影響で契約更新・継続率が悪化した場合には資金が逼迫する可能性もある。

したがって，1年前払いをする場合は，事業計画においてもキャッシュ・フローを含めて設計が必要となる。

第7章 【発展】BS・CFの設計　253

（2）「年払い」の計算ロジック

　では，この年払いを表計算上どう表現していくか，せっかくなので説明しておきたい。まずは以下の通り変数を定義するところから始める。

- **年払い選択率**：顧客の中で年払いを選択する顧客の割合
- **標準契約期間**：12ヶ月（定数）
  - **年払いによるディスカウント割合**

　例えば，「契約は年払いのみ」とする場合は，年払い選択率＝100％でわざわざ変数として設定する必要はない。お客様に選択させる可能性がある場合は，変数として設定しておきたい。標準契約期間も年払いなので，12ヶ月固定ではあるが，「半年前払い」等のプランを拡張することも想定して分けておきたい。

▌計算の前提（計算を少しシンプルにするために)

　表計算ソフトでロジックを組む時，以下のように少しシンプルにしてもよい。

- 解約率を全体で設定するものの，年払い選択の顧客は解約しない（させない）。
- 年払いを選択しているため，月払い顧客より契約更新しやすい。
- キャッシュインパクトも大きいので解約させない。
- 一旦年払いを選択した顧客が，月払いに移行することは想定しない（年払い顧客は，年払いをし続ける，と想定）。

　以上は変数が多くなりすぎるために置いた前提であるが，解約率低下に向けてカスタマーサクセス側がケアをする必要があるという点で，前提として周知・認識共有が社内で必要となる。

計算ロジック

変数定義及び計算前提に基づき，計算ロジックを組んでいく。

① 新規顧客を参照（別途流入経路を設計して算出・導出された新規顧客）。

② 変数１年払い選択率を乗算し，新規顧客内の年払い選択新規顧客を算出。

③ 月払い選択顧客は【新規顧客１年払い選択新規顧客】から算出。

④ 前述前提に基づき，変数２契約期間を遡って12ヶ月前に年払いを選択した顧客数を参照。

⑤ Excel・スプレッドシートだと１年前の年払い選択新規顧客のみを参照してしまいがちなので，当該変数自体の同月顧客数も重ねて参照する。

例）index（新規顧客，０，Match（契約時点の特定））＋ index（既存顧客，０，契約時点の特定）でIndex matchを２回！

⑥ ②+③によって，【当月年払い顧客数】を算出。

⑦ 利用料に変数３年払いディスカウントレートを乗算。年払いの場合の月額利用料【年払い月額利用料】を算出。

⑧ 年払いの月額利用料に定数12ヶ月を乗算して，年払いの場合の請求額【年払い請求額】を確定。

⑨ 【年払い請求額】に【当月年払い顧客数】を乗算する。

最終調整

計算ロジックに基づきシミュレーションを構築する。予測財務諸表で表現するときには，アウトプット側で以下の調整が必要である。例えば，月額利用料120円で，年払い時は1,200円（月額換算100円）のプロダクトをケースとして考える。

PL	売上＝年払い顧客数×年払い利用料 年払顧客数×100円（MRR換算分）
BS	・年払いの売上は「前受金／前受収益」[3] としてBSの流動負債で認識する。 ➡流動負債に前受金：1,200円を認識。 ・この支払いが翌月である場合は，「売掛金」としてBSの流動資産で認識する。 ➡流動資産に売掛金：1,200円を認識。 ・前受金もしくは前受収益としてBS認識した分から毎月の売上として認識する分（MRR分）を減らしていく。 ➡初月末の流動負債の前受金は1,100円（100円分のMRRが当月売上高として認識されたので）となる。 ➡2ヶ月目の流動負債の前受金は1,000円（100円分のMRRが2ヶ月目売上高として認識されたので）となる。 ・2ヶ月目入金があったら，売掛金を減らす。 ➡流動資産は売掛金：0円（払われたので1,200円を引く）となる。
CF	CFは「現金が動いたときにのみ動く」ので，BS側の状況を踏まえると，2ヶ月目，入金があったときに動く。 ➡営業キャッシュ・フローは1,200円（1年分のMRR）となる。

Ⅲ 設備投資がトリガーとなるビジネス

　事業運営で設備投資が必要な事業は次のように多くある。しかし，それを事業計画内で表現することは難しい。

- ●製造業全般：生産・製造設備
- ●小売ビジネス：店舗，店舗什器
- ●飲食ビジネス：店舗，厨房什器
- ●医療施設：医院（建物），医療機器類
- ●その他：リースビジネスなど

3　前受金と前受収益は会計上，厳密には使い分ける必要はあるが，計画作成段階ではそこまで厳密に執り行う必要はない。

これに限らず，第5章で述べた通り，オフィスに関連する設備が必要となる。設備投資について，どのように事業計画で表していくか。

（1）製造業全般（初期投資）

製造業は，工場や生産設備などがあって初めて製品を製造できる。したがって，この類の事業の場合は①最初の立ち上げのタイミング（いわゆる初期投資）と②設備増強・更新・メンテナンス，この2点を検討しなければならない。

気をつけたいのは「生産能力」である。初期投資や更新後の設備の生産能力と，販売計画が生産能力を超える場合は追加投資が求められる。販売計画と設備投資に整合性が必要だ。

（2）小売・飲食業＋多店舗展開（投資継続）

小売，飲食ビジネスの場合，特に設備投資を事業計画で作り込まなければならないのが，「多店舗展開型」の場合である。

小売や飲食ビジネスは店舗への投資が必要だ。投資の際，以下の手順で考える。

① まず投資対象となる店舗のタイプをグルーピングする。

② 各店舗において，以下をパッケージにする。

> ａ．各店舗タイプの1店舗当たり想定される初期投資額
> 　ｉ．什器などの固定資産
> 　ⅱ．敷金などのその他固定資産
> ｂ．各店舗タイプの1店舗当たり
> 　ｉ．売上高
> 　ⅱ．地代家賃
> 　ⅲ．人件費（スタッフ配置を考慮）
> 　ⅳ．その他店舗運営用の経費で主要なもの（レジ端末の利用料や，水道光熱費など）

③ 各店舗タイプごとの出店数を上記のパッケージに乗算することでPL，BS，CF

が連動できるようにモデルを設計する[4]。

④　各店舗の出店計画を売上高・利益の伸びやキャッシュ・フローに配慮してシミュレーションしていく[5]。

以上のような手順で事業計画を作成すれば，多店舗展開型事業にも事業シミュレーションを行える。

 ソフトウェア開発

　ソフトウェアの場合は，次のようなパターンを考慮する。まずは，多くのIT・ソフトウェア企業がそうであるように「販売目的のソフトウェア」を開発することを想定する。

（1）一括取得の場合

　ソフトウェア資産を一括で取得する方法である。何かしら外部の協力会社にソフトウェアの開発を依頼し，納品してもらうイメージである。この場合は，BSの無形固定資産，ソフトウェア資産として認識し，減価償却を行う。

（2）自社開発の場合

　自社で採用した正社員となる開発者や，個人の業務委託先と連携して，ソフトウェアを開発することを想定する場合，毎月ソフトウェア資産が増えていく。また，減価償却についても考慮する。非常に表計算ソフトでは表現しにくい部分である。

4　あっさり書いてしまったが，出店数を変えることで，PL，BS，CFが連動し，BSがバランスし続けるようモデルを構築することが最も難しい。
5　大規模店舗などの場合は売上高は上がるが，初期投資もその分大きくなるため，PL成長をしていてもキャッシュが足りない計画になる場合がある。店舗型ビジネス，特に多店舗展開の場合は，キャッシュ・フローにも配慮した計画を作りたい。

開発プロジェクトを期間やチームで分けることができる場合，そのプロジェクトベースで完成した上でソフトウェア資産として認識し，減価償却をしていく考え方とするやり方もあれば，アジャイル開発の場合は，毎月ソフトウェア資産を積み重ねた上に，毎月減価償却費を考慮するやり方もある。

企業ステージにも依存し，初期的にはここまで厳密に実施する必要はない。上場等を考えたときに，実際発生したものを会計的にどう処理していくかを決め，この会計処理に合わせて計画の作成ロジックも会計側と平仄を合わせていく必要に迫られることは頭の片隅においておきたい。また，こういう厳密な進め方をする場合，減価償却費としての費用認識と実際の人件費や業務委託費としてのキャッシュの流出にはギャップが表れる。

Ⅴ 税金

事業計画上，法人税・消費税，源泉税（源泉徴収税・源泉所得税）などについて支払いタイミングを含めて考慮する。実際にどの程度かは，自社の顧問会計士や税理士に確認し，以下を参考に設計していただきたい。

（1）法人税

法人税は，税引前当期純利益が＋（プラス）であれば発生する。実際には法人住民税部分は赤字であっても払う必要があるのでその点を考慮する。

支払う額・事業計画における計算方法

1年間の税引前当期純利益の合計のプラス分に対して実効税率を乗算することで求める。ただし，以下の場合は法人税が低くなる。
- 税引前当期純利益の1年間の合計＜0の場合は0（厳密には法人住民税が発生）。
- 繰越利益欠損金がある場合は繰越欠損金と合わせて0を超えるまでは法人税0でよい。

（2）支払うタイミング

　初期は，決算月の2ヶ月後に払う設計でよい。ただし，利益が出始めた翌年からは，中間納付が必要になる場合がある。半期が終わって2ヶ月以内なので，期初から数えて8ヶ月目に中間納付としての現金支出があると考えるとよい。

初期：決算月の2ヶ月後。
利益が出た後：期初から数えて8ヶ月目に中間納付，差額を決算月の2ヶ月後に払う。

（3）その他

　国によって取り扱いが変わるが，過去の赤字部分を考慮する繰越欠損金の制度[6]がある。日本では10年の欠損金の繰越控除が行われ，過去10年で累積した赤字があれば，新しい年度で利益が出ても累積赤字が＋になるまでは法人税から控除される。
　資本金額によっては，控除額が変わるため，詳細は自社の顧問会計士・税理士に確認をしてほしい。

（4）消費税

　消費税は額が大きい上，額が大きくなるほど納付回数が増える。それゆえ事業計画でもある程度は考慮しておきたい。

支払う額・事業計画における計算方法

　消費税は「払っている分」と「受け取っている分」の両方がある。何かしら費用が発生し，支払うときには消費税を払っている。一方で売上が発生したときには消費税を受け取っている。この差額を考慮する。

6　国税庁 No.5762　青色申告書を提出した事業年度の欠損金の繰越控除（https://www.nta.go.jp/taxes/shiraberu/taxanswer/hojin/5762.htm）

概算としては，以下のように計算する。

① （払っている分）消費税が発生しない給与などの人件費を除いた費用総額×
10%

② （受け取っている分）売上高×10%

②－①を計算してプラスならば納付，マイナスならば還付[7]となる。

（5）支払うタイミング

納付金額次第で，以下の通り複数回となる。

年1回（決算時のみ）	国税48万円以下
年2回（中間納付）	国税48万円超　400万円以下
年4回（四半期ごと）	国税400万年超　4,800万円以下
年12回（毎月）	国税4,800万円超

納付金額次第であるので，×10倍した金額と，「売上高－費用」で比較すればよい（詳しくは自社の顧問会計士・税理士に確認してほしい）。

（6）源泉税

源泉税は，給与所得にかかる源泉所得税と，外部の専門家や業務委託のメンバーなどへの支払い等で発生している源泉徴収税とに分かれる。

（7）支払う額・事業計画における計算方法

おおよそ次のように考えられる。

●給与所得総額×30%

●外部専門家・業務委託報酬×10%

7　消費税の支払い・仮払いや還付は，想定以上にキャッシュ・フローへの影響が大きいため，スタートアップも留意しておきたい。

多少上下するが，特にキャッシュへのインパクトを踏まえて精緻さを考える。

（8）支払うタイミング

10人以上の従業員となったときは毎月納付する。10人未満のときは半年に1度，7月と1月に納付する。そのタイミングでの現金支出を想定しておく。

表計算ソフトでの表現方法

（1）設備投資・減価償却

設備投資を考慮する場合，個別でインプットを設計する。設計するインプットは①投資実行時期，②投資額，③償却期間（償却期間から導かれる月次の償却額）である。

#	変数名	単位	変数	
1	投資実行時期	年	2024	
2		月	5	
3	投資額	円	3,000,000	
4	償却期間	ヶ月	60	
5	償却額	円/月	50,000	＜取得額/償却期間

ただし，償却方法は定額法（一定期間内で均等に償却する方法）を採用する。財務三表へは，次のように影響する。

① 設備投資時
　CF：設備投資実行として投資キャッシュ・フローにマイナス表示
　BS：固定資産としてプラス表示
② 減価償却（月次の場合は投資の翌月からが標準）
　PL：減価償却費としてマイナス表示
　BS：固定資産から減価償却費分を差し引き

以上をまとめると次のようになる。

財務三表への接続	2024.4	2024.5	2024.6	2024.7	2024.8	2024.9	2024.10	2024.11	2024.12	2025.1	2025.2
設備投資実行(CF)	0	-3,000,000	0	0	0	0	0	0	0	0	0
有形固定資産(BS)	0	3,000,000	2,950,000	2,900,000	2,850,000	2,800,000	2,750,000	2,700,000	2,650,000	2,600,000	2,550,000
減価償却費(PL)	0	0	-50,000	-50,000	-50,000	-50,000	-50,000	-50,000	-50,000	-50,000	-50,000
月初有形固定資産	0	0	3,000,000	2,950,000	2,900,000	2,850,000	2,800,000	2,750,000	2,700,000	2,650,000	2,600,000
設備投資実行	0	3,000,000	0	0	0	0	0	0	0	0	0
減価償却費	0	0	-50,000	-50,000	-50,000	-50,000	-50,000	-50,000	-50,000	-50,000	-50,000
月末有形固定資産	0	0	3,000,000	2,950,000	2,900,000	2,850,000	2,800,000	2,750,000	2,700,000	2,650,000	2,600,000	2,550,000
設備投資実行フラグ	0	1	0	0	0	0	0	0	0	0	0

- まず設備投資は月初と月末で月中の変化（投資／減価償却）をサンドイッチする。
- 設備投資実行フラグを入れて，設備投資実行時期と一致する年月で1を表示するようにする。
- このとき設備投資金額が反映されるようにする。（投資額×フラグでよい）
- 減価償却費については以下の前提を満たすこと。
  - ➡ 設備投資実行翌月から減価償却開始。
  - ➡ 減価償却終了時に半端な額が残っていたらそちらを減価償却費として採用する。

　以上を踏まえるとMIN関数で減価償却費と月初の残高を比較して小さい方を採用するようにする。

関数　例）「＝－MIN（月初有形固定資産，減価償却費）」

（2）法人税

　法人税は，税引前当期純利益が0より大きいかどうかなので，IF関数を設定してもよいが，MAX関数を使うとよりシンプルになる。

　MAX関数は，MAX（A1, A2, A3,…）の中で1番大きい数字を表示する。したがって，次のようにすれば税引前当期純利益が0を超えるまでは法人税の対象となる税引前当期純利益を0として計算する。

関数　例）「=MAX（税引前当期純利益のセル，0）」

　これに実効税率を乗算すれば法人税額となる。もちろん法人住民税部分を最低額として考慮すればより厳密だ。

第7章 【発展】BS・CFの設計　263

税引前当期純利益（PLより）	-40	-20	50	100	200
法人税率	30.00%	30.00%	30.00%	30.00%	30.00%
法人税（PL）	0	0	-15	-30	-60
未払法人税等					
月初未払法人税等	0	0	0	15	30
法人税認識	0	0	15	30	60
法人税支払(CF)	0	0	0	-15	-30
月末未払法人税等(BS)	0	0	15	30	60

（※「月末未払法人税等(BS)」行の左端に 0、「前期残高↑」の注記）

（3）年払い計算など

年払い計算は，相当複雑となるので，本書では割愛する。

第7章のまとめ

- 事業計画の最終アウトプットとして予測財務諸表を作成するときにBS，CFまで作成した方がよい場合がある。
- BSとCFを作成することによって，資金の流れ・使い方まで精緻に設計することができる。
- 運転資本では売上高・売上原価に基づき，売掛金・在庫・買掛金の残高を月次・年次で計画することによって導くことができる。
- SaaSビジネスにおいては，年払いなどが発生する場合，キャッシュ・フローに影響を与えるため，CF・BSを踏まえて考慮したい。
- 設備投資が必要なビジネスモデルでは，投資タイミングと投資規模を事業計画に組み込む。
- ソフトウェア開発は，エンジニア人件費をソフトウェア資産に計上し減価償却した上で売上原価に組み込むという処理を事業計画上でも行う必要がある。
- 法人税，消費税などは支払いタイミング次第でキャッシュ・フローが悪化するため，事業計画上も考慮に入れるのが望ましい。

| コラム | 事業計画と財務モデルの違い |

事業計画はPLやBS，CFなどのアウトプットとしてExcelなどの表計算ソフトで作成します。そのため，投資銀行でM&Aや企業価値評価のために作成される「財務モデル」と混同されがちです。

財務モデルは，PLだけでなく，企業価値評価に必要な要素が含まれるBSやCFも作成範囲とします。つまり，財務三表の作成が前提となります。

スタートアップCFOや事業会社で新規事業を審査する立場の経営企画の方々の中には，投資銀行に所属していた方が一定数います。それゆえ，事業計画を同じよう考えがちです。しかし，「事業計画」と「財務モデル」には違いがあり，戸惑うようです。

財務モデルの主な目的は，「企業価値評価」です。対象とする企業を買収する，もしくは一部株式を取得する，もしくはそういった取り組みを外部から支援するといったことを考える場合に，第三者として対象企業の企業価値，もっといえば「適正株価」を算定するために準備するのが財務モデルです。

対象企業に事業計画を提出させ，それを精査する場合も多いです。ただ，提出される事業計画が不完全な場合があります。

また，初期的には，手元にある材料，具体的には公開されている過去の決算報告書をベースに傾向値と公開情報ベースでの事業状況を入れた予測財務諸表を財務モデルとして構築されます[8]。この場合は，前述の通り，変な恣意性を入れるのではなく，過去の傾向を前提として作成するのがよいでしょう。その上で，事業シナジーを見込む事業会社としての買収であれば，シナジー効果の部分を加味します。

一方で，対象企業自身，またそれに留まらず評価ではなく実際の事業推進のた

---

[8]　やや年数は経っているが初学者には鈴木一功『企業価値評価 実践編』（ダイヤモンド社，2004年11月）は，実際の評価手順も記載があって参考になるだろう。実際に投資銀行がどのようなモデルを作成しているかという点では，ジョシュア・ローゼンバウム他著『Investment Banking 投資銀行業務の実践ガイド』（翔泳社，2023年8月）が参考になるはずだ。

第7章 【発展】BS・CFの設計　265

めに事業計画を作成する場合は，財務モデルのような作成方法（過去の傾向値を
ベースにする）でよいのか，というとそうではありません。

　自身の事業については，事業計画として，KPIなど事業を伸ばすドライバーを
含めて変数を詳細に設定し，しっかりと作り込みたいですね。

第8章

事業計画を使い倒すPDCA

私は今までに一度も失敗したことがない。
電球が光らないという発見を，今まで
2万回にわたって行ってきたのだ。

トーマス・エジソン（発明家・起業家）

第8章では以下を解説する。

- PDCAとは？
- PDCAをまわすとはどういう状態か？
- PDCAをまわすための予実管理・CAの観点は？

I さぁ，素振りをしよう！

いよいよ，作成した事業計画を使い倒していきたい。

使い倒すと一口にいっても，大きく2段階ある。

1つ目は，計画としての精度を高める段階である。2つ目は，仮説としての計画を検証して精度を高める段階である。第3章のコラム「**事業計画において追求するべき正確さ**」（102頁）で述べたように，数字の正確さを最初からは担保できない。まずは構造的な正確さを追求し，その中で変数として設定する数値を仮説として置き，実行を経て，この数値を検証していく。

まずは，1段階目について触れる。

第2章のコラムにおいて，「事業実行を打席に立つことだとした場合，計画は素振りにあたる」（75頁）と述べた。事業計画に基づいて，まだ仮説として置いている変数にいろいろ代入してみることで，顧客数はどう変移するのか，その結果売上高や利益はどうなるのか，その設定において5年後はどのように成長しているのかについて考えるのである。これを繰り返し，さまざまなパターンを考えることで，「この変数を動かすと，売上高（利益・キャッシュ）が動く」という，事業に対する数字感覚が養われる。

経営者・経営陣は，この過程で自社の事業計画について，主要なKPIの数値と，その結果である当年及び3年後，5年後の顧客数，売上高や黒字化のタイミング等を考えておきたい。投資家等との対話でも質問されるだろう。

第8章　事業計画を使い倒すPDCA　　269

Ⅱ　PDCAとしての予実管理

さて，次の段階を見てみよう。仮説を検証することによる計画精度の向上である。この検証は，計画プロセスを含めて，PDCAサイクルと呼ばれる。

日本を代表するトヨタ自動車の経営を担っていた奥田碩氏（トヨタ自動車元会長）[1]が，PDCAサイクルについて「私は，どこの会社でも経営できます。それは私がPDCAをまわせるからです。」と述べている。

（1）PDCA

PDCAを知らないビジネスパーソンはほぼいないだろう。当たり前のように使われる言葉である。Plan：計画，Do：実行，Check：確認，Act：改善，と一般的に語られる[2]。

P（Plan：計画）	目標を設定し，その目標達成に向けた行動を定義する。目標達成のためにその行動をどれくらい実行することが必要か定め，計画する。
D（Do：実行）	Pで立てた計画に基づき，実行する。
C（Check：確認）	Dで実行した結果とPで立てた計画を比較する。実行の結果，行動は計画通り行えたか，目標を達成できたかを確認し，その差異を確認する。
A（Act：改善）	Cで認識した計画・実行実施の差異及び目標・実績の差異に対して，どう差異を埋めるかを検討する。

1　稲田将人『PDCAプロフェッショナル』（東洋経済新報社，2016年2月）によると，2002年に開催された「小泉純一郎のシティフォーラム」における奥田氏の発言とされる。

2　Actが本来は「行動」という日本語訳であるため，「改善」という言葉を適用するのに違和感を感じる方もいるであろう。Cで確認した結果に基づき，次の行動を検討し，企画することによって改善に至るという考え方でAct：改善とされている。

図表8-1　PDCAサイクル

(2) PDCAサイクルを"まわす"

　PDCAサイクルを理解していても，それを「まわす」が実行できているかどうか自信が持てない場合も多い。まず，PDCAサイクルの中で，P，D，C，Aのどのプロセスが最も重要かを考えて見てほしい。

　もちろん，「まわす」にはどのプロセスも並列的に重要であるが，重要度を決める上では別の観点が必要である。

　PDCAサイクルの成り立ちから考えよう[3]。PDCAは別名「デミング・サイクル」とも言い，エドワード・デミング博士が提唱した[4]。

　そして，「初めに実行ありき」である。実行，つまりD（Do）：実行をより良く行うための計画である。そして，計画をよりよくするために差異を分析す

---

[3] 本書では，本文の通りシューハート博士ならびにデミング博士をPDCAの源流として扱っているが，そもそもPDCAを最初に開いたのは誰と言えるか？という研究もある。いずれにしても，PDCAサイクル自体は，厳密には科学研究から応用されたものであることがあるので源流を遡ればさらに深い議論ができるが，PDCA開祖を論じることが本書の目的ではないので，一旦は一般的な見解に依拠したい。

[4] ただし，デミング博士自身は，「これはシューハート博士の考え方であるから『シューハート・サイクル』というべきである」としている。（石川馨『品質管理入門』（日科技連出版社，1989年1月））

る。そしてまた次へとつなげる。つまり，最終的に「Ｄ：実行」をよりよくするための各プロセスとなっているのだ[5]。サイクルとしてまわすために，前のプロセスが各プロセスのインプットとなり，各プロセスのアウトプットが次のプロセスのインプットとなる。

　ここで，Check-Actのプロセスとして予実管理がある。組織がPDCAサイクルをまわせているかどうか確認するとき，私は「なぜ予実管理をするのか？」を担当者に聞く。意外に回答できない。各プロセスそれぞれが自己目的化して，「ＰとＤとＣとＡを順番に進めているだけ」の平面的なものとなっているのである。

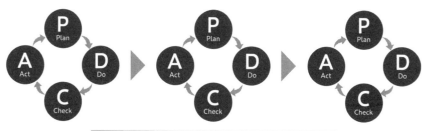

図表8-2　各プロセスが目的化し，平面的

　望ましいPDCAサイクルでは，予実管理は「次，よりよい計画（＝Ｐ）を立てるため」という目的が理解できていることだ。Ｐ，計画を立てた時点では仮

---

[5] 筆者の大学院時代の専門分野である品質管理において，所属していた研究室の偉大なる大先輩である狩野紀昭教授が日本科学技術連盟のメールニュースJUSE BC-News（2009年10月30日配信）にて語られた内容に基づく。
全文抜粋：
「企業の実務において重要かどうかの基準は，「お客に役立つ」「お金になる」だと思います。どんなに立派なＰあるいはＣであっても，それだけでは，お客の役に立たないし，お金にもなりません。しかし，Ｄだけでは，「十分にお客の役に立てない，あるいは，余り大きなお金は得られない」かもしれないが，「若干はお客の役に立ち，お金にもなります。」
品質管理にしろ，生産管理にしろ，歴史的には，Do-Do-Do…で来たのですが，それをもっと価値あるモノにしようとしてＰ，Ｃ，Ａが導入されてきたのであり，Ｐ，Ｄ，Ｃ，Ａは対等ではなく，Ｄが一番基本にあり，そのＤを有効で効率よくするためにＰ，Ｃ，Ａがあるのです。」

説が含まれるが，D，実行して結果がわかる。そして差異を認識・分析する。このCとA，予実管理プロセスで，「仮説検証が一巡」し，「よりよい計画」となるのである。そして，次のサイクルはよりよいPからスタートすることになる。サイクル自体がよくなる立体的な形となるのだ[6]。

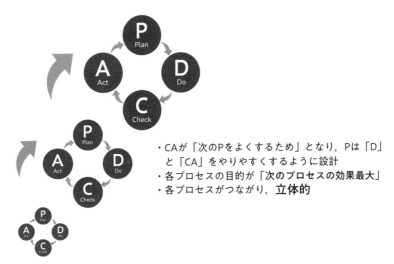

図表8-3　真のPDCAは立体的

（3）よくあるPlanの間違い

　現場実務では「Planとして売上高1,000万円とする」としてしまう場合がある。これは不適切である。

　売上高1,000万円は「目標値」であって，「計画」ではない。計画とは，第1章で，「物事を行うに当たって，方法・手順などを考え企てること。また，その企ての内容。もくろみ。はかりごと。企て。プラン。」と示した通りである。PDCAの説明においては，「目標を設定し，その目標達成に向けた行動を定義

6　実際に前出のデミング博士も，PDCAサイクルが適切にまわっている場合は，円環状・らせん状になると論じている。

する。目標達成のためにその行動をどれくらい実行することが必要か定め，計画する」ことである。

「Planとは，到達点である目標へ至る過程・座標を決めること」

売上高1,000万円という目標に対して，どのようにそれを実現するかの行動を決めることだ。第4章のKGIとKPIを思い出していただきたい。

KGI（Key Goal Indicator：重要目標達成指標）：
最終的な目標数値（売上高や利益額など）

KPI（Key Performance Indicator：重要業績評価指標）：
事業の目標（KGI）に対して，重要なプロセス・アクションに対する定量的指標CSFを定量化したもの

CSF（Critical Success Factor：重要成功要因）：
事業目標達成に向けて，重要となるプロセス。CSFを定量指標に落としたものがKPI。KSF（Key Success Factor）ともいう。

　売上高1,000万円は，ここでいうとKGIだ。目標を達成する上で，重要なプロセス（CSF）が例えば商談だったとしよう。その商談をどれくらい実施すればKGIに達成しうるか。これを，商談件数と言う定量的な指標で表したのがKPIとなる。なお，KGIに対して，半自動的に決まるようなものはKPIとしない方がよい。

　例えば，顧客単価が一定決まっている場合の顧客数などは，売上高は顧客数×単価であるため，ほぼKGIとして捉えられるので，KPIとして見ても意味がない。KPIを定める上では，「一定の不確実性」を含み，「KGI達成に向けて管理する必要がある指標」である必要がある。

（4）CAとしての予実管理

　予実管理は，財務業績（売上高・利益等の財務諸表の科目として表されるもの）について計画と実績，そしてその差異や達成率を一覧化したものが下地と

なる。ただし，Check・Actとしての予実管理を推進していくためには，財務業績だけでは不十分だ。KGIたる財務業績に対して，このCSFである指標のKPIについても議論する。

では，単純に財務業績（KGI）とKPIの計画・実績・差分のみでよいか。

ここにPDCAをまわす上でのCAとしての視点と問いを考えたい。

（5）Checkの観点

まずCheck，確認には4パターンある。観るべきは，KGIとKPIで，かつ，達成か未達かの組み合わせ[7]である。それぞれ目標値もしくは計画値に対して実績としては何％かも含めて明示する。

	KGI	KPI	状態定義
1	未達	未達	KPIもKGIも未達の状態
2	未達	達成	KPIは達成しているのに，KGIは未達の状態
3	達成	未達	KPIが未達なのに，KGIは達成できる状態
4	達成	達成	KPIもKGIも達成できている状態

図表8-4　Check時の4つのパターン

（6）Actで改善策を導き出す問い

前述のKGI・KPIの達成・未達の4パターンで問いが異なる。

▌パターン①：KGI未達｜KPI未達

このパターンの場合，メインで問うべきは次の2つである。

7　実務では，KGIに対して，2-3程度のKPIを設定することが多いため，ここでの表現は「KGI」という指標と「KPI」という指標の概念としてまとめて言及している。

第8章　事業計画を使い倒すPDCA　　275

KPIを達成していたら，KGIは達成できていたか？
KGIに対して設定したKPIの計画値は適切であったのか？

　1つ目は，KGIとKPIの達成率からすぐに判別できる。KGIの達成度合が仮に80％でKPIの達成度合が70％であれば，KPIを100％達成できたらKGIを達成できる逆にKPIの達成度合が90％，KGIが80％達成であれば，そもそもKGI達成に別の要素が必要かもしれない。そもそもこのKPIでよいのか，他のKPIとなりうる要素について探索が必要となる。

　KPIとKGIの達成・未達がリンクしていそうであれば，何かしらの行動と行動量が紐づく。

　まず「適切な計画だったのか？」検討すると，「何かしらの不足」と「予期せぬ事象の発生」があるかもしれない。

　想定していた対応工数が足りなければ，実態に則して適正な計画値に直すか，リソースの補充が対策となる。もちろん，補充するなら追加投資に対して十分な収益につながらなければならない。一方，生産性や処理能力における能力不足であれば，補填する教育・トレーニングが必要となる。これも投資対効果を考える。

　予期せぬ事象の発生であれば，それがどの程度頻繁に起こりうるのか，今回限りなのかを見極める必要がある。定常的に発生しうるのであれば，計画に組み込む必要がある。1回限りであれば，同様の事象が将来起きたときにどうしていくのがよいか対策案を講じておけばよい。

▌パターン②：KGI未達｜KPI達成

　このパターンの場合，メインで問うべき論点は絞られる。

KGIに対して設定したKPIの計画値は適切であったか？

　パターン①の後者の論点と同様である。KPI自体は達成しているので，KGI達成を考えた場合，計画として足りていたか，他に改善するべきKPIがないか

を考える。

KGI達成に向けて，例えばKPIを商談件数としていた場合，より商談件数を増やすことができるのか，現在の自社リソースを踏まえて，KPIの計画値の増大を許容できるかを考える。

同時に，収益構造・KPIツリー上，このKPIと前後の階層にある他の変数についても影響度合いを考える。商談件数をKPIに設定していれば，商談の成約率や，商談に至るまでの過程での移行率（商談化率等）をKPIとして検討する。

▌パターン③：KGI達成｜KPI未達
このパターンの場合，メインで問うべき論点は絞られる。

KGIに対して，本当にそのKPIであったか？
KPIを達成していたらさらに，成長を目指せるか？

KPIが未達なのにKGIが達成していた場合，他の変数が寄与している可能性もある。KPIがそもそもKPIとして正しいのか，他にKPIになりうる変数があれば管理対象として吟味する。

KPI自体は正しい場合，KGIに対してKPIが過剰かもしれない。さらに上のKGIを達成しうるか，現在のリソースでさらに上のKPIの達成が可能か，リソースを補填するなら，収益につながるかを検討する。

▌パターン④：KGI達成｜KPI達成
このパターンは，どちらも達成しているので万事OKとしたい気持ちを堪えて以下を検討しよう。

この達成の状態は再現性があるか？
KPIを伸ばせば，KGIも伸ばせる余地があるか？

もし，現場メンバーが追加の努力・ハードワークをした結果，KPIとKGIを達成した場合，再現性がない。個々人の頑張りという属人性にKGI達成が依存

第8章　事業計画を使い倒すPDCA　　277

している。追加のハードワークをしなくてもKPIとKGIが達成できる仕組みを構築しなければならない。属人化している要素を特定し，仕組み化に取り組む必要がある。

　次に，今のリソースを前提すれば，KPIを伸ばす余地があるか。その結果，KGIも伸ばせるのか。リソースを追加した場合はどうか。問い続ける必要がある。

BOX

KPI設定で考慮しておくべきこと

　KPI設定で注意点すべきなのは，何かしらの変数を動かすと，他の変数に相互作用がある点です。例えば，Web広告等に継続的に100万円を投じ，最適なメディアの組み合わせを得て，リード100社を得られるようになったとします。リード1社獲得するのに単純計算で1万円です。では，さらなる成長を見据えて集客投資を1,000万円にした場合はどうでしょう。1,000社を獲得できると考えるかもしれませんが，集客投資の額を増やして集客効率が下がる可能性もあります。「この変数を増やすとこの変数は下がる可能性がある」という点も考慮して，仮説構築をしていきたいものです。

Ⅲ　改善の進め方

　では具体的に改善をどのように進めていくか？

（1）KPIツリーがあるから改善できる

　KPIツリーを整理していることがここで力を発揮する。KPIツリーを構成する各要素に対して，組織内の担当や専門家と一緒に考える。

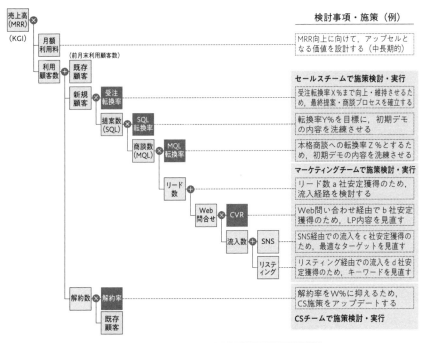

図表8-5　KPIツリーと施策への展開

　KPIツリーと実際に取るべきアクションが紐づけば，PDCAをまわす際に活用できる。

Plan：設定したKPIを改善させることで最終的にKGI（売上高や利益）にどれだけのインパクトがあるか？

Check-Action：
① 設定したKPIを達成しても，KGIが変更しなかった場合，どの要素が制約になっているか？
② 設定したKPIがどうしてもコントロールできない場合，KGIを達成するために他に作用できる要素は何か？（代替案）

　チームで整理して共通認識を醸成する。そうすれば，KPI・KGIがたとえ

まくいかなかったとしても，「次にこの手を打とう」と代替案に移れる。短絡的思考は，そもそも「構造が整理されていない／チームで共有できていない」ことに起因する。

（2）改善施策の指針

では実際にどう改善していくか。大きく２つしかない。

一つは，要素の「数（量）を増加させるか」，もう一つは「率（質）を向上させるか」である。「量より質」「質より量」「量をもって質となす[8]」などと言われるが，改善プロセスにおいてはどうだろうか。

数（量）を増加させるには，リソース配分の増加が必要だろう。投下金額を増やすか，人員・工数を増やすかの２択である。人員・工数も人件費にインパクトがあるが，配置転換等も考えられるので，金額と分ける。

一方で，率（質）を向上させるには，取り組み施策の選択肢（オプション）を洗い出して試し，最も成果につながる選択肢にリソースを配分して安定化を図る。留意点は，「分母も動きうる」ということだ。率が向上／改善したように見えても，例えば「分母が減っているだけ」ということもありえる[9]。

つべこべ言わずにまずは量である。その次に「率」の議論ができる。例えば，B2Bで見込み客が10社程度の段階で，「受注率を上げよう」という議論は無意味だ。10社くらい「受注率100％」を目指すのが当たり前のステージである（実際に可能かどうかはさておき，ロジックを超えた「情熱」の世界の議論となる）。

8　もとは哲学者のヘーゲルが「論理学」で「量質転化の法則」に触れたことに遡りそうだ。現在では，「量質転化の法則」は「量をこなすことによって質になる/質が変わる」という意図で使われているが，原文にまで遡るとそう単純なものではなさそうだ。ヘーゲルはやはり難しい…。（ヘーゲル著，長谷川宏訳『論理学』（作品社，2022年３月）

9　経営まで目線を上げると，ROEに対してリキャップCBというファイナンス手法が昔流行ったこともこの議論に近い。ROEは分母が株主資本となるわけだが，リキャップCB，平たく言うと借入金（Debt）で資金調達をし，その資金を元手に自社株買いを行う。これによってROEの分母に当たる株主資本が減るので分子の利益が変わっていなくても改善されるというものだ。

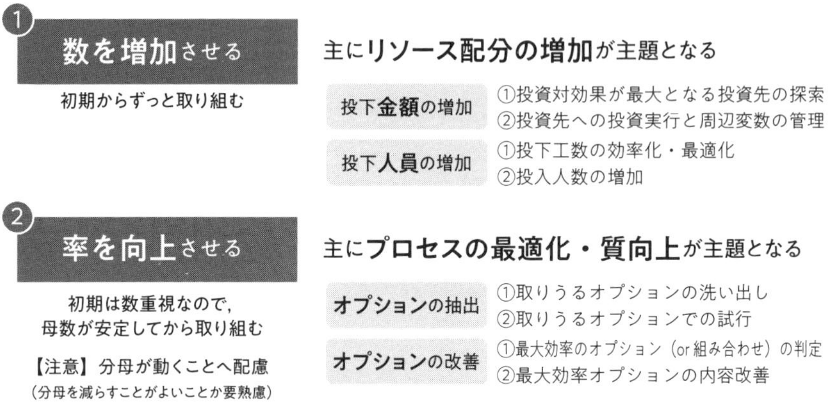

① 数を増加させる　主にリソース配分の増加が主題となる

初期からずっと取り組む

投下**金額**の増加	①投資対効果が最大となる投資先の探索 ②投資先への投資実行と周辺変数の管理
投下**人員**の増加	①投下工数の効率化・最適化 ②投入人数の増加

② 率を向上させる　主にプロセスの最適化・質向上が主題となる

初期は数重視なので,
母数が安定してから取り組む

【注意】分母が動くことへ配慮
（分母を減らすことがよいことか要熟慮）

オプションの抽出	①取りうるオプションの洗い出し ②取りうるオプションでの試行
オプションの改善	①最大効率のオプション（or組み合わせ）の判定 ②最大効率オプションの内容改善

図表8-6　改善策の2つの指針

改善施策は「数を増やす→率を高める」の繰り返しだ。PDCAサイクルをまわしながらKPIが変わる。最初に数を増やせば顧客獲得のパターンが見える。それを磨き込んで勝率を高め，また次の勝ちパターンを探す。さらに，また数を求める。次は率を高める。この繰り返しにより打ち手と勝ちパターンが増えるのである。

	最初の一歩段階	成長探索段階	拡大模索段階	急成長段階	成長安定化段階
向き合うこと	最初の一手を探す	一手の再現性を高める	他の手を模索する	各手への投資	各手の再現性を高める
主戦場	数を増やす	率を高める	数を増やす	率を維持して数を増やす	率を維持する
KPIとなりうる対象	最初の顧客層にリーチ・販売する最善の施策	最善の手段と至る経路を効率よくする施策	最初の施策をベースにして,他の施策の試行	既存の施策の効率を維持・向上しながら投資実施	各施策の実施継続不確実要素の管理
対象指標例	リーチ数，商談数	成約率，CVR,解約率…	リーチ数，商談数,（+施策の数）	成約率，CVR,CPL/CPA etc.	各変数でブレるもの

図表8-7　改善を進めるプロセスの全体像

意味のあるシナリオ分析

(1) シナリオ分析の前提

よく知られた事業計画分析方法として,シナリオ分析がある。重要な結果指標(目的変数)をピックアップし,それにインパクトを与える指標(説明変数・KPI)を選択する。この説明変数を変動させた結果,目的変数がどのように変化するのかを見る。これをベースとして,楽観ケース,悲観ケース,最低3パターンを作成して,目的変数がどう変化するかを見る。

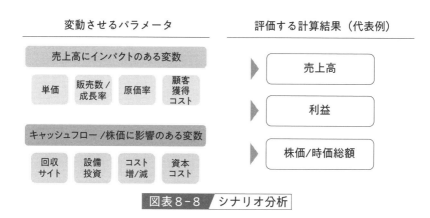

図表8-8　シナリオ分析

ただ,実行すればそれでいいというものではなく,まずは各変数が検証済みかどうか。立ち上げ初期においては,よっぽどのことがない限り,シナリオ分析は不要である。変数がほぼ全て仮説でばらつくので意味がないのだ。それよりは実行に移し,実行した結果どうなったかの検証が大事である。

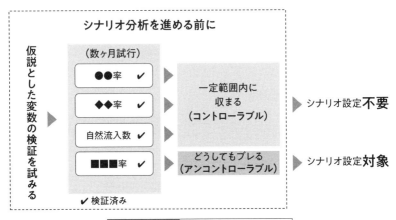

図表8-9　シナリオ分析と変数

シナリオ分析を進める前に，まずは各変数の検証を進めよう。各変数の中で，一定の範囲内に収まる（コントローラブル）変数と，どうしてもブレてしまう（アンコントローラブル）変数の傾向があるはずだ。そこまでわかってようやくシナリオ分析の出番である。後者のアンコントローラブルな変数に対して，そのブレ幅でシナリオ分析をすればよい。

アンコントローラブルな変数を特定してシナリオ分析すれば，結果に対して解像度が高まる。

（2）変数に対して問うこと

シナリオ分析では，変数の見極めが必要だ。変数へのスタンスを整理しておきたい。まず，以下の例で考えてみてほしい。

- マーケティング投資100万円
- リード1社の獲得コスト1万円/社
- 結果リード数＝マーケティング投資100万円÷獲得コスト1万円/社＝100社

マーケティング投資及び獲得コストを説明変数として，結果リード数を目的

変数とする。ただし，表計算ソフトで表現しきれない背景が何パターンもある。考えうるパターンは以下の通り。

① 過去１年100万円のマーケティング投資に対して，100±２社程度のリードが獲得できていた（事実・検証済みの実績）。

② 過去１度100万円のマーケティング投資をしたら，100社のリードが獲得できた（事実ではあるが，検証済みとは言えない）。

③ 過去１度10万円のマーケティング投資をしたら，10社のリードを獲得できたので，10倍の投資であれば獲得できるリードも100社となるであろう（実態としては仮説）。

④ 近い業態の知人が100万円のマーケティング投資で，100社のリードを獲得できたと教えてもらえた（完全に仮説）。

⑤ よくわからないが100万円くらいマーケティング投資をしたら，100社くらいのリードを獲得できるのではないか（仮説にすらなっていない）。

少なくとも①と⑤では，表計算ソフトでの表現方法が同じでも，内容としては大きく違う。変数に対して，どのようなスタンスでいるかを事業計画上明確にする。設定した変数については，大きく３つ（一つ目の問いの答えから分岐する）問うべき論点がある。

> **問１**：その変数は事実（＝実績）か，仮説か？
> **問２−１**：仮説の場合，その根拠は何で，いつ，どのように検証するのか？
> **問２−２**：事実の場合，その変数はバラつくのか？

まず，設定した変数が過去自社・自身で実行した結果に基づく事実の値なのか。それとも，未実行であるが「こうなるのではないか」という仮説か。両者を区分する。

仮説なら根拠を求め，検証しなければならない。仮説に基づき，実行し，検証を進めるというPDCAサイクルを回すと，２パターンの変数傾向がわかる。

コントローラブル：条件を変えなければ一定の範囲内に収まる変数である。
アンコントローラブル：条件を変えずとも，一定の範囲に収まらない，何らかの要因でブレてしまう変数である。

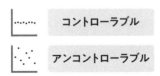

図表8-10　コントローラブル・アンコントローラブル

　コントローラブルな変数は，計画内では定数化する。まさしく「勝利の方程式」である。ただし，条件を変えた場合（例えば集客投資の額を増やした，等）は問1に戻り，追加で検証しなければならない。
　アンコントローラブルな変数は，どのような条件・要因でブレがあるか，ブレにどの程度インパクトがあるのかを見定める。まさしくシナリオ分析である。

> **BOX　銀行が行うストレステスト**
>
> 　シナリオ分析の一つに，銀行・金融機関が融資審査を進める際に行うストレステストがあります。ストレスをかけてその結果どうなるかを見るものです。
> 　ストレスをかける対象は，主に事業計画，資金繰り予測です。資金繰り予測に含まれる今後の売上高と売上入金に対して一定程度の割合で負荷（10〜20％程度目減り）をかけます。それにより，資金繰り上，資金の枯渇タイミングがどう早まるかを確認します。

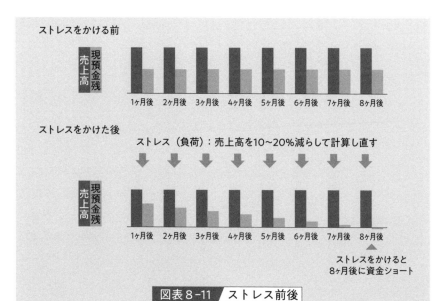

図表8-11　ストレス前後

第8章のまとめ

- PDCAによって事業計画の「数値」の精度を高めていく。
- PDCAは各プロセスが次のプロセスのINPUTになっている。
- さもなければ、PとDとCとAを順番に繰り返しているだけとなる。
- CAの実務として予実管理がある。予実管理ではKGIとKPIをセットで観察する。
- KGIとKPIをセットで観察すると、達成／未達の組み合わせで4パターンが考えられる。
- 4パターンで改善のための問いが異なる。
- 実際の改善においては「数を増やす」か「率を高める」かの2パターンである。
- 順番としては数→率→数→率…となる。

第9章

事業計画で描く
経営の未来

誰にでも計画はある。
顔面にパンチを喰らうまでは。

マイク・タイソン

（プロボクサー・統一ヘビー級王者）

事業計画の作成が大事だという話を繰り返してきた。前頁のマイク・タイソン氏の言葉の引用に戸惑ったかもしれない。しかし，私はこの同氏の言葉こそが計画の本質だと解釈している。

Ⅰ 計画を立て，血肉化する

さて，マイク・タイソン氏は本当に「計画なんて意味がない」と言いたかったのか。

練習のときは，次の試合の相手をシミュレーションしながら練習していたことであろう。過去の試合を分析して，アッパーが強いのか，ジャブからの組み立てがどうなのか，フックが決め手なのか……「シミュレーションできているか」「シミュレーションを身体に沁み込ませているか」は計画の基本である。

事業に向き合う場合，変数が思い通りにいかなかったからといって，計画は無駄にならない。さまざまな数字でシミュレーションし，さまざまなケースを想定することが重要なのだ。勝手な解釈で恐縮だが，私はマイク・タイソン氏は，「計画を作った上で，身体が勝手に動くくらい血肉にしろ」と言っているのではないかと考えている。

Ⅱ 経営はサイエンスへ

昨今，SaaSビジネスの台頭を受けて，事業運営上のさまざまな取り組みを定量化するのが一般化してきた。

私が社会人になった頃にはまだ，定性的な「やる気」「気合」「お客様への思いやり」であった。もちろん，今でも大切な要素には変わりないが，The Modelのような営業プロセスの分解とそのプロセスでの指標化が進み，定量化され，詳細な施策が設計できるようになったのは大きな進化だ。

事業運営，経営は定量化され，本書で述べたように方程式化できる要素が増えた。方程式における定数を求め，「再現性」も担保される。

第9章　事業計画で描く経営の未来　289

　この「再現性」をサイエンスの重要な側面として捉え，「経営はサイエンスになった」とした[1]。

　経営・事業運営上の施策と結果としての財務指標を方程式としてつなげ，定量的な事業計画を推奨し，その作成に資する考え方を紹介してきたが，これからもその必要性は加速度的に高まっていくことは間違いない。機械学習・深層学習が当たり前のように活用され，サイエンスとしての経営がより深まっていく。

　私は，工学，大学院では統計的品質管理を学んだ身である。生産・製造工程では，予測が当然のように定量化される。同様に，属人的な要素が多かった経営も，定量化によってカバーできる部分が広がってきた。

　第5章末のコラムで触れたように，大きく成長しているグローバル企業では当たり前になってきている。本書で紹介した考え方や示唆が，読者の皆様の事業成長にとって一助となると確信している。

Ⅲ　サイエンスこそ，起業家・事業家に必要だ

　サイエンスとしての経営の話をして，「面白くない経営者が増えそうだ」という感想を言われたことがある。私の考えは真逆だ。「面白い経営者が増えそうだ」と思っている。

　経営や事業運営には，属人的な部分は残らざるを得ない。過去に経験のない劇的な変化に直面したら，経営者の意志，決断が必要となる。粘り強さ，諦めない心が必要となる。非連続な成長を描く場合は，経営者の夢や意志こそが差となって表れる。

　サイエンスや定量化は，経営の補助輪であり，「足元を掬われる」局面の予測と回避につながる。「数字で考えれば資金不足に陥らなかった」などという状況を避けることができるのである。

1　第5章のコラムをご参照いただきたい。

本書で紹介した，定量的な事業計画は，見落としを回避し，事業成長の再現性を高める最高のツールとなるのだ。

本章をもって，事業計画に関する詳細な解説は終える。

一般的に「達成する事業計画はいい事業計画」と考えられているが，私はそう思わない。そもそも，「達成する」の目的語は計画ではなく，目標である。計画はあくまで「遂行する」ものなのだから。

むしろ「事業計画は達成しなければならない」という間違った考えが不幸を生んできた。多くの経営者・起業家は身に覚えがあるだろうが，事業計画を審査者・評価者に共有する際に，「達成できそうな計画（目標値）」と，社内用の計画（目標値）など複数パターンを準備する。はっきり言うと無駄な業務である。

そして「達成できそうな事業計画」が達成されたときに，審査者・評価者も満足そうに「事業計画を達成していて素晴らしい」と言う。

「計画（目標値）は達成しなければならない」という考えによって，いつの間にか，「達成しそうな計画を作る」ようになったのではないか。そして無駄な業務が増えただけでなく，いつのまにか，自社の成長の「上限」を作ってしまってはいないか？

「計画は達成すべきもの」という考えを，日本企業にかけられた「呪い」だと筆者は考える。

本書の基となった企業研修，講演で最後に語ることをもって締めたい。

事業計画は達成するために作るのではない。
不確実な明日に向き合うために作るのだ。

おわりに

なるほど，人間は死ななければならない。
しかし，人間が生まれてきたのは死ぬためではなくて，始めるためである。

ハンナ・アーレント『人間の条件』（哲学者）[1]

　最後までお読みいただき，心からの御礼申し上げます。

　本書の企画は，実に3年以上前に遡ります。完成までには，多くの方に内容についてアドバイスをいただきました。ウイスキーのように熟成を重ねて上梓する1冊です。

　まず，企画段階では，『中小・ベンチャー企業 CFOの教科書』（中央経済社）の著者，高森厚太郎さん（一般社団法人日本パートナーCFO協会代表理事）とブラッシュアップを重ねました。同協会の勉強会で披露させていただいた内容が，本書の原点となりました。

　また，私が代表を務める株式会社プロフィナンスの創業を後押ししてくれた，安川新一郎さん（東京大学未来ビジョン研究センター特任研究員，グレートジャーニー合同会社代表）には，いつも励ましていただきました。彼も同時期に，『ブレインワークアウト』（KADOKAWA）を執筆中で，全体の構造，ストーリーについて，深い示唆もいただきました。

　ファイナンス分野の内容においては，師の一人，森生明さん（グロービス講師）にコメントをいただきました。また「分かりやすく書くってこういうことか」と最大限の賛辞の言葉をいただき，私として大きな自信につながりました。

1　ハンナ・アーレント著（志水速雄訳）『人間の条件』（ちくま学芸文庫，2021年9月）

『MBAバリュエーション』（日経BP社），『会社の値段』（ちくま新書）などの著作は私のバイブルです。

他にも，多くの方にフィードバックをいただきながら，執筆しました。

坂本隆宣さん（フェムトパートナーズ）からは，スタートアップCFOからベンチャーキャピタルに転身されたばかりという時期にかかわらず，CFOとしての深い示唆をいただきました。

千保理さん（株式会社情報基盤開発 CFO）からも，デット・ファイナンス研究家（？）としてアドバイスをいただきました。

さらに，デロイト時代の先輩（戦友といってもよい？）である玉井照久さんにも，ご自身の著作『マニュアルには載っていない 会計士監査現場の教科書』（2024年7月）の完成で多忙を極める中，「監査調書レビュー」の如くコメントをいただきました。

会計とデータサイエンスについて深く解説されたベストセラー『Pythonではじめる会計データサイエンス』（2023年5月）の著者の一人である小澤圭都さんには，大学院での専門的な研究活動の中，本書と対となるWeb上での連載時から応援をいただき，本書原稿において，会計部分のみならず全体を通じて，詳細なコメントをいただきました。

最後に。当社メンバーには，代表である私が執筆に時間を割く中，業務を猛烈な勢いで巻き取ってもらいました。事業推進サイドの業務を担ってくれた井上滉也さん，私が描いた構想以上に爆速でプロダクトとして実装していってくれたCPOの森勝遼太郎さん，そして開発チームの世利祐樹さん。また取締役として幾度となくこの分野の議論に時間を割いてくれた宮田道生さん。当社メンバーの支えなくして本書の完成はありえませんでした。この場を借りて感謝したいと思います。

本書は，事業計画，特に収益計画について，その発想・設計思想を存分に語

る稀有な，マニアックな1冊となりました。とはいえ，ビジネスをする限りは
必要な理解だと自信を持っています。

　私は，事業計画を作成し，予実分析にて活用する経営を支えるクラウドプ
ラットフォーム，「Vividir（ビビディア）」を世に送り出しています。
　本書の内容をもとに，皆様が自身で事業計画や予実管理に取り組み，さらな
る事業成長を実現するお手伝いができれば，望外の喜びです（それ以上の幸せ
があるとすれば…その傍らに我々が送り出したサービスがあることです）。

　本書だけで，事業成長・成功を確約することはできません。ただ，本書を
きっかけに自身の事業により深く向き合うことができる，その思考の補助線で
あったり，土台になったりできれば大変嬉しく思います。

私の書いたものによって，ほかの人が考えなくてすむようになることは望まな
い。できることなら読んだ人が刺激され，自分の頭で考えるようになってほし
い[2]。

ルートヴィヒ・ヴィトゲンシュタイン（哲学者）

2　ルートヴィヒ・ヴィトゲンシュタイン著（丘沢静也訳）『哲学探究』（岩波書店，2013年
　　8月）

ブックガイド 295

Ⅰ　ブックガイド

　本書の中で，脚注など随所で参照している書籍について言及してきましたが，最後に各分野の推薦図書を読者の皆様にご提示したいと思います。

（1）前提としての会計について理解したい

1．國貞克則『新版 財務3表一体理解法』（朝日新書），2021年2月
2．田中靖浩『会計の世界史 イタリア，イギリス，アメリカ——500年の物語』（日経BP，2018年9月）
3．太田康広『ビジネススクールで教える経営分析』（日本経済新聞出版社，2018年2月）

（2）事業開発を進めたい，事業解像度を高めたい

1．馬田隆明『解像度を上げる——曖昧な思考を明晰にする「深さ・広さ・構造・時間」の4視点と行動法』（英治出版，2022年11月）
2．安宅和人『イシューからはじめよ』（英治出版，2010年11月）
3．田所雅之『起業大全』（ダイヤモンド社，2020年7月）
4．LEANシリーズ（オライリージャパン）
    a．LEAN UX
    b．RUNNING LEAN
    c．LEAN 顧客開発
    d．LEAN ANALYTICS
    e．LEAN ENTERPRISE
5．Guy Kawasaki, "The Art of the Start 2.0"（Portfolio, 2015 March）｜日本語版（三木俊哉訳）『起業への挑戦』（海と月社，2016年10月）
6．Rob Fitzpatrick, "THE MOM TEST"（CreateSpace Independent Publishing Platform, 2013 September）

（3）スタートアップファイナンスについて理解をしたい

もはや古典・定番となる書籍も含めてご提示します。

1. 磯崎哲也『起業のファイナンス 増補改訂版』（日本実業出版社，2015年7月）
2. 磯崎哲也『増補改訂版 起業のエクイティ・ファイナンス』（ダイヤモンド社，2022年7月）
3. グロービス・キャピタル・パートナーズ『ベンチャーキャピタルの実務』（東洋経済新報社，2022年11月）
4. 山岡佑『実践スタートアップ・ファイナンス　資本政策の感想戦』（日経BP，2021年10月）
5. 千保理他『ベンチャー企業が融資を受けるための法務と実務』（第一法規，2019年7月）

（4）Excelでちゃんと表現できるようになりたい

自分が最初に苦しんでいたときに以下の書籍が出ていたら…と悔やまざるを得ない書籍を紹介します。

1. 慎泰俊『外資系金融のExcel作成術──表の見せ方&財務モデルの組み方』（東洋経済新報社，2014年4月）
2. 熊野整『外資系投資銀行のエクセル仕事術』（ダイヤモンド社，2015年3月）
3. 熊野整『エクセルで学ぶビジネス・シミュレーション超基本』（ダイヤモンド社，2019年2月）
4. 服部浩弥『ファイナンスのプロになるExcel財務モデリングの教科書Ⅰ』（税務経理協会，2020年4月）

参考文献リスト　　297

Ⅱ　参考文献リスト

第1章

P.F.ドラッカー著，上田惇生訳『企業とは何か』（ダイヤモンド社，2008年3月）

P.F. Drucker, "Concept of the Corporation"（Routledge, 1946）

手塚貞治『事業計画書作成講座』（日本実業出版社，2018年10月）

原尚美『51の質問に答えるだけですぐできる事業計画書の作り方』（日本実業出版社，2011年11月）

石井真人『自分でパパッとできる事業計画書』（翔泳社，2014年7月）

赤羽雄二『決定版7日で作る事業計画書』（明日香出版社，2024年1月）

石井真人『知りたいことがパッとわかる事業計画書の作り方がわかる本』（ソーテック社，2010年9月）

琴坂将広『経営戦略原論』（東洋経済新報社，2018年6月）

松田千恵子『考える道標としての経営戦略 これからの「事業戦略」と「全社戦略」をデザインする』（日本実業出版社，2023年4月）

淺羽茂・牛島辰男『経営戦略をつかむ』（有斐閣，2010年5月）

菅野寛『全社戦略がわかる』（日本経済新聞出版社，2019年5月）

ウルリッヒ・ピドゥン著，松田千恵子訳『全社戦略──グループ経営の理論と実践』（ダイヤモンド社，2022年12月）

磯崎哲也『起業のファイナンス 増補改訂版』（日本実業出版社，2015年7月）

内田和成『仮説思考』（東洋経済新報社，2006年3月）

東出浩教他『起業原論』（中央経済社，2023年10月）

リタ・マグレイス著，大浦千鶴子訳『ディスカバリー・ドリブン戦略』（東洋経済新報社，2023年9月）

情報文化研究所著，高橋昌一郎監修『情報を正しく選択するための認知バイアス事典──行動経済学・統計学・情報学編』（フォレスト出版，2023年1月）

大江建『なぜ新規事業は成功しないのか』（日本経済新聞出版社，2008年12月）

Mike Cohn著，安井力・角谷信太郎訳『アジャイルな見積りと計画づくり』（マイナビ出版，2009年1月）

総務省『創業期，事業拡大期のICTベンチャー経営者，ベンチャー創業準備中の皆様へ 事業計画作成とベンチャー経営の手引』（総務省，2008年3月 | https://www.soumu.go.jp/main_content/000170365.pdf）

株式会社東京証券取引所『グロース市場における「事業計画及び成長可能性に関する事項」の開示について』（2021年2月15日 | https://faq.jpx.co.jp/disclo/tse/web/knowledge8284.

html）

株式会社東京証券取引所「事業計画及び成長可能性に関する事項の開示　作成上の留意事項」
（2022年4月版｜https://faq.jpx.co.jp/disclo/tse/web/knowledge7908.html）

東京証券取引所『「事業計画及び成長可能性に関する事項」の開示例』（2022年10月7日｜
https://faq.jpx.co.jp/disclo/tse/web/knowledge8470.html）

▌第2章

桜井久勝『財務会計講義 第20版』（中央経済社，2019年6月）

金子智朗『MBA財務会計』（日経BP社，2002年6月）

グロービス経営大学院編著『MBAアカウンティング 改訂4版』（ダイヤモンド社，2022年9月）

林總『この1冊ですべてわかる 新版 経営分析の基本』（日本実業出版社，2023年3月）

太田康広『ビジネススクールで教える経営分析』（日本経済新聞出版社，2018年2月）

高田直芳『新・ほんとうにわかる経営分析』（ダイヤモンド社，2016年2月）

山根節『「儲かる会社」の財務諸表』（光文社新書，2015年9月）

山根節他『ビジネス・アカウンティング 第5版』（中央経済社，2024年4月）

國貞克則『増補改訂 財務3表一体理解法』（朝日新書，2016年10月）

國貞克則『財務3表一体分析法』（朝日新書，2012年8月）

國貞克則『財務3表実践活用法』（朝日新書，2013年8月）

國貞克則『財務3表一体理解法 「管理会計」編』（朝日新書，2024年2月）

田中靖浩『会計の世界史 イタリア，イギリス，アメリカ――500年の物語』（日経BP，2018年9月）

ジェイコブ・ソール著，村井章子訳『帳簿の世界史』（文春文庫，2018年4月）

帝国データバンク『与信管理の基礎の基礎　第1回：信用リスクとは？与信とは？』（https://www.tdb.co.jp/knowledge/yoshin/01.html）

▌第3章

蛯谷敏『突き抜けるまで問い続けろ――巨大スタートアップ「ビジョナル」挫折と奮闘，成長の軌跡』（ダイヤモンド社，2021年6月）

シンディ・アルバレス著，堤孝志他訳『リーン顧客開発』（オライリー・ジャパン，2015年4月）

細谷功『「具体⇄抽象」トレーニング』（PHPビジネス新書，2020年3月）

栗原伸一『入門統計学 第2版』（オーム社，2021年9月）

中村幸一郎『スタートアップ投資のセオリー』（ダイヤモンド社，2022年6月）

アンリ・ポアンカレ著，南條郁子訳『科学と仮説』（ちくま学芸文庫，2022年1月）

第4章

カール・R・ポパー著，大内義一他訳『科学的発見の論理（上)』（恒星社厚生閣，1971年7月）

福田康隆『ザ・モデル――THE MODEL』（翔泳社，2019年1月）

中尾隆一郎『最高の結果を出すKPIマネジメント』（フォレスト出版，2018年6月）

細谷功著『地頭力を鍛える』（東洋経済新報社，2007年12月）

竹内哲也他『デジタル時代の基礎知識 BtoBマーケティング』（翔泳社，2020年5月）

高松智史著『ロジカルシンキングを超える戦略思考 フェルミ推定の技術』（ソシム，2021年8月）

ALL STAR SAAS FUND 前田ヒロ『理想的なシリーズAのSaaSスタートアップ』（https://hiromaeda.com/2019/08/04/seriesasaas/）

秦充洋『事業開発一気通貫』（日経BP，2022年8月）

川上昌直『収益多様化の戦略』（東洋経済新報社，2021年12月）

第5章

櫻井通晴『管理会計 第7版』（同文舘出版，2019年3月）

Vinay Couto, Paul Leinwand, and Sundar Subramanian, "Cost Cutting That Makes You Stronger"（Harvard Business Review, July-August 2023）

遠藤昌矢『コスト削減の最強戦略』（東洋経済新報社，2023年1月）

福田康隆『ザ・モデル―THE MODEL』（翔泳社，2019年1月）

【事業者調査レポート 事業計画作成時に悩むポイント】事業計画を「作り込む程度がわからない」という結果に！（https://prtimes.jp/main/html/rd/p/000000005.000052448.html）

【事業者調査レポート 事業計画作成時に悩むポイント】企業の成長段階ごとに，人件費・組織づくりの課題は変遷（https://prtimes.jp/main/html/rd/p/000000008.000052448.html）

【事業者調査レポート 事業計画作成時に悩むポイント】全体の7割がオフィス移転費を考慮しないと回答（https://prtimes.jp/main/html/rd/p/000000009.000052448.html）

一般社団法人日本経済団体連合会『第64回福利厚生費調査結果報告（2019年度)』（2020年12月）

Salesforce『The Model（ザ・モデル）とは？用語と営業プロセスをSalesforceが解説』（https://www.salesforce.com/jp/resources/articles/sales/the-model/#02-2）

第6章

Peter F. Drucker, "The Information Executives Truly Need"（Harvard Business Review, 1995）

「創業時に利用できる主な融資制度」（https://www.jfc.go.jp/n/finance/sougyou/riyou/sougyouji/）

千保理他『ベンチャー企業が融資を受けるための法務と実務』（第一法規，2019年7月）

伊藤紀行『スタートアップ 起業の実践論』（技術評論社，2023年4月）

ベン・ホロウィッツ著，滑川海彦他訳『HARD THINGS』（日経BP，2015年4月）

田所雅之『「起業参謀」の戦略書』（ダイヤモンド社，2024年1月）

グロービス・キャピタル・パートナーズ『ベンチャーキャピタルの実務』（東洋経済新報社，2022年11月）

栗原康太『新規事業を成功させる PMF（プロダクトマーケットフィット）の教科書』（翔泳社，2022年10月）

ピョートル・フェリクス・グジバチ著『がんばらない働き方』（青春出版社，2019年1月）

CORAL CAPITAL, "FREUENT ASKED QUESTIONS"（https://coralcap.co/faq/#collapse 344021）

原健一郎『Moat（モート）：スタートアップの競争戦略概論』（2020年4月，https://note.com/kenichiro_hara/n/n6fcd82c06252）

山中礼二『VCファンディングの基礎』（2014年8月，https://www.slideshare.net/Reiji Yamanaka/vcslideshare14-0820）

池谷誠『スタートアップ・バリュエーション——起業家・投資家間交渉の基礎となる価値評価理論と技法』（中央経済社，2023年4月）

▍第7章

国税庁 No.5762　青色申告書を提出した事業年度の欠損金の繰越控除（https://www.nta.go.jp/taxes/shiraberu/taxanswer/hojin/5762.htm）

鈴木一功『企業価値評価 実践編』（ダイヤモンド社，2004年11月）

ジョシュア・ローゼンバウム他著，森生明訳『Investment Banking 投資銀行業務の実践ガイド』（翔泳社，2023年8月）

▍第8章

稲田将人『PDCAプロフェッショナル』（東洋経済新報社，2016年2月）

石川馨『品質管理入門』（日科技連出版社，1989年1月）

フレデリック・W・テイラー著，有賀裕子訳『新訳　科学的管理法』（ダイヤモンド社，2009年11月）

W・エドワーズ・デミング著，成沢俊子他訳『危機からの脱出Ⅰ・Ⅱ』（日経BP社，2022年7月訳（1982年））

芳野剛史『実践Q&A 予算管理のはなし』（中央経済社，2021年11月）

山本宣明『実践Q&A マネジメント・コントロール・システムのはなし』（中央経済社，2021年9月）

ヘーゲル著，長谷川宏訳『論理学』（作品社，2002年3月）

索　引

＜英＞

Balance Check	97
CAC	178, 181
CSF	152
EBITDA	54
KGI	152
KPI	151
KPIツリー	116
KSF	152
moat	227
PDCA	269
Revenue Based Finance	50, 252
SAM	163
SOM	163
TAM	163
THE MODEL	128

＜あ＞

インサイドセールス人員 …………… 186
売上原価 ………………… 37, 91, 191
売上債権 …………………… 46, 249
売上債権回転期間 ………………… 249
売上総利益 ………………… 37, 92
売上高 ……………… 36, 91, 110
運転資本 …………………… 46, 246
営業外収益 ………………… 38, 93
営業外損益 ………………… 38, 93
営業外費用 ………………… 38, 93
営業活動によるキャッシュ・フロー …… 41
営業利益 ………………… 38, 93
エクイティ・ファイナンス … 211, 227, 242

＜か＞

カスタマーサクセス人員 …………… 186
仮説 ………………………………… 11
株主資本 ………………………… 211

企業の基本活動 ……………………… 35
キャッシュ・フロー計算書 …………… 41
教育費 ………………………………… 196
狭義の事業計画 ………………………… 6
クラウドファンディング ……………… 50
黒字倒産 ……………………………… 45
経営計画 ……………………………… 4
経過勘定科目 ………………………… 47
経常利益 ……………………………… 38
経年成長率型 ………………………… 110
減価償却費 ……………… 51, 189, 261
源泉税 ………………………………… 260
広義の事業計画 ………………………… 6
顧客アプローチ分類 ………………… 128
顧客関係性分類 ……………………… 125
顧客一人当たりの獲得コスト …… 178, 181
顧客窓口分類 ………………………… 130
顧客流入経路分類 …………………… 132
コスト ……………………………… 170
固定資産 ……………………………… 40
固定費 ……………………………… 175
固定負債 ……………………………… 41

＜さ＞

財務活動によるキャッシュ・フロー …… 41
財務三表 ……………………………… 35
採用費 ……………………………… 195
サブスクリプションビジネス ………… 50
サマリーシート ……………………… 237
仕入債務 …………………… 46, 250
事業企画 ……………………………… 4
事業計画 ……………………………… 3
事業計画及び成長可能性に関する事項 … 22
事業計画作成期間 …………………… 88
事業計画作成単位 …………………… 89
事業計画の正確性 …………………… 102
事業戦略 ……………………………… 5

事業ポートフォリオ・マネジメント ……5	デット・ファイナンス ……… 211, 214, 240
資金調達 ……… 208	投資活動によるキャッシュ・フロー …… 41
市場規模 ……… 163	特別損益 ……… 38
市場シェア方式 ……… 113	取次店 ……… 139
シナリオ分析 ……… 281	

＜な＞

支払債務回転期間 ……… 249	内部収益率 ……… 233
資本コスト ……… 212	日本政策金融公庫 ……… 218
収益構造分解の 5 ステップ ……… 121	ネットキャッシュ・フロー ……… 41
収益構造分解法 ……… 116	年払い ……… 252
収益モデル大分類 ……… 122	のれん ……… 54
準固定費 ……… 176	

＜は＞

純資産 ……… 41	
準変動費 ……… 176	バックキャスティング ……… 84
償却前営業利益 ……… 54, 215	発生主義の原則 ……… 48
上場費用 ……… 200	バリューチェーン ……… 171
消費税 ……… 259	販売促進費 ……… 192
正味現在価値法 ……… 232	販売費及び一般管理費 ……… 37, 92
賞与 ……… 196	引当金 ……… 56
諸手当 ……… 196	費用収益対応の原則 ……… 48
人件費（営業） ……… 184, 193	フィールドセールス人員 ……… 186
ストラテジック・モート ……… 227	フェルミ推定 ……… 163
ストレステスト ……… 284	フォアキャスティング ……… 84
税金 ……… 200	福利厚生費 ……… 197
制度融資 ……… 216, 219	物流コスト ……… 191
税引後当期純利益 ……… 38, 94	プロダクト・モート ……… 227
税引前当期純利益 ……… 38, 94	プロパー融資 ……… 216
設備投資 ……… 189, 255, 261	ベンチャーキャピタル ……… 224
説明変数 ……… 81	変動費 ……… 175
全社戦略 ……… 5	法人税 ……… 258, 262
戦略コスト ……… 175	法定福利費 ……… 197
創業融資 ……… 216	

＜ま＞

損益計算書 ……… 36	マーケティング ……… 181

＜た＞

	前受金 ……… 49
貸借対照表 ……… 39	前受収益 ……… 49
代理店 ……… 139	マネタイズ ……… 166
棚卸資産 ……… 46, 250	未収収益 ……… 48
棚卸資産回転期間 ……… 249	未収入金 ……… 48
地代家賃 ……… 197	未払金 ……… 49
通勤費 ……… 196	未払費用 ……… 49
通信費 ……… 192	

メザニン・ファイナンス …………… 212
目的変数 …………………………… 81

<や>

有利子負債 …………………………… 211
予測CF ……………………………… 95
予測BS ……………………………… 94

予測PL ……………………………… 91

<ら>

流動資産 …………………………… 39
流動負債 …………………………… 41
類似企業比較分析シート …………… 229

【著者紹介】

木村　義弘（きむら　よしひろ）

2006年，株式会社インスパイア入社。投資部門にてスタートアップへの投資実行，投資後のバリューアップに従事。

スタートアップの海外事業立ち上げを経て，2011年デロイトトーマツコンサルティングに入社。デロイトとして，ミャンマー事務所創設に従事し，現地では日系企業・現地政府の産業政策立案支援に携わった。

2015年メディア系企業の経営企画部メンバーとして国内外のM&Aを主導し，国内及びシンガポール子会社CFOとしてPMI・管理体制構築を推進した。

2018年株式会社プロフィナンスを創業。変化に強く，企業成長を加速させる動的経営プロダクト「Vividir（ビビディア）」を開発，提供。

グロービス経営大学院　特任准教授としてファイナンス科目の講義も担当する他，スタートアップアクセラレーションプログラムのメンターとしても活動。

ウイスキープロフェッショナル / ウイスキーレクチャラーとしてウイスキーイベントでの活動も。

東京大学大学院工学系研究科修了。

X：https://x.com/yoshikbiz

事業計画の極意
仮説と検証で描く成長ストーリー

2024年12月15日　第1版第1刷発行
2025年7月10日　第1版第13刷発行

著　者　木　村　義　弘
発行者　山　本　　　継
発行所　㈱　中　央　経　済　社
発売元　㈱中央経済グループ
　　　　パ ブ リ ッ シ ング

〒101-0051　東京都千代田区神田神保町1-35
電話　03 (3293) 3371 (編集代表)
　　　03 (3293) 3381 (営業代表)
https://www.chuokeizai.co.jp
印刷／三英グラフィック・アーツ㈱
製本／誠　製　本　㈱

© 2024
Printed in Japan

＊頁の「欠落」や「順序違い」などがありましたらお取り替えいたしますので発売元までご送付ください。（送料小社負担）

ISBN978-4-502-51501-9　C3034

JCOPY〈出版者著作権管理機構委託出版物〉本書を無断で複写複製（コピー）することは，著作権法上の例外を除き，禁じられています。本書をコピーされる場合は事前に出版者著作権管理機構（JCOPY）の許諾を受けてください。
　JCOPY〈https://www.jcopy.or.jp　eメール：info@jcopy.or.jp〉